GENUINE
GUIZHOU

地道風物

贵州

范亚昆 主编

008

U0850499

中信出版集团 | 北京

图书在版编目（CIP）数据

地道风物·贵州 / 范亚昆主编. -- 北京：中信出版社，2019.3

ISBN 978-7-5086-9256-2

Ⅰ.①地… Ⅱ.①范… Ⅲ.①地方文化－贵州 Ⅳ.①G127

中国版本图书馆CIP数据核字（2018）第161835号

地道风物·贵州

主　　编：范亚昆
策划推广：北京地理全景知识产权管理有限责任公司
出版发行：中信出版集团股份有限公司
（北京市朝阳区惠新东街甲4号富盛大厦2座　邮编　100029）
承 印 者：北京华联印刷有限公司
制　　版：北京美光设计制版有限公司

开　　本：710mm×1000mm　1/16　　印　　张：16　　字　　数：300千字
版　　次：2019年3月第1版　　印　　次：2019年3月第1次印刷
广告经营许可证：京朝工商广字第8087号
书　　号：ISBN 978–7–5086–9256–2
审 图 号：黔S（2018）014号
制图单位：湖南地图出版社有限责任公司
定　　价：68.00 元

版权所有·侵权必究
如有印刷、装订问题，本公司负责调换。
服务热线：400－600－8099
投稿邮箱：author@citicpub.com

目录

贵州是个生态博物馆

撰文／范亚昆

回想在贵州各地行走的经历时，我的脑中常常不由自主地呈现一组漫画式的画面：贵州那些起伏跃落的山路，化身为爱因斯坦阐释时空旅行的虫洞，我们每次的抵达与相遇，犹如在某个节点穿越虫洞，看到的都是完全不同的时空中的景象：大型城市中，都市生活日新月异；开阔的坝子上，最先进的大数据中心正在建设；深山苗寨边，收获者用最原始的甩稻谷的方式脱粒；节日的人群中央，古老的斗牛比赛如火如荼；偏僻的小山村里，金碧辉煌的教堂上演着圣诞节盛大的唱诗场景；送葬仪式上，巫师用歌声引领着亡者的魂灵……

山地蔓延的贵州大地上，当代文明与古老生活的画面交织出现，对“时间”展现一种奇异的不妥协，每一幅景象都是不同时间里的片段，每一条路都是连接不同时空的时间旅行隧道，而贵州的群山仿佛容纳着一个巨大的弯曲时空。

在这个融合了各种时间碎片的弯曲时空中，我们对目睹具有当代文明特征的场景感到泰然自若；然而，那些与“当代”二字格格不入的场景反复大量出现时，无疑对我们的“贵州印象”造成了一种不安与困扰——我们是在不知不觉中怀着猎奇心理在追逐这些新奇、异样的场景吗？如果见证这些特殊场景是在猎奇，那么被忽略的恒常又是什么？

在反复的自我询问与确认中，位于六盘水市六枝特区的一个场景浮现出来，打破了关于猎奇的困惑。在六枝，有一个生态博物馆。

1997年，在大多数国人还没有听过“生态博物馆”这个词汇的时候，贵州六盘水市六枝特区的山里，由中国和挪威政府联合设立的一个“生态博物馆信息中心”开始破土建设了。有很长一段时间，这个叫“梭戛”的乡里的居民都管这个建筑叫“博物馆”，而他们可能要很久之后才了解，这个建筑不是博物馆，它只是一个信息中心，真正的博物馆是他们的苗寨，和他们日日绵延的生活——生态博物馆的核心，是一种活着的文化遗产和与之相关的生态环境，当设立一个区域为生态博物馆时，它包含了这个区域的过去、现在、未来。在六枝梭戛之后，贵州又相继划定了镇山、隆里、堂安等数个古镇或村寨为生态博物馆，形成了中国最早的生态博物馆群落。

没有围墙的生态博物馆，包围与纪念着一种古老的生活场景，它同时对时间敞开怀抱，接纳着这种古老生活在当代的变迁。

对于我们而言，如果执着于展现这片土地上那些古老的生活习俗是一种猎奇与偏见，那么，抛开它们而追逐“恒常”也许同样是掉入了偏见的陷阱——它们原本就存在于普通的生活之中。视古老为新奇异样，或视当代为真实恒常，都是对新与旧、变与常的顾此失彼。在时间中保持泰然，是生态博物馆给我们的启示，也是贵州这个“弯曲时空”给我们的启示。

这些镌刻着古老文化印记的生活场景，形成于群山、隐匿于群山，现在又被群山所凸显。在与现代文明的结合与互动中，它们呈现出独特、丰盛、密集的文化景观，并在当代日新月异的变化中显现出新的形态。与其说这种景观为生态博物馆的诞生提供了广袤的大地，不如说贵州本身就是一个巨大的生态博物馆。

在贵州，我们看到的是时间自身的力量。

摄影_李贵云

贵州

集路成省号贵州

地 撰文/温骏轩 许君达

1 贵州的成省，与历史上西南地区的道路交通密切相关。不过有趣的是，贵州作为一个地缘枢纽，其多山的地貌却长时间让交通状况尽显艰难。如今，在高速交通线的网络逐渐建成后，崎岖的贵州终于有了坦途的样子。 摄影_唐可可

横亘的分水岭把贵州高原切割成一个个开口向外的小流域，横跨流域的位置是形成交通枢纽的先天条件，路径的聚合与四散，赋予了贵州这片松散高原一种独特的地缘地位。通过水系与辅助的道路，东西向和南北向的两条重要地缘通道在贵州高原上十字交叉，勾画出贵州作为交通枢纽的基本面貌。

“云贵高原”并非一个整体

在中国的省级行政区中，贵州在人们的认知上往往与云南捆绑在一起，以“云贵”板块示人。类似的组合在中国有很多，比如江浙、巴蜀、两广、两湖等。并不是任意两个相邻的地区都一定会形成如此亲密的关系，其中必定在地理或人文上有着密切联系才行。将云、贵二字联系在一起的，是一片二者共同所在的高原，为示公平，这片原本松散的高原被地理学家命名为“云贵高原”。

中国陆地地势可划分为三级阶梯，其中“世界屋脊”般存在的青藏高原，独占了第一阶梯；东北、华北以及长江、珠江中下游等平原、丘陵地带，是地势最低的第三阶梯。至于云贵高原，则属于承上启下的第二阶梯。

纵向对比第二阶梯中的其他板块，云贵高原在地缘政治历史上的表现并不突出。与在历史风云中长期活跃的黄土高原、蒙古高原、四川盆地相比，云贵高原曾经长时间都是一片游离于“中央之国”权力中心之外的“化外之地”。在人们的印象中，滇国、夜郎、南诏、大理这些曾经活跃于此的西南王国，无一不披着一层不同于中原王朝气质的神秘面纱。

历史上，基于云贵高原这一独特气质，生活在云贵高原的少数民族，曾被汉人笼统地称为“西南夷”。很显然，这并不是一个尊称。不过随着时代的变迁，丰富多彩的民族文化，反而成了云贵高原最显著的地缘特色。

从地理背景来看，民族文化丰富多彩的云南其实可以被看作几个不同地理单元的集合体。从青藏高原延伸而来的横断山区盘踞在滇西，这个接收着印度洋水汽的高山纵谷区地形崎岖到近乎极端，令外人望而生畏，而其内部河谷地带虽然破碎而相互割裂，但从水热条件上看却也是适居之所，一些族群稀稀落落地定居在此，也有一些族群沿着这些河谷的走向而南北迁徙，但都与谷和山之外的世界少有参涉，云南独有的傈僳、独龙、纳西、怒、普米等民族，都世代生活在这里。总的来说，滇西的山系与河谷地带无论从自然环境还是人文特征上看，都是一个比较独立的地理单元。横断山系从北向南倾斜向下，海拔越来越低、地形越来越开阔平缓。元江源自大理以南，它与澜沧江和怒江的下游共同构成了一个气候温暖、适宜农耕渔猎的扇形河谷地带，不过这个地带的开口朝南，与中南半岛的联系比中国内地要紧密得多。除了滇西和滇南的高山河谷外，云南东部以昆明和曲靖两个城市所在小盆地为核心的高原地势起伏相对没有那么大，与贵州全境所在的自然地理板块连为一体，汉民族在这里耕耘的历史也更久——这里与贵州绝大部分地域所在的高原，才是“云贵高原”的准确所在，这比行政意义上的“云”省和“贵”省范围总和小得多。如果需要再深入解析，我们也可以进一步将这个狭义的云贵高原细分成“贵州高原”和“云南高原”。

与云南高原的复杂性相比，贵州高原是一个更完整的整体，但这个整体内部却显得七零八落。根据定义，海拔高度在500米以上，边界较清晰、完整的大面积隆起地区，都可以被称为高原，有的高原顶面地势相对平缓，起伏不大，有的高原内部有大面积的盆地型冲积平原。至于平均海拔为1000米的贵州高原，其顶面山地虽然相对高差并不算大（最高峰海拔不过2906米），但山地走向零乱、地形破碎，加之喀斯特作用强烈，所以适宜人类生存发展的河谷盆地普遍微小而狭窄。

在人类的文明进化过程中，适宜进行农业生产、能够承载大量人口的“平地”始终是人口聚集、经济文化兴盛之地，在连绵的山区，有平坦盆地的地方自然会成为所在地理单元的中心。至于是否有机会成为更大范围区域的中心，则往往要看同地理单元内相似地域横向体量的比较。

虽然贵州的整体海拔要比云南低，但这少许的海拔差，并不会产生质的影响。真正影响二者历史地位的是平原的体量。在山地的切割下，贵州高原内部并没有生成大型平原；而相邻的云南高原地势则要相对平缓一些，存在着昆明、大理等较大的盆地平原区，同时气候条件也更加优越。

正因如此，云南高原在历史上更容易出现大型经济文化中心，进而孕育出地方性的政权。从早期的部落联盟到鼎盛时期的南诏王朝，云南高原上的农业文明已经高度发达，而且保持了较高的独立性。因为距中原过于遥远，当地的地方政权并不容易被中原王朝征服，双方始终保持着一种接触不少但战端不多的互动关系，直到蒙古人的强势南下，才打破了平衡，强劲的“大一统”趋势压过了地方上的离心倾向。居住在云南高原地区的少数民族与滇西高山深谷中的世居民族相比，人口规模普遍较大，各种分支也更丰富。这一方面是因为在当代民族识别时的划分标准不够精确，更重要的原因也是这些民族生活在更为宽敞的空间中，历史上的经济文化发展程度较高，族群繁衍得更加壮大。

贵州高原的民族分布则有着明显的空间层叠现象，而不像云南高原那样能简单地依照地理单元进行平面分割。在一个小型盆地中，从核心平原一直到上游河谷、边缘山地之上，有可能同时分布着好几个民族。比如在黔东南地区流传的说法——“汉族住坝头，侗族住水头，苗族住山头”，就形象地诠释了这一特点。很显然，如果有的选，坝子终归是每个民族最渴望居住的土地，但各民族的综合力量决定了择地而居的先后顺序。贵州世居的民族由于地形的阻隔，始终难以凝聚在同一股向心的政治经济实体中（早期的夜郎等“国”，其实更有可能是以一种松散的部落联盟形式存在的，客观条件并不允许跨越众多地理单元的大政权出现）。缺乏政权式组织的结果，就是无力抵挡中央政权的强势进驻，只能避居山野，把有限的优质土地都让了出来。

云贵高原纬度低、离海近，充足的降水和热量能够克服海拔高和平地稀少的劣势，使农耕这种生产方式能够立足。云贵高原和北方的草原

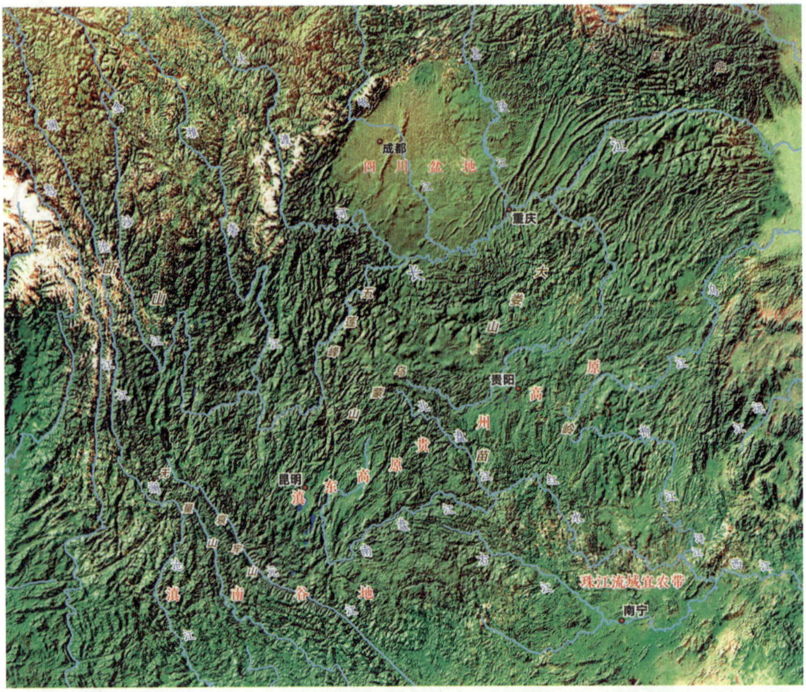

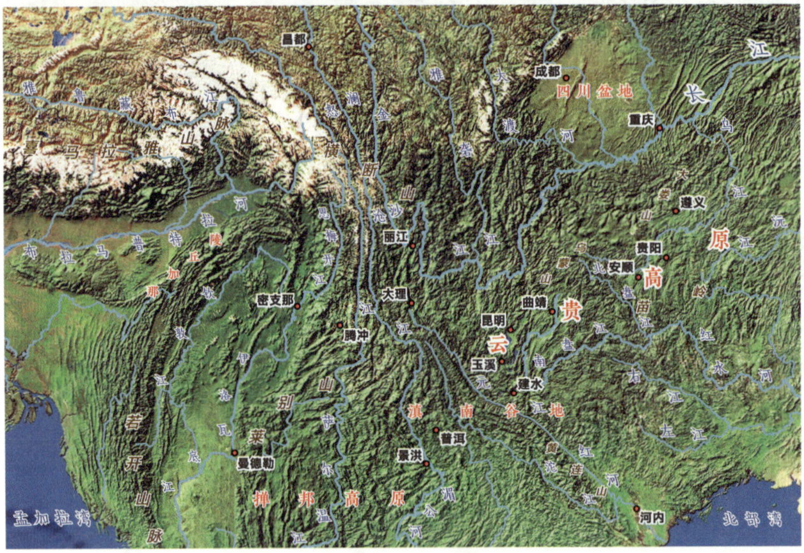

2

3

2 云贵高原位于滇东和贵州的高原面相对完整连贯，零星散布的一些适宜农耕的小型盆地（坝子），成为中原王朝立足西南边疆的重要落脚点。

3 云南不仅仅是中国的边疆，也是整个东南亚地区的地缘纽带。贵州则是中原与云南之间的重要纽带，二者互相依存，缺了哪个都会让历史改写。

荒漠都被认为是“大中华”视角中的“边疆”地带，而二者最大的区别便是因自然环境而造成农耕力量生存难度不同——换句话说，就是中央王朝的扩张力会被草原及草原上的不同文明势力所阻挡，就算实现了军事上的突破，以农耕为本的政权力量也无法在那里维持；而对于同属农耕文明区的云贵高原来说，中央力量只要克服山水和“瘴疠”的阻碍，是可以扎根在此的。因此，虽然“战略价值”不大，但历代的中央王朝都不拒绝与这片遥远的高原保持各种形式的联络，在元明清三朝征服了云南以后，中央政权便很容易通过“羁縻治理—改土归流”的渐变方式对这片高原纳而治之。在这种背景下，云、贵两地的地理和人文差异导致了“地位”的不同：富庶的云南高原才是征服者的目的地，贵州高原不是终点，却是通往终点的必经之路。明太祖在历史上首次把经略贵州作为开疆战略之一，其目的就是要更稳妥地向云南进军，并对云南高原实现有效的统治。自此以后，贵州高原才逐渐进入人们的视野，在这个过程中，贵州作为西南战略通道的地位得到了最大限度的凸显。

分水岭上的地缘枢纽

要理解贵州的地缘，必须先读懂贵州的水。

云贵高原是珠江的源头所在。南盘江和北盘江两大支流深深地切穿云贵高原，并在高原之下的低处汇合，流向两广。不过在贵州这侧的高原上，属于长江流域的土地面积更大。位于贵州中部的苗岭是两大流域在贵州高原上的主要分水岭。分水岭以北，牛栏江、横江、乌江、赤水河、綦江五条河流向北直接流向长江，锦江、㵲水、清水江则向东流入湖南，归入洞庭湖。分水岭以南，南北两“盘江”汇合后变名为红水河，沿今天的黔桂边界流向东南，此外还有一条都柳江从贵州东南隅独自东流，在广西汇入珠江水系的诸川。

在前工业时代，水运是人类最理想的长途运输方式。在南方的多山之地，沿水而来的不仅有各式物资，也有带着文化属性的人，从相同的地方（大江大河下游平原）出发的人流沿着一条条枝状的水系路径铺散开来，同质化的文化便以人为载体传播到流域内的所有能抵之处。一条优质航道就能深刻地塑造和改变很大一片地域的人文地理面貌，这一点在湖南和江西这两个南方省份体现到了极致——在各自三面环山一面开口的半封闭地形区中，湘江和赣江分别以流域为单位造就出了高度发达且独立完整的文化地理单元。贵州的地形则正好相反，横亘的分水岭把贵州高原切割成一个个开口向外的小流域，通过水路的连接，流域内与外部的联结比同一片高原上跨流域的联络便利得多，加之缺乏大型盆地成为天然的中心，这就决定了贵州高原不可能通过自然地理环境完全自发地形成一个单独的文化片区。不过如果反过来看，横跨流域的位置也是形成交通枢纽的先天条件，路径的聚合与四散，赋予了贵州这片松散高原一种独特的地缘地位。

在发生于公元前3世纪的“庄蹻入滇”事件中，贵州第一次进入了“中央之国”的历史。

公元前279年，秦国尚未一统天下，但对六国早已呈现出压倒之势。在秦国抢先攻占了长江上游的巴、蜀之地后，劲敌楚国的大后方暴露在秦军的刀锋之下。楚国双线作战，正面抵抗实力不济，如要与秦继续抗衡，唯有利用自身境域广大的优势，从巴蜀南方的“未知之地”出奇兵包抄秦国“后方的后方”。

楚将庄蹻正是在这一背景下出现在历史中的。有史记载，他率领一支孤军溯沅水寻路西

4 水路是最传统的交通方式。贵州地处长江与珠江水系的分水岭处，主要水系从中部向北、东、南三个方向发散向外，构成水运的骨架。由于水路的外向特质，贵州单凭其自然地理形态很难建构出一个单一而完整的文化体系。贵州的很多城市或市镇因地处分水岭处而成为水陆转运的枢纽，赤水河畔的丙安古镇即因水运而兴盛。 摄影_卢现艺

行，进入云贵高原的千山万水之中。沅水的上游如今名为清水江，发源于贵州中部，穿过地形破碎的武陵山脉、雪峰山脉，流向位于楚国腹地的洞庭湖平原。清水江—沅水这条水系虽然流经重重山区，但河道本身足够宽阔和平缓，几乎全流域都可以通行船只。对于贵州高原来说，清水江就是这样一条地方命脉——人们可以利用水路从中原腹地直入群山，而在数条起到类似连接作用的河流中，清水江又是最源远流长、深入贵州高原最远的一条。

不过，当时的贵州高原地形复杂、气候阴寒、土地蛮荒，显然不会是一支远征军的目标之地。由于身后的秦军很快攻入两湖地区，进而一举灭楚，庄蹻的行动失去了意义，这支孤军只能向西继续前行，并在滇池到抚仙湖一带的“滇”地寻得了一片平坦之地，就此安顿，彻底与故土断绝了联系。

庄蹻入滇的所经之路正是贵州高原上最重要的一条横贯交通线：离开清水江后，大致沿苗岭的分水岭一路西行，跨过北盘江大峡谷和黔西的喀斯特地带，进入云南的曲靖盆地。这条东西向通道的价值在明朝被发挥到了极致，为了征服云南，朱元璋将数十万来自中原、两湖、江西、江淮等地的明军及其家属先期安置在云贵高原上重要的“坝子”中，建立卫所城镇并永久性驻扎，稳扎稳打地打造出了一条安全的入滇通道。

“卫所制”是明代兵制的一大特色，其本质是一种吸取了中国历代屯田经验，寓兵于农、守屯结合的建军制度，军民严格分籍，当军之家皆入军籍，并拨以土地令之不战时垦田自给。“卫所”所及之处，不仅意味着中央集权力量的延伸，亦从人口、文化角度，对所驻之地造成了深远的影响——曾经长期被中原汉人忽视的异族聚居地，逐渐为汉文化所渗透、分割，“中央之国”将这片有着同质化农耕底色的高原山区纳而治之的本能终于得到了一定程度的满足。此后，明朝直接在这个先前一直处于空白状态的地方设立了最高级的行政建制，“贵州高原”才真正变成了“贵州”。从贵州高原的“发现”，到“贵州”这个历史概念的诞生，都伴随着中原与云南高原的互动关系升级而出现，这是对贵州历史地缘地位最好的诠释。

假设当年庄蹻能够实现奇袭敌后的战略目标，他会怎么走呢？自然不会西去云南，而是应该在贵州高原的中心部位翻过苗岭，折向北行，顺着乌江水系一路下行，杀向巴地；或者，渡过乌江继续向北，在大娄山下转向西北，进入赤水流域，顺赤水而下，进逼巴蜀平坦肥沃的腹心地带。

这两个水系是贵州高原上南北交通的主要命脉。乌江流域面积更广、航道更长，整个黔东北地区都是它的辐射范围，不过乌江干流两岸山高峡窄、河中险滩众多，对通航能力构成了严重干扰。在近世的历史记载中，乌江的一些段落无法通行，人货只能靠段落式的陆地转运，当然这也无意中促成了以思南为代表的几个大转运港发展成重要城市。赤水水路直入四川盆地中心部位，不过水流较小，无法通行大船，而且赤水始终沿贵州高原的边缘流淌，若要进入贵州腹地，还需弃船登岸，艰辛跋涉才行。

相较于贵州东西横贯道更强的过境属性，南北向水路才真正构成了进入贵州高原的交通主动脉和微循环网络，毕竟从最现实的角度看，贵州离四川盆地更近。语言是衡量一个地区地缘属性的重要依据，在中国的方言分区中，贵州乃至整个云贵高原都与四川盆地同属西南官话区，与湘江流域占据主体的湘方言迥异。这多少能够

证明，贵州高原在融入“中央之国”的历史进程中，位于北方的四川盆地发挥了更加重要的作用。

需要说明的是，正史中有关庄蹻入滇的记载其实语焉不详，有很大的传说成分。不过无论历史上是否真有其人，这段传奇故事至少引领我们对贵州的传统交通概况有了一个更有代入感的认知。

在楚人的云贵探索百余年后，当时盘踞在贵州高原的“夜郎国”“且兰国”等再次出现在史书中。公元前112年，为了使割据珠江流域的南越国臣服，汉武帝兵分四路开启了南征之役。从地缘和历史的视角看，这是“中央之国”在收纳了长江流域后，以此为根基向珠江流域继续扩张的必然趋势。

南征之前，汉使唐蒙在南越国都番禺打探到一条信息：“独蜀出枸酱（一种酒），多持窃出市夜郎。夜郎者，临牂牁江，江广百余步，足以行船。”据学者考证，这里的“牂牁江”指的就是贵州西部的北盘江，沿江南下可直通两广，北上翻越乌蒙山则可通过牛栏江、赤水的水路，或者秦时即有的“五尺道”进入四川盆地。这条消息证实了珠江水系上游具备航运价值。这条道路经过崎岖的贵州高原，把巴蜀、西南诸夷和岭南这些帝国的边缘地带串联起来，让征服南越的行动在灵渠咽喉之外，又多了一个进军方向。

为了实现这一战略目标，汉朝先通过外交手段把云贵高原上诸多松散的政权组织笼络起来，纳入普天之下的“王土”范畴以扫除南下的障碍。正是在这一过程中，夜郎王对汉使一句

5　贵州的高速公路普遍架设得很高，因为贵州的地表过于崎岖，所以在工程技术许可的情况下，这种“不落地”的方式或许是最现实的快速通过之法。　摄影_龚小勇

6　贵州高原的平地比相邻的云南高原更少，与山为邻是贵州人栖居状态中的主旋律。　摄影_雷声

7

8

7　随着明代对贵州的大开发，大量汉人迁入，形成独特的文化风貌，为贵州丰富的民族文化又增添一种元素。　摄影_宋卫华

8　地戏主要流传于安顺的屯堡地区，其戏曲形式有很明显的江南之风，与当地其他民族的传统歌舞或戏剧有显著的区别。　摄影_曹经建

不经意的“汉孰与我大”恰巧被史官捕捉到，结果成了流传千年的历史笑柄。问题在于，与其说这样的问话是源自自大，倒不如说是因为云贵高原的闭塞，使之真的对外边的世界缺乏了解。事实上，此前滇国人已经向汉使问过同样的问题，“自大”的黑锅就算一定要有人背，实在也不该单由夜郎王来背。

云贵相依——“云”以“贵”为枕臂，“贵”因“云”而成省

如果跳开“中原中心”的视角，会发现贵州高原在一个更广阔的范围内有着更大的地缘纽带意义。

通过水系与辅助的道路，东西向和南北向的两条重要地缘通道在贵州高原上十字交叉，勾画出了贵州作为交通枢纽的基本面貌。在这层空间底色之上，“中央之国”所代言的汉文明因壮大而外溢的时间线索又为其面貌增添了一个维度。

西汉经略西南、剑指岭南，让贵州的南北通道在这个时间段的重要性有所上升，但维持的时间并不长久。这其中自有山高谷深崎岖难行的先天不利因素，更重要的是，这条通路的目的地岭南因为与中原的人文相近（南越王族祖籍本就在华北），地理环境亦与典型的南方农耕区高度相似，很快便成了中央王朝的编内之地，无须持续以高压的方式经略，途经贵州高原的这条偏道自然就不再存在政治军事价值，而其所联络的两个“帝国边缘”地带之间又不需要过于频繁的商贸或文化流通，所以日渐边缘化在所难免。

云南高原则不然。高度密集且多元的经济和族群板块让此地的情况非常复杂，又与中原相距遥远，让这里成为一块复杂的混合之地。单从客观存在的地形地貌和地缘空间来看，当代云南省所包含的三大单元大致以大理盆地为纽，各自和与其相似的人文地理板块相连，分别向三个方向延伸出去：狭义的云南高原与贵州高原连成一体，逐渐被“中央之国”内化为其西南边疆；滇西的高山峡谷与青藏高原紧密相连，孕育出独特的文化风貌；滇南谷地则与整个中南半岛山水相连，从青藏高原延伸部位呈放射状流出的元江（红河）、澜沧江（湄公河）、怒江（萨尔温江）、独龙江（伊洛瓦底江），在下游分别哺育了各自独立的农业文化，当代的越南、老挝、柬埔寨、缅甸、泰国（泰文明的渊源昭披耶河虽未发源于当代中国国境内，但也可以视作广义上的滇南河谷延伸部，历史上横跨湄公河流域和昭披耶河流域的物资与人文交流非常顺畅且频繁）这些国家就分别以它们下游的肥沃平原为立国立族之本。从这个宏观的角度看，云南的地缘位置可不仅仅是中国的边疆一省，而是中华文明核心区、东南亚农耕文化带和青藏高原独特生态区的交融汇聚之地。随着蒙古人的占领，来自北方的一些游牧民族后裔和穆斯林群体也在这里落脚并定居下来，这种多元特质决定了云南绝不可能是一个能让帝王们省心的地方。古代的战略家不一定能在没有精细地形地貌图的情况下用上帝视角把遥远边疆的地缘形势看得像今人这样清晰，但或许是出于对权力的追求本能，所有具备一定实力的朝代都没有放弃对云南高原的追求，在忽必烈大军将这片崎岖之地收入蒙古帝国帐下以后，这种追求开始变为可能，于是就有了朱元璋大举西征、攻取云南之举。清朝的吴三桂之乱与平三藩之役，同样体现了两种力量在云南的拉锯。

欲取云南，必先经营贵州。

云南北部的高原深谷难以跨越，因此，贵州高原便成了云南几乎唯一向“中央之国”开放的门户。在历史的长河中，“云”以“贵”为枕

臂，“贵”因“云”而成省，“云”和“贵”就这么始终紧密地联结在一起。

山地省的重新“发现”——从边隙之地到时代骄子

事实上，贵州高原的历史算不上辉煌。“贵州”这个行政概念登上历史舞台，并非因为其本体的发展壮大，而是因外部因素而被动出现。

贵州高原是一个被岩溶地貌（也就是我们常说的“喀斯特”）广泛覆盖的地方。这种地貌的突出特征是石灰岩（或形状相似的白云岩）岩层大面积露出，造就了一系列精彩的自然风景。不过今天在我们看来颇有趣味的喀斯特地貌，在农业时代却并非贵州之福：石灰岩对水的浸泡和冲蚀毫无抵抗力，无论是在地表还是地下，它们都会被流水冲刷出千奇百怪的样子，这也正是喀斯特景观的来源；与此同时，石灰岩对于其他自然力，比如风，又十分强硬，土壤的形成需要一个漫长的过程，岩石经过风化作用形成的不同大小的矿物颗粒，是土壤形成的基础，裸露在外的石灰岩岩层极难风化成土，因而喀斯特地带的土壤层普遍浅薄，这对依赖土地为生的人们十分不利。

贵州的山地本就崎岖，土地的自然生产力又不高，不能说是一个农人的乐土。可是贵州的气候条件又并非完全无法进行农业生产，所以对于以农耕文明为立国之本的传统中原王朝来说，这样一片土地虽“食之无味”，却也“弃之可惜”。与此同时，复杂的地形与族群的多样性呈现着必然的因果联系，自上而下的权力运作机制在此地势必不会很顺畅。因此，贵州的早期开发史充满了自发性，未曾中断，却也很少得到系统性的官方扶持。

长期以来，贵州的面貌在“中央”视角的俯视下总不免显得模糊和混沌，甚至直到20世纪前半段依然如此。长征途中的红军浴血突破了湘桂相交的湘江防线后，在贵州得到了喘息。环顾当时的西南诸省，川滇湘桂的本土军阀势力都比较强大，国民政府的中央力量对这些地方也都有所安插和经营，两方的“围剿”力量合并，疲于奔命的红军绝难抵挡。然而位居这些省份环抱之中的贵州，地方军阀疲弱，“中央军”也同样不易进入，这种空白状态大大助了正处危急之中的红军一臂之力。

几十年后，贵州的地缘价值再次得到了利用。

当中苏交恶、战争风险迫近时，在“二战”中即肩负起过民族抗争大任的“西南大后方”再次进入了战略家的视野。在以机械化热兵器为主力的军事时代，单纯的山河关隘对于阻敌的作用已经很小，假使外敌的坦克部队在空中武装的辅助下突破防线，道路系统相对完善的中国东部平原将任其驰骋，而当时支撑整个国家经济运转的基础设施和生产能力几乎全部集中在这些高危的平原地带，一旦瘫痪，后果严重。西南地区的地理位置远离北方边境和东部海岸，连绵崎岖的山地既能有效阻滞地面攻击，也有利于躲避空中侦察，因此，随后兴起的“三线建设”把大量的资源和产能塞进了这里。贵州的山地绵密，又深居大西南地区的地理中心位置，不与任何边境相邻，势必是工业转移的首选落户之地。从另一方面看，贵州原有的工业和经济基础非常薄弱，“三线”项目的进驻，对贵州的社会经济面貌甚至几代人的文化记忆都产生了深刻的影响。

“三线建设”给贵州带来了现代化之路上从无到有的一场质变。不过事实证明，这种计划经济色彩浓厚的生产组织方式存在着生产分散、

9 花溪附近的苗族服饰，从色调到装饰都与黔东南苗族迥然不同。 摄影_理查德·怀特

10　贵州高原海拔和纬度都不高，除了崎岖的地形，单就气候条件来说，其实很适宜农耕。农耕民族只要摸索出适合这种地形的生产生活形态，是很容易在此立足的。　摄影_杨通荣交通不便以及由此导致的物流成本过高的问题，因而在改革开放后便逐渐被市场所淘汰。几百年来，贵州这个省份诞生于交通，也受困于交通，这种宿命可以说一直延续到了21世纪大门敞开的前夜。

技术的进步让“道路”这个概念处在不断变化之中。在中国交通史大步迈入高铁时代的当下，地形的阻隔已经不再让建设者一筹莫展，于是地图上的交通线越来越平直通顺，乃至直接脱离地面，在空中实现位移。终于，摆脱了地形的束缚，贵州作为西南地区空间枢纽的优势开始显现出来：北上重庆、南下广州、西进昆明、东至上海的高等级铁路骨架在贵阳交会，贵阳成为国家高铁网络上的一个重要节点。这一枢纽地位的形成，有利于资源的沉淀和资金的汇集。在这一迅速成长的过程中，贵阳逐渐上升为在全国具有一定区域影响力的中心城市。在外人眼中，贵州的主体性也越发突出，不再只是去往云南的漫漫苦旅中缺乏存在感的一个途经之地。

基础设施的完善模糊了天堑与通途之间的界限，旧时因交通不便而造成的先天不足，有些如今反而成就了贵州的后发优势。

贵州有“公园省”的美称，盖因其境内留存有大量极少受到人类活动破坏的自然生境。原始的生态系统在贵州的群山褶皱中得到了良好的保存，很大程度上也是因为崎岖的地形阻碍了人类进驻的脚步。到了今天，这些被辟为自然保护区的地方成了贵州最重要的生态和旅游资源。

贵州的另一部分空间，则是人类生存和发展的家园。对于信息技术产业——今日贵州最引人注目的明星产业，之所以会落户贵州的原因很多，能源供给、气候凉爽、地质稳定等自然因素已经为很多人所熟知。不过如果从另一个角度看，它们与贵州结缘最本质的原因，是人类社会在不断的发展演化中，对占用空间的需求从未停止过。无论是国家级大数据中心，还是全球最大的射电望远镜，都是体量极为庞大的建设工程，而中东部的平原地带空间早已高度饱和，容纳它们需要高昂的成本，而相对空旷的贵州高原开发历史较晚，群山之间还有很多空白的土地空间正等待着人类在它们的肌理上画下蓝图。与此同时，高等级的交通和通信设施也让贵州与外界的通联不再仅限于几条河流勾勒出的水路。

今日的贵州，不再遥远。

“喀斯特省”——石山中的家园

地 撰文/覃妮娜

万峰林位于贵州西南角的兴义，喀斯特石峰之间有小块平坦的土地，热量资源亦佳，是贵州喀斯特地区少有的宜居之地。 摄影_张德厚

“喀斯特”原意为石山。岩石的灰色是喀斯特地带的基底色调，贵州地处中国喀斯特集中分布区的中心部位，与喀斯特有关的地形地貌多样且全面，堪称“中国的喀斯特省”。喀斯特地貌为贵州塑造了众多自然景观，也给贵州留下了一大片多石少土的贫瘠土地。贵州曾经长年身处中国最贫困的省份之列，除了多山造成的交通不便，很大程度上也是因为这片土地的先天贫瘠。寻求解困之道，必须探究这种贫困的源头与机制。

不太富饶的石头之乡

一阵猛火爆炒过后，杨开兰家的午餐上桌了，重油重盐的腊肉和腌菜很是下饭，另一盘稍微过了油的土豆丝则新鲜软糯，让人食欲大增。

这顿家常饭为这家人所在的地方提供了一个很好的注脚。这里是黔西北的喀斯特高原的腹心地带，高海拔导致的阴寒气候本就是农业的一大致命杀手，而多石少土、难以蓄积水源的岩溶地貌则让这片土地的生产力更加瘠薄。在人类的长期试验中，能耐寒旱的玉米和马铃薯逐渐变成这里的主要作物，因而除了土豆，其他菜肴都难言鲜美。

先锋村蜗居在群山鞍部，四座山头环绕村部所在的山洼。村旁的小块田地里稀疏地长着幼苗。时值冬季，虽不像北方那样寒风呼啸，但超过两千米的海拔高度让人的每一个细胞都受到一种带着湿度的寒气的侵袭，这是一种让人无处可逃的寒冷，不仅超出了人类的舒适度，也冻得农作物蔫头耷脑、缺乏生气。平坦的土地只能是一种奢望，薄薄的土层下隐约可见岩石基底透出的青灰色，田地靠近山坡的地方，几丛尖锐的石峰破土而出，峰上寸草不生——它们其实就是微型的“石林”。

杨开兰家的房后，一个黝黑的洞口正坐落在正屋的地基之下，一块水泥盖板横跨其上，充作房间地板。年轻的男主人对洞的深度早已没什么印象，只是一再强调“房子是结实的，不会塌下去”。他一脸错愕的表情似乎反馈着一个外来提问者的孤陋寡闻：在喀斯特地貌区，地表上的坑坑洞洞毫不新鲜，生活在当地的人们对此早已习以为常。

喀斯特地貌，又称岩溶地貌，是由一种易溶于水的海相沉积岩层构成的特殊地貌，这种岩石，可制作石灰，因而民间也叫它石灰岩。“喀斯特”之名原意是“石头”，来源于克罗地亚和斯洛文尼亚境内的一个石灰岩高原，人类最早在这里发现岩溶地貌并予以科学命名。

不过，最大规模的连片“石头”地貌并不在亚得里亚海边。中国是全球三大喀斯特分布片区之一的东亚片区的中心，主要集中分布在西南地区，广西、贵州、云南是中国西南喀斯特最集中的地方，其周边的四川、重庆、湖北也都有断续分布。贵州地处喀斯特密集区的中心部位，喀斯特出露区域有12.8万平方公里，占全省面积的73%，全省3000多万人口中有一半都居住在喀斯

2　贵州的喀斯特地貌区景观丰富，旅游资源优良，却并不适宜大量人口生存与生产。　摄影_曹经建

特岩层上。贵州的大地上广泛地覆盖着石灰岩和白云岩，在千百万年与水和空气接触的过程中，岩层中不溶性的碳酸钙在水和二氧化碳的化学作用下转化为微溶性的碳酸氢钙，而石灰岩岩层中各部分的石灰质含量不同、被侵蚀的程度不同，因此在被溶解分割后，便形成了千姿百态的喀斯特地貌。新近纪之后，云贵高原抬升，使贵州不再具备湿热的亚热带气候，没能发育出桂林那样的喀斯特孤峰盆地，而是在高原的基底上孕育出了更宏大宽厚但略少了些秀美的喀斯特景观。

喀斯特不仅塑造了贵州半壁江山的自然风景，也深刻地影响着生活在这片土地上的人。这里不是一个富庶的家园。石灰岩的抗风蚀能力强，成土过程缓慢，每形成1厘米厚的风化土层平均需要4000余年，长的甚至需要8500年。稀薄的土层难以提供充足的营养物质供给农作物与依靠它们获取营养的人类，有限的农业生产不仅广种薄收，还会在雨水和灌溉的冲蚀下把仅有的土壤带走——这就是人们熟知的“石漠化”现象。此外，喀斯特地貌区内遍布孔道和落水洞，虽然贵州的降雨并不稀少，但水分到了地面便会很快渗漏殆尽，难以蓄积，因而饮水成为一大困难。大石山区的农民为了获得一块小如桌面的土地，只能砍掉原有植被，从一个个石臼、石缝和碎石中收集土壤，集中堆积在一处形成能够种植农作物的土层。喀斯特地区的梯田就是这样形成的。但这种集中，造成了更大面积岩石的裸露。失去植被保护的岩石，会加速地表流水，使土壤加倍受到流水和风的侵袭，更易发生水土流失。

| 3 | 4 |
| 5 | 6 |

3　在零散而单薄的田园中，寸草不生的石峰毫不客气地刺穿地面，占据着本就狭小的耕地面积。这是贵州喀斯特分布区早已司空见惯的地貌。　摄影_李贵云

4　玉米能在坡地或劣地，甚至是石缝里生长。超强的适应性使其成为喀斯特地带的首选作物，然而不合理的玉米种植反过来也加剧了“石漠化”。　摄影_李贵云

“双重移民”改变的平衡关系

在安顺的屯堡村落，只要拐出专为旅游者修饰一新的主街，人们很容易就会被一个石头的世界所吸引。

安顺屯堡建筑，从里到外，从上到下，除了跨度大的梁和门窗，几乎全都用石头完成。以石建房有一个好处，就是不怕火。木结构建造房屋的中国传统村镇最惧怕火患，一旦起火，整个村落被焚毁也很常见。相比之下，安顺的石头民居即便遇火也不会整体被毁，复建的材料成本也更低。以石材建房不奇怪，但连屋顶也用石头就显得有些特别了——安顺石头房子的屋顶按照传统的人字形斜屋面，使用了大面积的石板叠加成鱼鳞瓦的效果。这种薄薄的天然石瓦让我印象深刻。

安顺的喀斯特地层中富含薄层灰岩。这种薄层灰岩1~2厘米厚，常常出露地表，看起来像千层饼，只需一层层撬开，便很容易采集。安顺人建房用的石瓦、石板正是由此产出。在成材之木稀缺的喀斯特地带，人要努力适应这种特殊的环境。对于这里的移民后代来说，这意味着他们必须改变祖先流传下来的生活方式，只能通过一些细节上的设计和装饰来延续对于故土的记忆。

元末明初，连续几十年的战乱和天灾互相叠加，造成人口的严重流失。及至朱氏继承大统，为了增殖人口，开拓新的城镇，培育赋税基地，明政府从一些未遭大灾、人口稠密的地方征召了大量民户整体搬迁到人口稀疏的地方。这种大规模的官方移民活动在历史上空前绝后，既改变了中国各地的人口结构，也意味着强力的政治权力已经深刻地嵌入了基层的民间社会。

与此同时，效忠元朝的蒙古王把匝剌瓦尔密在云南行省起事对抗，朱元璋派大将傅友德率30万大军西征。长途远征考验的是后勤能力，这30万军队中的绝大多数其实都是后方补给线的组成部分，真正与这样一股地方武装交战的实战部队其实并不需要太多。从明初的政治中心江南地区前往云南，需要跨过贵州这片“瘦骨嶙峋”的山地。先前历代无不将此地视若鸡肋，不守则西南为乱，守之则徒耗开支、效益低下。为了稳扎稳打地进军，以及战后对西南的经略，傅友德上书建议在贵州设卫戍守。在经济和军事的双重需求下，贵州迎来了历史上最早也是最大规模的移民潮，最初参与西征的30万大军首先化剑为犁，就地安家，成了第一批移入贵州的外来者。

屯军的目的是为了缩短征兵、养兵和部队千里征调的时间和成本。明朝的军户制度把屯戍者世代牢牢地拴在卫所之中，来事便战、战后垦耕，为确保收益与就近值守要隘同时兼得，最早来到贵州的军户得到了入滇主干道沿线相对平阔深厚的土地，尤以安顺附近的喀斯特峰林之间最为集中。

后来者就没有这么优越的条件了。离云南较近且位于西南多地枢纽位置的贵州西部是移民屯驻的重点地区，而除了安顺附近的坝子外，黔西南地形起伏巨大的山峡喀斯特地带和黔西北寒冷的高原喀斯特地带都不具备适宜农耕的自然环境，大规模的人口迁入、垦殖，远远超出了土地的自然承载力，人地之间的平衡关系开始失衡。这一现象一直延续到现在。黔西北的毕节平均海拔是贵州最高的，高海拔与喀斯特地貌造成的贫瘠让毕节地区的传统农业生产效率很低，然而这里又是贵州人口密度最大的地方之一，人口多资源少，必然的结果就是绝对的贫困。

明末以后，来自美洲的高产作物开始在中国推广开来，其中有一种神奇的庄稼——玉米，它的适应性极强，水肥齐全自可高产，少水寡肥亦能收获，更重要的是，玉米可以在无法种植稻麦

5　喀斯特地区特殊的生活形态：紫云中洞苗寨。整个村寨位于一个大型溶洞内，如今中洞多数民户已搬迁下山，但仍有留居洞内的居民。　摄影_秦刚

6　如今留在中洞寨内的居民以老人和儿童为主，年轻人普遍更愿意搬迁下山或者外出打工。　摄影_宋卫华

7　茂兰自然保护区的森林覆盖率达到92%，堪称喀斯特“荒漠”中的一个绿岛。　摄影_杨舰

的坡地甚至陡坡上生长，这样就大大扩展了山地居民的耕种空间，使他们得以养活更多的人口。不过，玉米同时也是导致岩溶地区石漠化加剧的“元凶”之一。土壤瘠薄的喀斯特坡地本就生态脆弱，在玉米耕作扩展到这些地方时，年复一年的翻耕和反复拔出的根系会严重破坏土层结构，在灌溉和雨水冲刷之后，便泥沙俱下，造成水土流失的恶果。一代代的人靠玉米和与之适生环境相似的土豆填饱了肚子，同时也给后代留下了一片日益贫瘠的家园。

人和玉米的两次迁入，让贵州喀斯特地区天生带有的“石漠基因”由隐性转为了显性，在贵州那些原本就最贫困的地区，“石漠化”进一步侵蚀着土地创造财富的能力，让贫困这个恶疾在这片大地的肌理中愈演愈烈。

茂兰的绿色启示——人与喀斯特能否和谐共处?

在贵州和广西交界的荔波县有一块被喀斯特荒漠包围的绿洲。1987年设立的荔波茂兰自然保护区总面积21285公顷，核心区的森林覆盖率达到92%。此后，茂兰在1988年升级为国家级自然保护区，1996年加入联合国教科文组织“人与生物圈”保护区网，2007年正式列入世界自然遗产名录。根据最新普查，茂兰生态圈已经更新了全国动植物的新记录160多种。

这里之所以如此受到瞩目，就是因为它的绿色，在周边千坑百谷的石漠化土地之中十分突出，甚至堪称整个地球上的绝版——在同纬度地区面积最大、生境最奇特、生物最丰富、生态环境最脆弱的喀斯特原始森林生态系统。

“茂兰”在当地语言中意为有水的地方。这里全年平均降水量1752.5毫米，在贵州属较高水平，年平均湿度达到83%——除了高降水量外，这也得益于森林植被蒸腾作用营造出的小气候。水作用于植被，植被反过来也涵养水。除了天上来的水，茂兰的地上也到处都是水。密布保护区内的河、湖、泉，加上十分丰富的地下河网互相交织，滋养着种类极端丰富的植物，很难让人把茂兰和“穷山恶水”的传统喀斯特印象联系起来。尽管茂兰的地表也由典型的石灰岩构成，同样拥有峰林、天坑、盲谷等喀斯特地貌标志性特征。但这里的森林系统非常健康与完善，林下植被种类繁多、层次丰富、更新有序。

云贵高原的抬升，使贵州除东南部外大部分地区的河流都下切到了距台地一百至数百米深的地方。而茂兰所在的荔波县位于贵州最南端，海拔较低，属于云贵高原向广西盆地过渡的地带，被云贵高原的高山深谷多面环抱，说明这里的地层并没有随着云贵高原一同快速隆起。因为抬升幅度较小，河流得以幸存于地表附近，能够滋养到地表的植物，而不会出现贵州高原上普遍存在的“喀斯特型干旱”。

水是茂兰得以诞生的先天条件，但人才是决定茂兰脆弱的原始森林命运的后天因素。人口普查数据显示：贵州石漠化情况严重的晴隆县平均每平方公里有人口255人，地处交通干道的普定县甚至达到461人；而在茂兰附近，平塘县、独山县的数字分别是114人和147人，茂兰所在的荔波县每平方公里只有74人。黔南地区相对偏僻，始终没有靠近过历史上的交通要道，自然不会像黔西那样接收大量移民。稀疏的人口使当地人在这种喀斯特环境中生存压力较小，也就没有必要深入到所有“秘境”中去索取生存所需的空间与资源，搅扰原始的生态环境。

在环境脆弱的喀斯特地区，土地的自然生产力有限，但毕竟地处亚热带，良好的水热条件并

非绝对不宜生存。若一个地方人口数量在合理的范围内，则一切安好，而一旦人口超量，人的生存本身甚至就成了一种原罪，外来的优良技术和作物造福了人，却导致了对土地的透支。石漠化就是对这种透支的直接反馈。

在人口压力已经很大的地方，要摆脱对土地的透支，只能重塑生存的形态。

因人口增殖而扩大耕种，因扩大耕种而导致环境恶化，然而在传统的农耕方式之下，扩大了耕种的范围却并未能扭转贫困，同时也把自然环境破坏了。所以必须改变这种完全从“土里刨食”的方式，寻找更适合在这种特殊土地上生长的经济作物，通过市场机制的引入，让农民从土地中的所得实现货币化，卖产品换来钱买粮食，而不再局限于自种自食且自给不足的状态中。

在花江峡谷中的查尔岩村，昔日陡峭石坡上贫瘠的玉米地上，一丛丛的花椒树长势不错。作为一种灌木，花椒树的植株可以多年生长，种植时不需要平整土地，发达的根系还能固定住坡地上十分宝贵的土壤，有效避免耕种造成的水土流失。花江谷地是典型的西南干热河谷，海拔低、水汽罕至、气候干燥少雨，花椒的耐旱性使其容易养护，打理工作连老人都可以胜任。

杨开兰家与贵州师范大学喀斯特地区扶贫项目合作了多年，他们认领的项目是养牛。冲锋村所在的喀斯特高原上气候条件并不适宜改种经济作物，因此干脆放弃了种植业，退耕还草，养殖牲畜。事实上，毕节牛肉的名气在当地还是不错的。一年下来养牛卖牛的收入，足够买来以前好几年才能种出的口粮。

8　图为荔波小七孔景区的鸳鸯湖。茂兰的绿色得益于当地较为稀疏的人口，当地原住居民的传统生产生活方式也并不以自然环境为对抗的对象。　摄影_熊亚平

亚洲第一长洞诞生于贵州

桂林的名气占了人们心目中喀斯特形象的半壁江山，不过桂林的灵秀其实只是喀斯特风貌中的一小部分，在贵州，可以看见喀斯特的更多种面相。地下喀斯特（溶洞）的高度发育是贵州喀斯特的一大特点。这些在我们看不见的地方，通过复杂的溶蚀、冲蚀、崩塌等作用发育出来的“负地形”，让贵州的地平面以下比地表更加丰富多姿。在刚刚结束的中法联合探测工作中，贵州双河洞最新的测量长度达到238.48公里，探明深度594米，分为4层，有8条主洞道，200余条支洞，5条地下河，连接了34个洞口，成功超越马来西亚姆鲁山国家公园的清水洞（测量长度222公里），成为亚洲第一长的洞穴系统。

撰文／周元杰

低调的重大突破

每年，绥阳县温泉镇都会迎来这么一群游客，他们旅行的目的并非享受空心面和地热温泉，而是经由这里前往这个星球上少有的未知地带。

2018年3月23日，“洞穴候鸟”们如约而至，由贵州省山地资源研究所李坡教授与法国洞穴联盟副主席让·波塔西挂帅的2018中法双河洞联合科考拉开序幕。

通过长达31年的系统科考，双河洞国家地质公园300多平方公里区域内的大型洞穴在探险家们的脚下被逐一连通起来，双河洞的长度纪录也因此不断刷新。洞穴测绘有一套专门的标准：一个洞的长度，等于属于这个洞穴系统的所有主洞、支洞、竖井、地下河加起来的总长度。因此洞的长度和探洞工作密切相关。把整个洞穴系统的所有洞道连通，记录洞穴中各点的坐标，整合数据、绘制洞穴地图是基本的工作内容。拥有完整数据的洞穴地图，是最终确认洞穴长度的认定标准。若要继续延伸洞穴的长度，就必须尝试找到新的通道。能符合条件的，有可能是直通地下的竖井，或者与世隔绝的天坑，又或是需要技术潜水才能到达的深潭。不仅仅是人类，这些暗无天日的地方是所有地表生命的禁区。

青岗岭风洞是其中一组的主攻方向。洞口隐藏在一个毫不起眼的乱石堆中，强劲的洞穴气流透过洞口的乱石堆，石堆背面是一个深不见底的竖井。制作好绳索系统后，探险队员依次进入这个未知的黑暗空间。

9 在漫长的地质年代中，贵州娄山关寒武纪地层被撕裂为X形的裂隙，随着水流的不断侵蚀和一系列复杂的构造活动，一个奇妙的地下世界——双河洞洞穴系统逐渐形成于贵州的地表之下。 摄影_潘凌峰

“这是一个令人窒息的通道，狭窄的地方，勉强挤得过一个人，宽的地方，约是一个直径20多米的圆筒。再往下，地下水流开始变成泥浆，从头顶上方倾泻下来。”中方探险队员赵飞回忆道。当时所有人员必须尽量保持身体干燥，避免失温可能带来的危险。

经过14个小时的下降，所有人员到达地下480米的竖井底端。探险队员在洞穴气流的指引下，继续沿着蜿蜒的洞道摸索。行进了约800米后，队员塞西拉发现在一块天青石上有一个显著的X形划痕，深深地刻在灰褐色的石壁上。经过反复比对，工程师确认这个坐标位于双河洞系统中一个已探明的重要支洞龙潭子水洞，这个“X”是以前测量时留下的定位痕迹。

不见天日的20多个小时后重回地面，另外几个小组的战果相继传来：碓窝洞天坑、神仙洞相继与双河洞主洞道实现连通，双河洞的测量长度由2017年的200.427公里提升至238.48公里，超过了清水洞。

探索无止境的地下马拉松

发现之初，没人相信双河洞的长度将超过200公里。在现代洞穴学及洞穴测绘的帮助下，双河洞惊人的体量慢慢浮现在人们眼中。

100多年前，绥阳县温泉镇遍布的洞穴就已经被当地人熟知，人们为了采炼硝石，足迹已经深入到当时一般人不能到达的地方。1987年，贵州山地研究所（以下简称山地所，2001年更名为贵州省喀斯特资源环境与发展研究中心）的研究人员对双河洞进行了首次测量，测量长度为17公里。如今的双河洞探洞领军者李坡教授回忆道：“当年还没有激光测距仪，这17公里是用皮尺一点点量出来的。”

1988年8月，山地所与日本秋田大学、东京都农业大学、早稻田大学研究人员组成“中日洞穴联合考察队”，对双河洞地区进行了为期15天的实地踏勘，并绘制了20公里的洞穴地图。综合分析了该区域的地貌和水文后，中日专家共同认为，该区域内的多个洞穴可能互相连通，应该是一个较大的洞穴系统。

1998年，山地所开始与法国波尔多大学、法国洞穴联盟就双河洞地质公园的探测与研究进行合作。2001年，山地所、贵州洞穴协会的4名专家与法国国家科研中心、法国洞穴联盟的6名专家组成“中法洞穴联合科学考察队”。此后，双河洞系统成为中法洞穴专家的重点关注地区。

法国专家的加盟，带来了最尖端的探洞装备和技术。2003年，中法两国探险家共同努力，基本摸清了该区域内地质条件的形成背景、分布范围及演化规律，初步探明

了地下河水文情况，发现并连通了新的洞穴，使双河洞系统的实际测量长度达到70.5公里，成为中国最长的洞穴。

为了让更多有生力量加入洞穴探索的行列，2005年，首届中法国际洞穴测量及单绳升降技术培训班在绥阳开课，这是当时国内唯一一所培养专业洞穴考察及探险人才的学校。不仅开设了喀斯特学、洞穴学等理论课程，也有洞穴测量、地图绘制、绳降技术、洞穴救援等操作性很强的实践课，由中法联合探洞队的资深专家亲自授课。至今，培训班已开办了十三届，培养出的二百余名学员多成为全国各地洞穴考察的骨干力量，堪称中国洞穴界的“黄埔军校”。

洞穴培训班为双河洞的探测工作输送了大量的新鲜血液，一年之后，双河洞测量长度达到103.6公里，成为亚洲第二长洞，距离109公里的马来西亚清水洞仅一步之遥。超越清水洞，成为亚洲第一成了中国洞穴考察专家的理想。不过马来西亚同行一点没有停下来的意思。一年后，清水洞找到了新的支洞，长度再次被刷新为150公里。

双方探险家势均力敌的角力持续了12年，直到2018年3月，双河洞终于实现反超，暂时成为亚洲第一长洞。

| 10 | 11 |
| 12 | 13 |

10　洞厅　摄影_磨米　　11　穴珠　摄影_潘凌峰
12　石花　摄影_磨米　　13　卷曲石　摄影_潘凌峰

“公园省”里的独特生命

地 撰文/牛克锋　陈旭

1　梵净山自然保护区是全球唯一有黔金丝猴栖息的地方，区内种群数量也已极度濒危。黔金丝猴因其珍稀性和惹人喜爱的外貌，成了贵州野生动物的一个代表。　摄影_何雄周

贵州是全国少有的既无平原也无大盆地的省份。山环水抱的大地塑造了比平原地带更丰富的自然带和生态系统，加之曾经艰险的黔道一定程度上阻挡了人类深入和改造这些自然生境的步伐，因而贵州有着不可多得的完好生态环境和自然美景。丰富多元的地理环境是生物多样化的一个必要条件。起伏不平的山地造就了贵州诸多的地理单元和自然带，从海拔数百米的亚热带气候到海拔超过两千米的寒温带气候，几种天然植被带依次分布在这高度浓缩的空间中，分别养育着适应各自气候条件的物种，因而形成了极为丰富的生物多样性状态。在贵州群山的褶皱里，总共生活着上千种动物和近四千种植物。

这种天然状态珍贵且脆弱，人类的闯入极为深刻地改变着大地的原有面貌，稍有不慎就会给一些生态系统带来灭顶之灾。这种进程不仅出现在贵州，也在全球所有的陆地上发生着。

任何物种都会本能地修饰它所身处的环境。有机体通过改造环境使其能更平顺地满足自身生存需求，自然环境则会在一定限度内容忍有机体的“动手动脚”，鸟儿筑巢，老鼠打洞，人类活动也是同理。从生物学的角度来看，这是一种出于本能的利己行为，在生存空间的争夺中胜者生存，其实是自然选择的必然过程，只不过，人类由于自身智能进化得高度发达，已经占据了一种完全不对等的竞争位置。自身能力的持续增长与自我约束的缺失使我们屡屡突破自然能够容忍的限度。对野生动物来说，不仅个体和种群的安全会直接受到人类的威胁，赖以生存的生态环境也会被人类改造成利于人类但不利其他物种的形态。

幸好，贵州还有很多“幸存者”。这里的“幸存”，有两方面的意指：其一是在人类活动的蚕食下，原生栖息地逐渐萎缩、片段化，并最终只在贵州一地保留下来；还有一种情况倒并非人之过——贵州有一部分物种经历了环境的变迁，在自然造成的大灭绝中存活下来并繁衍至今。当然，它们对栖息地的要求同样很高，如果过度开发，它们的命运将与那些已经灭绝的近亲物种殊途同归。

特有物种和孑遗物种是贵州独特生物的两种代表，它们在自己的生存环境中深居简出，与人类共享着同一片家园。

黔金丝猴——世界独生子

黔金丝猴是中国最为珍稀的灵长类动物之一，仅分布于贵州省梵净山自然保护区，素有“世界独生子”之称。它由动物分类学家托马斯（Thomas Oldfield）在1903年根据一具在英国历史博物馆展示的雌猴皮毛标本而命名，据当时的记载，这种猴子生活在中国西部贵州省一个名叫“梵净山”的地方。这是有关黔金丝猴的最早的科学描述和记录，在此后的60多年间，国内外学者对其几乎一无所知，直到1965年，动物学者彭鸿绶等做了题为《黔金丝猴的习性及其栖息环境的调查研究》的报告，这种神秘的动物才重新回到科学家的视野中。从20世纪80年代起，中国学者对该物种开展了生态行为、生理解剖等方面的调查和研究。黔金丝猴的独特性和极度濒危的生存状况，也吸引了国外的一批野生动物保护机构和大学参与到调查和研究之中，这些野外研究大大丰富了人们对黔金丝猴的认识。

通过大量的观察和研究，黔金丝猴的生活图景逐渐被勾勒出来。它们的社会结构主要是由一雄多雌的小家庭为单元组成的大群，它们常常栖息在海拔1300~1900米的亚热带常绿落叶混交林内，存在着白天在高海拔地带采食，晚上回到低海拔地带夜宿的固定迁移现象。它们以栖息地内

2 黔金丝猴面色灰蓝，眼大且炯炯有神。在中国的三种金丝猴中，黔金丝猴数量最为稀有，如今仅存于梵净山区。历史上，黔金丝猴的分布范围比现在广阔，随着人类逐渐进驻贵州的深山老林，黔金丝猴的栖息地也在逐渐减少。 摄影_牛克锋

3

4

3 黑叶猴喜集群生活，每群一般会有3~10只。
摄影_李华奇

4 贵州是黑叶猴最重要的栖息地。近年来，虽然保护力度很大，但黑叶猴栖息地流失的现象依然较为严重。
摄影_彭庆模

百余种植物的花、叶、果实等为食，食谱会随着季节的变化而有所不同。近来，通过红外相机，人们还发现黔金丝猴常常在夜间活动，而且并非像人们印象中那样常年不离开树冠，它们会频繁地下地活动。至于原因，则尚待探究。

黔金丝猴的种群数量，根据不同时期由不同调查者的估计，从200至750只不等。不管这些估计是否全面评估了猴群的生存状况，有一点是毋庸置疑的：这一物种已经极度濒危。2010年以前，黔金丝猴被认为以4个亚群的形式分别生活在梵净山区中的董篷山、回香坪、岩高坪、密麻树四个片状地带，虽然各亚群的栖息地健康状态及亚群之间是否存在基因交流尚不清楚，但基本可以肯定当时黔金丝猴种群处在一种较为稳定的状态中，受外界干扰不大。不过，梵净山自然保护区除了作为生物的庇护所，还同时要满足为数不少的当地居民的生存需求和来访者的旅游观赏需求，这加剧了外力对梵净山森林生态系统和生物多样性的冲击。

黑叶猴——山中隐者

随着人类活动强度的增加，贵州生态环境的承载量被无人干扰地带的碎片化所限制，包括黔金丝猴在内的区域内濒危物种的生存状态所面临的压力势必越来越大。

在贵州，像黔金丝猴一样饱受人类压力、生存空间受到威胁的珍稀野生动物并不罕见。贵州省是另外一种珍稀灵长类动物黑叶猴的全球最大分布地，1990年前后，黑叶猴的身影还在贵州的十几个县出现过，到了2011年，黑叶猴就只存在于贵州的5个保护区中了。几个以黑叶猴为重点保护对象的保护区，如麻阳河、宽阔水等，黑叶猴的栖息地也均受到修建水库和农耕等人类活动的影响，一些适宜猴群生存的栖息地近年来依然在遭受蚕食。

黑叶猴身体长50~60厘米，头小，尾巴较身体长，四肢细长；头顶有直立的毛冠，体背毛比腹面的毛长而密，臀疣较大。黑叶猴全身黑色有光泽，仅耳基至两颊略有白毛，好像身着夜行服、在山中“深居简出”的隐士。

黑叶猴是比较典型的石山叶猴，主要栖息在热带亚热带森林繁茂、灌木丛生、山势险峻、岩洞较多的石灰岩地区，栖息生境的海拔不超过1200米。黑叶猴善于攀缘、跳跃，人兽罕至、生有稀疏树木的悬崖峭壁处是它们活动觅食的主要场所。夜间则栖息于悬崖峭壁间的天然岩洞内。生活于分布区北部的黑叶猴体毛较长而密，皮下聚积有较厚的脂肪，因此冬季具有较强的抗寒性。

雷山髭蟾——只在雷公山深居简出的神秘怪蛙

雷公山没有遭受第四纪冰川的严寒洗劫，因而成为许多古老生物的避难所，是贵州乃至我国中亚热带森林植物资源比较丰富、珍稀动植物资源保存较多的一个重要地区。近些年，科学家在雷公山陆续发现了各类生物近2000种，列入国家保护的珍稀、濒危动植物有43种。

雷山髭蟾因模式标本产地在雷公山而得名，它是雷公山独有物种，在全球其他地方尚未发现其同类。这是一种非常特别的蟾类，当地人叫它“胡子蛙”。在繁殖季节，雄蟾上唇后缘会长出黑色角质刺，并带有迷人的光泽，雄蟾用这些角刺与其他雄性一较高下，战胜者将赢得与雌性的交配权。

雷山髭蟾的习性很特殊，冬季的雷公山开始

变得寒冷萧瑟，而它们却开始下河繁殖，这是因为许多天敌在此时已经开始冬眠。不过，人类也是雷山髭蟾的一大天敌，它的肉、卵甚至刚孵化出的蝌蚪，都曾经是当地人热衷的美食。好在雷公山山大沟深，总有人类难以涉足的山涧溪流，雷山髭蟾终于等到了科学家发现并将它们列入保护物种的日子。今天，食用雷山髭蟾的习俗正在逐渐改变。

到了冬季，雄性雷山髭蟾会在溪流底部平坦的大石块下面鸣叫，若你听到溪流中传来低沉的“咯、咯、咯”的叫声，没错，那就是雄性雷山髭蟾为吸引雌蟾前来交配唱的歌。借助于雷山髭蟾单调的求偶歌声，科学家对这一物种在雷公山的分布情况有了一定的了解，可是在繁殖季结束之后，雷山髭蟾便隐匿了踪影。它们去了哪里？夏眠了，还是迁移了栖息地？这依旧是待解之谜。至今，雷山髭蟾都是一种谜一样的生物，关于它们，还有无数的问题等待我们去探索。

珙桐——种子爱休眠的“鸽子树”

6000万年前，珙桐就生活在这个世界上。它是新生代第三纪古热带植物区系的物种之一，天生怕冷，在第四纪冰川时期带来的严寒中，许多地方的珙桐相继灭绝。然而在中国南方的一些地区，一部分珙桐幸存下来。今天，野生珙桐在四川、湖北、陕西、贵州四省有少量分布。在贵州，珙桐主要分布在梵净山附近，以及松桃、道真、绥阳、毕节、纳雍等地。

这些珙桐是如何度过漫长的第四纪冰期的呢？

5　雷山髭蟾的幼体（蝌蚪）曾经是当地人的一种食物来源。如今随着保护意识的提高和各种物资的充裕，这种习俗已经逐渐被摒弃。　摄影_陈沛亮

它靠的是种子休眠。即使在适宜的萌发条件下，珙桐种子也会一睡两三年，待温度变化，坚硬的果皮裂开后，它才开始生根发芽。在冰封的年代，雪藏的珙桐种子会睡得更久，直到变化的温度唤起了它们的生命力，才开始萌发。这部分幸存的珙桐本来就生长在贵州这片没有变得极冷的“绿岛”上，又通过降低繁殖频率的方式减少了生长过程中的死亡率，终于侥幸逃过了劫难，等来了气候的重新变暖。这种休眠机制，让珙桐为自己换来了生存的空间。

珙桐是中国特有的单属植物，也是世界著名的观赏植物，它在春末夏初开花，从初开到凋谢色彩多变，一树之花，次第开放，人们称赞它为“一树奇花”。珙桐的花序是球形的，上面聚集着许多小花；仿佛鸽子翅膀的美丽花朵其实是它的苞片，长在花序的基部。春夏之交，风吹珙桐，满树白花宛如白鸽群集，十分美丽，它因此得名“鸽子树”。珙桐的果实为长卵圆形核果，长3~4厘米，直径1.5~2厘米，外果皮很薄，中果皮肉质，内果皮骨质具沟纹。珙桐的果实在10月成熟后，掉落地上，便开始了它混沌的休眠状态。种子萌发后的最初十年里，珙桐会迅速生长；8年以后，开始开花结果的珙桐已成为树林中的佼佼者，树高可达15~25米；随后，它便进入缓慢生长期，在理想状态下，这个过程可以持续到800年以后。

桫椤——蕨类植物之王

桫椤诞生于数亿年前，是个名副其实的“活

6　雷山髭蟾成体。嘴边像胡子似的角质刺是它得名的缘由。　摄影_陈沛亮

7 古老的蕨类植物没有进化出能够增加枝干强度的木质部分，所以体态普遍矮小脆弱，长得高大挺拔的桫椤在蕨类植物里显得十分特殊。 摄影_熊亚平

化石”。

桫椤隶属于一种十分原始的植物形态——蕨类植物。这种植物出现于生物进化的早期阶段，生命结构比较简单，它们依靠一种名为“维管束”的组织进行养分和水的传导，维系生命活动——这是植物适应陆地生活的重要特征，是植物发展出高大的个体、在陆地上繁盛的基本条件。由于维管组织的构造简单、脆弱，尚未进化出木质组织，所以我们常见的蕨类植物多是较为矮小的草本植物。然而桫椤却是蕨类植物中的异类，其株形高大，茎干挺拔，叶柄有皮刺，故又名“树蕨”或“刺桫椤”。

桫椤不开花、不结果，而是通过孢子繁殖。桫椤的孢子囊群孢生于侧脉分叉处，沿叶柄两侧各有一条断断续续的气囊线，这些气囊线就是为孢子供应生命活力的重要组织。孢子植物不像被子植物那样，能用各种形态的肥厚种皮去保护自己的胚胎，因而繁殖量虽大，“传宗接代”过程中的折损率也很高，能克服种种不利因素长成巨大植株的桫椤就更是珍贵。

桫椤多生长在高温、高湿、不受阳光直晒的林下地带和贫瘠的土地上，对环境的变化非常敏感，一旦有所变化，脆弱的桫椤就会大量死亡。赤水地处云贵高原向四川盆地的过渡地带，海拔较低，形成了一个拥有充足热量和湿度的“绿岛”。在赤水附近的深山密林中，历史上一直人迹罕至，人类的开发活动始终没有影响到这里的原始森林，这为桫椤的生存提供了良好的条件。赤水目前在国内和世界上都是罕见的桫椤天然集中分布区，被誉为“亘古生境”。

8　珙桐的花形似白鸽，因而又有“鸽子树”之名。
摄影_何雄周

草海——鹤乡的发现与再生

地 撰文/李凤山

草海是贵州最大的天然淡水湖泊。大型湖泊类湿地普遍都是温带和亚热带地区的重要候鸟栖息地。草海地处青藏高原向云贵高原的延伸部位，海拔适中，因而成为高原候鸟的理想越冬地。草海鸟类中最知名的当属黑颈鹤。与此同时，草海周边也是人类重要的生息场所，在原本贫困的黔西北高原上，草海湿地这片水土优良的地带是当地人的重要生计来源。当栖息地的保护与人的生存发展出现争端时，解决之道的摸索与尝试，就不只是科学技术的责任，而更关乎道义与智慧。

最神秘的明星

30年过去了，1987年的冬天依旧让我印象深刻。那时的草海非常寒冷，我和助手在湖边与沼泽相连的玉米地上用秸秆搭成了一个简易帐篷，终日躲在里面架起铜绿色的老式双筒军用高倍望远镜观察百米之外的黑颈鹤，它们的一举一动——走路、觅食、梳理羽毛、争夺地盘，都被仔细记录下来，成为后人研究的重要资料。草海的纬度不高，湿润有余，但高海拔带来的寒冷则更加刺骨。观察工作看似清苦且无聊，不过如此近距离地接触一种美丽的鸟还是收获颇丰的。黑颈鹤在高原大风中起飞落地的姿势夸张，摇摇摆摆得像杂耍，而在天寒地冻的清晨，鹤腿上甚至还赘着冰块；有的起飞后干脆把双腿收入腹下，尽管姿势不雅，但终归减少了热量的散失。在观察的间隙，还有大把的时间供我思索更多关于这种生灵的问题：个体与群体的关系，鹤与人及周围环境的关系……

现在的草海平均水深约2米，水面19.8平方公里，湖盆汇水区域达120平方公里。这个数字并不惊人，不过乌蒙山区属岩溶地带，能在下渗作用极严重的地面上汇集这么大的一片水体，实属难得。草海中生存着49种水生高等维管束植物和200多种浮游植物，覆盖了几乎全部水体，使草海名副其实。

草海的知名度与黑颈鹤不无关系，这个“明星物种”被当地人称为雁鹅，是全球15种鹤类中唯一生活在高原地带的。黑颈鹤的分布范围北起阿尔金山和祁连山，南抵喜马拉雅山脉北坡和横断山脉，西起喀喇昆仑山，东至青藏高原东北缘的若尔盖湿地，以及云贵之间的乌蒙山区。在中国之外，主要分布在不丹和印度。1876年，俄国博物学家尼古拉·普热瓦尔斯基首次报道了在中国青海湖发现的黑颈鹤，此后，黑颈鹤在学术界又几乎匿迹，直到1980年，中国科学院动

物研究所的丁文宁和周福璋在《动物学杂志》上发表了一篇关于草海黑颈鹤越冬数量和习性的文章，才再次引发了鹤类研究界的轰动。由于栖息的环境与人类相距遥远，黑颈鹤早年给人们的最大印象就是“神秘”，翻开30年前的鹤类研究文献，有关黑颈鹤的介绍总会有诸如“认识最少”“分布区气候严酷”“地域隔离”之类的表述。

黑颈鹤的头、枕及颈部长有黑色羽毛，其余部位羽毛为灰白色。其身高约1.2米，体重7公斤左右。鹤立鸭群，高挑的身材和出众的样貌使黑颈鹤备受瞩目，在草海颇有“明星气质”。黑颈鹤为杂食性鸟类，在青藏高原繁殖区的主要取食对象包括野生的蕨麻、蛙类、鼠兔等。而在冬季，它们会迁徙到海拔和纬度略低的地方，此时它们的“食谱”便有很大一部分是当地人种植的农作物。在草海，越冬的黑颈鹤会取食水生植物的块茎，也会花很多时间在农地上啄食农民秋收后撒落在地里的玉米、土豆等农作物。它们取食的范围很广，白天在浅水、草地、湖缘农田、湖边坡地上都可见到黑颈鹤的身影，有的甚至会飞到草海水域外围的农田去觅食。晚上，外出的黑颈鹤都回到位于草海湖缘地带的胡叶林、簸箕湾、阳关山等开阔的区域过夜。过夜时，大群鹤聚在一起，各自分担警戒的任务，还会与其他的雁鸭等水鸟共处以增强戒备。

据观测，常年“莅临”草海的黑颈鹤有1000多只，它们与在云贵高原中东部其他地方越冬的同类组成了黑颈鹤的东部种群。东部种群繁殖于青藏高原边缘的若尔盖湿地，总数约为3700只。此外，黑颈鹤的中部种群越冬于云南西北部，繁殖于青海南部和四川西部的横断山区，总数为230~300只。西部种群繁殖于青藏高原腹心的可可西里到羌塘一带，在西藏中南部的雅鲁

1　黑颈鹤　插画_兰跃峰

藏布江河谷地带或喜马拉雅山南的不丹越冬，数量为6000余只。三个种群相互独立，三者数量相加，总数为10000~10200只。

从东部种群黑颈鹤的迁徙范围看，草海位于青藏高原向云贵高原倾斜的位置，海拔不算很低，这里又是一片非常广阔的湿地，适合鹤类生活，因而草海是黑颈鹤最重要的集中栖息地之一。在黑颈鹤的三大种群中，东部种群的迁徙和栖息范围与人类集中生活的地方最为接近，因此更易为人所认知。而草海在黑颈鹤的迁徙区域中又是最深入人类活动区的，受到的关注最多。双重原因叠加，把草海与黑颈鹤这两个概念紧紧地联结在一起。

高原候鸟的冬季乐土

草海不仅属于黑颈鹤，它也是众多鸟类，尤其是冬季候鸟的天堂。

草海共有鸟类203种，其中水鸟有近80种，数量为5万~8万只，主要包括鹤类、雁鸭、鸥类、鹭类等。种群超过1000只的有绿翅鸭、黑颈鹤、斑嘴鸭、斑头雁、凤头潜鸭、赤麻鸭、赤颈鸭和骨顶鸡8种，其中骨顶鸡、赤颈鸭和赤麻鸭的数量以万计。它们主要在浅水地带活动，也会在农田里觅食，觅食范围较广，对环境变化的适应性也更强。草海的鹤类除了黑颈鹤外，灰鹤也十分常见。

按活动区域算，草海有超过半数的鸟类是候鸟，它们并不会终生生活在这里，而是按照周期一年一次从遥远的地方飞来过夏或者越冬，或者只是长距离迁徙的中途在此短暂停歇。全球有八大候鸟迁徙带，草海位于“东亚—澳大利西亚”和“中亚”两个迁徙区域的交会地带。在这里的黑颈鹤、斑头雁、赤麻鸭都是典型的中亚迁徙区鸟种，活动范围主要在亚洲大陆的最深处，其中黑颈鹤在川甘地区繁殖，斑头雁繁殖于青海湖。草海的灰鹤繁殖于哈萨克斯坦东部和俄罗斯阿尔泰边疆区，鸬鹚繁殖于青海湖。这些冬候鸟与黑颈鹤类似，它们夏季在青藏高原或者更深的内陆哺育后代，然后再飞到草海躲避冬季的酷寒。草海的高度与纬度使它成了青藏高原的完美延伸，虽然对人类来说这里有点苦寒，但毕竟比黑

2　红头潜鸭　插画_郑秋旸

3　普通鸬鹚　插画_裘梦云

4　在持续的社区建设和自然教育中，新一代草海人已经找到了一条与鸟和谐相处之道。威宁冬天非常寒冷，本不适宜旅游，但随着越来越多观鸟客的涌入，威宁的冬季正在变得越来越热闹——这是草海人获得的最佳红利。　供图_视觉中国颈鹤出生的地方温和得多。此外，行经中国东部“东亚—澳大利西亚”通道的一些候鸟也会偶尔“飘”到这里，但多是来去匆匆。

近20年来，草海水鸟总数没有太大的变化，但随着人类活动对自然环境的影响加剧，个别鸟类数量出现了比较严重的增减。比较典型的如潜鸭类，它们只在水质良好、水草丰富的水域才能生存，草海近年的水质恶化使潜鸭数量减少了一半以上。另一方面，在靠近县城、水质变化比较严重的地方，外来物种空心莲子草泛滥，芦苇、水葱等生长茂盛，在20世纪90年代以前少有记载的黑水鸡，现在则因更适应新环境而数量剧增。

剧变时代的生存悖论

草海盆地是威宁彝族回族苗族自治县最大的农区。近代以来，草海环境发生了沧海桑田式的剧烈变化，这种变化与人类的活动密切相关。

草海所在的乌蒙山区集喀斯特和高寒两大地理特点于一身，非常不利于农业生产。然而在明代，为了经略云贵，大量的移民被迁入这片贫瘠之地，人地矛盾越发尖锐。威宁县偏处贵州西北一角，全境位于寒冷的喀斯特高原上，人口密度却在贵州省内名列前茅，草海这片天然湿地自然成了人们争夺生存空间的焦点，清末编纂的《威宁县志》记载了明初“招兵屯田其中，凿三河灌溉”等活动。此后，人水争地持续不断。清光绪十九年（1893），“威宁总镇苏元瑞开浚，大著成效，惜未竟全功而去”；“大跃进”运动时，再次大规模围湖造田，几乎将草海排干。

栖息地被压缩，水鸟被迫转移到其他地方越冬，但这还不是最麻烦的情况。20世纪80年代起，政府逐渐有了环境意识，做出了恢复草海的决定，并在草海的出水口处建起一个滚水坝用来恢复水面，随后，大量的黑颈鹤、灰鹤和各种雁鸭开始重返家园。然而与此同时，刚刚实施不久的土地承包责任制已经把放干后的湖盆土地承包到户，恢复生态本为善举，却无意间引发了更加激烈的人地和人鸟矛盾。

对于草海边的居民来说，承包到土地的喜悦还挂在脸上，就被恢复草海的政策冲得一干二净——在这样一个极度依赖土地的贫困县，把“最肥美”的地退让给天上的飞鸟，何况农地中的作物本身也是越冬候鸟重要的食物来源，既丢掉土地又损失口粮，是不可能被温饱未足的人们所理解的。当自然保护与人类生存成为一对接近零和的矛盾时，个中抉择就不再仅是一道经济题，更是一个事关伦理的命题。草海于1985年成为自然保护区，对于湿地和渔猎的管理更加严格且有法可依，人地矛盾被具象化为居民社区与管理部门的冲突，在禁渔期清理渔网时，曾经多次险些出现流血事件。我初到草海进行黑颈鹤研究的时候，正是矛盾最尖锐的时候，对于外来者，当地人眼神中流露出来的敌意、警惕或者淡漠，让人过目不忘。

人与鸟的和解与和谐

没有经济的稳定发展，基本生活需求都无法保障的当地人不可能有保护生态环境的能力和动力，然而土地资源数量有限，在环境和发展难以兼顾的情况下，最有效的办法或许就是将农民剥离出土地，帮助他们通过更多元的渠道去挣得财富。

草海的社区项目由此而始。项目建立了一系列渐进小组，其基本单位通常为一个家庭，每个小组获得两种形式的扶持：提供100美元赠款，以及与能力建设相关的商业训练。这些小组的商

凤头潜鸭·雌

凤头潜鸭·雄

针尾鸭

斑嘴鸭

赤颈鸭

业活动包括制炉、修理、零售、养猪等，通过掌握这些技能，参与其中的农民不再完全依赖土地为生，自然就把有限的空间归还给了草海湿地和其中的鸟类。

朱天志是在草海长大的村民，亲身经历过草海最近几十年的种种巨变。他在生产队时代是队里的干部，土地承包责任制落实后，他靠着小小的权力和胜人一筹的心眼，给自己家多分了些靠近湖边、土质肥沃的土地，当地人称“海子地”。可惜人算不如天算，草海恢复生态后，首先被淹的就是这些“海子地”，结果他的日子反倒比其他村民更不好过。好在朱天志的领导才能和活动能力众所周知，他很早就被聘为草海保护区的农民管护员，不仅有工资可领，做起护鸟和协调保护区与社区关系的工作来也算得心应手。朱天志去世后，他的大儿子朱锡勇也接手了管护员的工作。来自家庭的耳濡目染让他了解草海的鸟类基本常识，先前做生意的成功经验和人脉资源也让他成为项目中的社区骨干，积极充当着官方与民间的联络者，协助监督村基金的运行、组织村民修建公共设施都是他的工作内容。草海社区项目最成功的经验就是充分发挥了这些村中能人的作用，他们像“离合器”一样，在他们的理解和运作下把概念性的内容解析成普通村

5　针尾鸭　插画_肖白
6　赤颈鸭　插画_肖白
7　凤头潜鸭·雌　插画_郑秋旸
8　凤头潜鸭·雄　插画_郑秋旸
9　斑嘴鸭　插画_肖白

【赤麻鸭】

【黑水鸡】

【斑头雁】

10

10　草海是贵州省最大的淡水型湖泊湿地，位于一个因地层沉降而形成的低洼地带内，水浅，因而水生植被茂密，“草海”之名实至名归。　供图_视觉中国

11　赤麻鸭　插画_小寒
12　黑水鸡　插画_徐亮
13　斑头雁　插画_小寒

民可以理解的事项，有效地实现了地面推广。自古以来，精英阶层在推动乡土行动时屡屡碰壁，很大程度上就是因为没有处理好这个“离合”的环节。

生计问题解决后，下一步的工作是通过教育手段帮助村民对保护草海生态、保护鸟类、保护黑颈鹤的重要性建立起科学的认知，促使其保护行动从被迫转向自发。草海乡土教材是中国最早的环境教育主题教材，第一版教材于1996年在当地学校中投入使用，此后又在专业组织的帮助下陆续开发了三版。至今，《草海的故事》和《家在威宁草海》还在草海的学校使用着。经过20年的教育，环境意识已经深刻烙印在下一代草海人的思想中。

肖卫群是参与乡土教材编写的作者之一，她从身边的人和故事出发，编写的课文简单易读，既能让小学生看懂，也能让他们的父母读着亲切。肖卫群后来调任当地一所幼儿园园长，继续在这里力推环境教育。经过两年的努力，她不仅带动了一批积极搞环境教育的教师，而且打消了人们最初对于环境教育能否被幼儿消化吸收的疑虑。

基层环保与其他所有乡村建设一样，关键都在于首先实现脱贫和教育。如今，冬天的草海不再像30年前那样清冷寂寞，越来越多的观鸟者会准时赶来赴黑颈鹤之约。来访者不一定也不需要了解黑颈鹤种群恢复背后的个中辛劳，作为30年来一直深耕在这片乡土的亲历者，没有什么比尖锐的人地矛盾转化成自发的乡土情感更让我感到欣慰了。

14 黑颈鹤每年从青藏高原来此越冬。形象俊美、出没神秘、种群稀缺，种种因素叠加在一起，使黑颈鹤具备了成为草海“明星物种”的资质。 摄影_李贵云

兴义化石群——解读三叠纪的一把钥匙

地 撰文／柴珺

1 栩栩如生的化石储存着大地的密码，无论是远古动物的生理特征还是地质史上的变迁痕迹，很多信息都隐藏在这石头上的印记之中。 摄影_李贵云

兴义动物群作为时间轴上的枢纽，为整个三叠纪海洋爬行动物的进化史版图插进了最关键的一块拼板——距今约2.4亿年前，重返海洋的爬行动物开始向着海洋中的各个区域进发，进化出能够适应不同环境的生存能力，生命的种子开始被撒向了深邃的大洋。

神秘生物的发现

1957年7月，一只科考队伍来到了黔西南兴义市顶效镇。其中，来自地质部陈列馆（现中国地质博物馆）的胡承志先生是古生物方面的专家，早年因为给业已遗失的“北京人”头骨化石制作出了传世的模型而闻名于世。在来到兴义之前，他肯定不会想到会在这里遇到一个让自己更加声名卓著的发现。

顶效的绿荫村是一个典型的喀斯特地区村落，村民盖房几乎都是就地取材、把石头加工成各种需要的形状，因此这些地方的屋顶上很少见到瓦片，片状的页岩岩层就是最好的替代物。一天，胡承志偶然在绿荫村民房铺顶的石板中发现一种略微凸起的、奇怪的纹样，高度的职业敏感告诉他：这可能是一种化石。

他找到村旁浪务山上的采石矿，发现成百上千、被当地人称作“四脚蛇石板”的化石都静静地躺在那里。仔细观察，这是一种颈长腹圆、四肢发达的小型古爬行动物。随后，身在北京的中国古脊椎动物学的奠基人杨钟键教授收到了他寄来的化石样本。经过仔细研究，有关成果被发表在《古脊椎动物学报》上，证实了这是一种全新发现的物种，其生存时代推测为三叠纪（距今2.52亿~1.99亿年）。这是一种小型海生爬行动物，成年个体体长多为20~30厘米，颈椎25~26块，脊椎18~19块，荐椎2~3块，颈部比躯干长，吻部短而钝，上颞孔延长，比眼眶稍短。颅顶孔前置，随个体生长发育而有逐渐闭合的趋势；肱骨比股骨更长更强壮，尺骨宽阔，有轻微的多指性。

作为首次进行科学阐释的发现者，杨钟键拥有对该物种的命名权。他遵循国际惯例，从两个维度规定名称：以产地论，将其命名为贵州龙；而为了对最初的发现者胡承志表示敬意，杨教授将物种名定为“胡氏”，因此有了“胡氏贵州龙”（Keichousaurus hui）的名称。

承上启下——转折起兴义

半个世纪后，兴义市乌沙地区又出土了大量三叠纪的脊椎动物化石，受到国内外学术界的强烈关注。兴义含化石地层发育十分完整，化石分布广、数量丰富、保存精美，其中数量最多、保存最完善的正是胡氏贵州龙，因而这一化石群最初被统称为“贵州龙动物群”。后来，随着研究

贵州三叠纪海生爬行动物化石主要埋藏地点示意图

的深入，作为单一物种名的“贵州龙”不足以涵盖整个动物群的所指，故学界将其正式名称改为“兴义动物群”。这一名称的更改，更确切地体现了兴义的地位，作为三叠纪海生爬行动物与古环境综合研究的重要基地，兴义动物群的价值被认为是贵州之最。

兴义动物群最重要的意义在于它记录了三叠纪海生爬行动物面貌和形态上的一次大转变，这一转变反映了一个更重要的事件：海洋生态系统的复苏。2.52亿年前，全球性的火山活动让地球上的生命横遭灭顶之灾，95%的海洋生物因这场浩劫而消失，然而生命不息，生态系统中空缺出来的位次总会有新生者填补进来。在灭绝事件发生不久之后的早三叠世，一些早已适应陆地生活的爬行动物重新返回海洋，进化出水生能力。随着环境的逐渐稳定，海生爬行动物开始进入辐射演化（指某一生态系统中生物的类型开始向多元化演进，生物的种类开始增多）阶段。

贵州西南部的古海洋地层中所藏化石的年代几乎涵盖整个三叠纪，其中盘县—罗平生物群主要对应的是早三叠世辐射演化起始阶段，关岭生物群主要对应晚三叠世的海洋生物全盛时期。兴义生物群在时代上处于两者之间，从物种的形态和功能上看，兴义生物群所记录的重大演化事件上下承接，提供了充足的证据，打通了盘县（今盘州市）和关岭所代表的两个时期之间的演化线索——换句话说，就是兴义动物群作为时间轴上的枢纽，为整个三叠纪海洋爬行动物的进化史版图插进了最关键的一块拼板。兴义动物群的海生爬行动物化石资源在地层中十分连续，这在全球各个同类产地中绝无仅有，因此它的价值不仅限于贵州，也为研究整个三叠纪海生爬行动物由近岸到远洋的演替提供了良好的实证基础，让人得以一窥生命更迭的奥秘。

化石记录的沧桑巨变

兴义乌沙镇埋藏点就体现着这一变化的趋势。这里的下部地层产出的化石，其特征表明它们的主人适合在浅海，或是距离岸边较近、水体流动不通畅的闭塞环境中生活；而地层上部中的化石则反映它们的主人更适合在深海或是开阔的海域中生活。在正常情况下，下部的地层时代更为久远，上部的地层时代距现在更近，因此，

❶ 重回海洋——盘县混鱼龙

Mixosaurus panxianensis

盘县混鱼龙是一种小型鱼龙，体长不足1米，肱骨相对宽短，长宽基本一致，中部尾椎的高度有明显增加。头骨顶部，从鼻骨、额骨再到顶骨上面有一个“鸡冠子”状的矢状嵴，表明这种生物可能具有较强的咬合能力。盘县混鱼龙生活在浅海中，游泳能力不足以进行长距离的远洋巡航。盘县混鱼龙是盘县动物群中的一个典型代表，它标志着三叠纪海洋生态系统进入快速辐射演化阶段。在三叠纪之前的二叠纪末期刚刚发生了目前已知最大的一次生物绝灭，到了三叠纪中期，以盘县动物群为代表的海生爬行动物的出现，表明至少从这个时期开始，海洋的生态系统又开始复苏了。

摄影_徐行

❷ 向深海进发——兴义黔鱼龙

Qianichthyosaurus xingyiensis

兴义黔鱼龙是一种中等大小的长鳍型鱼龙，体长约1.5米。其吻部与头骨长度之比大于60%，牙齿锥状，眼眶浑圆、极大；脊椎背侧明显隆起，尾部略向下弯；后肢近等或稍长于前肢，股骨、胫骨、腓骨略粗壮于前肢上的相应结构；指（趾）骨为多边形至圆形，数目为4列。兴义黔鱼龙是一种适宜生活在深水环境中的鱼龙，尾部弯曲的特征很可能表明，这种生物发育有尾鳍，通过横向摆动尾鳍可以为游动提供更多的动力，利于向更远更深的水域进发。兴义动物群曾被称为贵州龙动物群，最具代表性的古生物当属胡氏贵州龙，此外也有鱼龙类、鳍龙类、海龙类以及原龙类，鱼类包括鳞齿鱼、弓鳍鱼等。兴义动物群见证了三叠纪中期海洋生态系统的重要转折。这个时期，海生爬行动物的种类已经十分多样，适应不同水深的生物也陆续出现，兴义黔鱼龙具有适应深海生活的特征，代表着远洋型生物开始出现；而在它之后，完全适应深海生活的鱼龙便成了这片海域的主宰。

摄影_李立洪

❸ 巡游远洋——梁氏关岭鱼龙

Guanlingsaurus liangae

梁氏关岭鱼龙是一种大型鱼龙，体长6米以上，前肢大于后肢，前、后肢鳍脚均较长，属长鳍型。其头骨俯视呈宽三角形，长略大于宽；颈椎与背肋皆较长，具有腹肋，肋骨头只有一个，扁且较宽平；臀部之前的脊椎椎体短，尾部较长，尾椎椎体短，高大于长；趾骨4列，排列疏松，每列趾骨的间隙和每节趾骨的间隙都很大。这样大的个体，只有深邃的大海才能容纳，因此，关岭鱼龙是一种具备较强远洋巡游能力的鱼龙。关岭动物群生存的年代晚于盘县动物群和兴义动物群，其古环境也已经发生了较大变化：由促狭的浅海，变成开阔的深海。关岭鱼龙的生理特征反映出它的生存处所已经变成了汪洋大海，而这也正是关岭动物群的重要意义：它见证了海生爬行动物在辐射演化之后迎来的全盛时期。在这个时期，海生爬行动物不仅限于岸边的游动，也演化出了深海生存的能力。

摄影_秦刚

“鸡冠子”状的矢状嵴
中部尾椎的高度有明显增加
体长不足1米
三叠纪早期

其吻部与头骨长度之比大于60%，
牙齿锥状
脊椎背侧明显隆起
眼眶浑圆、极大
体长约1.5米
三叠纪中晚期

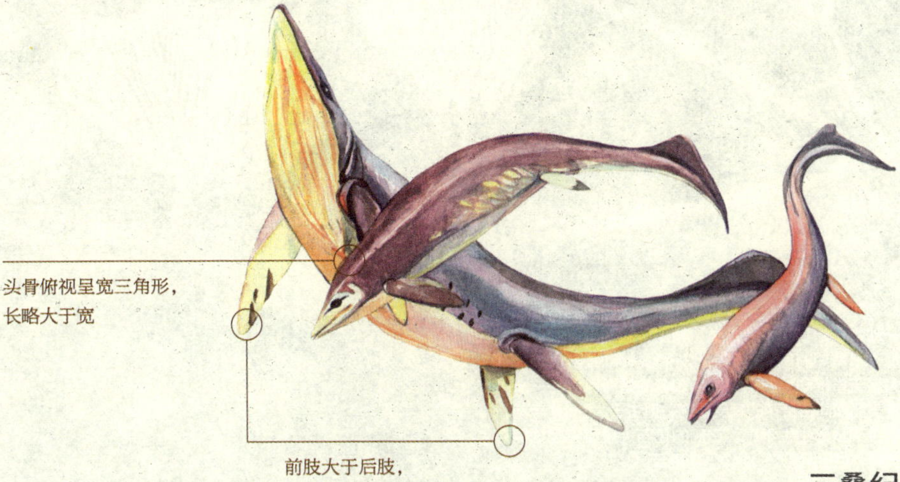
头骨俯视呈宽三角形，
长略大于宽
前肢大于后肢，
前、后肢鳍脚均较长，
属长鳍型
体长6米以上
三叠纪晚期

2 关岭动物群的化石在关岭和邻近的新民地区均有发现。这一动物群除了包括鱼龙类、鳍龙类和海龙类之外，还发现了最早期的龟的化石。此外，关岭动物群中还保存有大量无脊椎动物的化石。最知名的是海百合——一种优雅美丽如同百合花的棘皮动物，诞生于大约4亿年前，直到今天依然生生不息。它们的化石大量且完整地保存在关岭，世所罕见。 摄影_李贵云从古生物的特征上判断，兴义地区先后经历了一个从闭塞海域向开阔海域变化的过程。生物与环境是相互适应的。从适应浅海生活到适应深海生活，这种变化说明至少在这个时代——距今约2.4亿年前，重返海洋的这群爬行动物已经开始向着海洋中的各个区域进发，进化出能够适应不同环境的生存能力，生命的种子开始被撒向深邃的大洋。

兴义动物群所在地层的下部埋藏，主要以鳍龙类的化石，尤以肿肋龙类、幻龙类等近岸物种为主。鳍龙类的形态与蜥蜴相似，脑袋近三角形，身体细长，四肢、爪和尾巴同样细长。这些特征共同指向一个事实：它们还不能算是一类技术高超的游泳者。想一想划船的原理：提供动力的船桨是十分宽扁的，利用宽扁的造型增加与水的反作用力，进而推动船体向前。鳍龙类利用四肢的摆动提供动力，就像用细细窄窄的小桨划水一样。胡氏贵州龙就属于鳍龙这个大类，是游泳能力较弱的一个代表。这些生物生活在受障壁沙坝阻挡隔离而形成的局限水域或潟湖中。这片水域盐度偏高，有机质富集，大量无脊椎动物和鱼类在此繁衍，以胡氏贵州龙为代表的小型鳍龙以这些生物为食，而幻龙等大型掠食者则捕食更大型的鱼类，也包括体形较小的胡氏贵州龙。一个局限的海洋生态系统就这样形成了。

兴义动物群所在地层的上部则体现了深海的特征，主要由瘤状灰岩、灰岩和泥质灰岩构成，且含有大量深海生物——菊石和海百合的化石。这表明，此时兴义地区的海水要比之前更深了。此层的脊椎动物的化石中，也出现了具有远洋巡游能力的鱼龙类和纯信龙类。与更早的鳍龙类相比，鱼龙类的体形呈流线型，四肢短小，但指骨和趾骨却已经特化成为一列列圆片，构成鳍状，且演化出更适宜快速游泳的尾弯。这些都是适宜远洋巡游的特征。纯信龙类其实也属于鳍龙类，但更适应水生环境。它们的指骨与趾骨也已经特化为桨状，与躯干相比，四肢更加粗壮，尾部同样变得短小。

与此同时，兴义下部地层中常见的鳍龙类在上部再无出现，这表明随着自然环境的演变，这些只具备近海生存能力的物种已被自然淘汰。

根据上述依据，结合兴义地区的古地理环境，我们最终可以得到这样一幅场景：2.4亿年前，兴义所在的地方是一片海洋，西边的云南是一块露出水面的陆地，东边的黔东南则是一片无垠的深海，兴义夹在其中，海水不深不浅，附近可能还有一系列小岛或沙坝，把一部分海水围起来，形成潟湖。以贵州龙为代表的鳍龙类在这片浅水游弋，追赶着一群群仓皇逃窜的小鱼。百万年过去，兴义地区的海平面上升，曾经的浅海逐渐变深，原本生活在近岸浅水中的鳍龙类灭亡绝种，其中一些尚未腐朽的躯体在地质活动中被卷入岩层，封印在大地之中。这时的海洋，是体形如海豚的鱼龙类以及满嘴利齿的纯信龙类的理想家园。更深一些的海底，随水而漂的海百合扭动着像花一样的躯体，形似海螺的菊石游弋在它们周围，寻觅着微小的浮游生物。

摄影_卢现艺

贵州

三次“地理大发现”塑造了贵州

道 撰文／范亚昆

贵州是如何诞生的？在这次探索中，我们发现，可以用“三次地理大发现”和“两个空间”来建立对贵州诞生的整体认知。

2018年1月，当苹果公司宣布将中国地区的苹果云服务置于“云上贵州”时，很多用户对贵州的了解还仅仅限于“贵州”这个名字。在中国的诸多省份中，贵州因为地处边远，在相当长的时间里不曾引起人们注意，外界对贵州的认知，往往是碎片化的、印象式的。对于地道风物的采访团队来说，即使多次深入贵州，每个成员都获得了丰富的第一手资料，但是，若想对贵州有一个整体的了解，仍然需要艰难的探索历程。

贵州是如何诞生的？在这次探索中，我们发现，可以用“三次地理大发现”和“两个空间”来建立对贵州诞生的整体认知。

进入帝国视野

2500年前，中国在列国征战之际，诞生了一个极为辉煌的精神时代，各种哲学流派纷纷诞生，并为后来的中国文明奠定了思想的框架——德国哲学家卡尔·雅斯贝尔斯在叙述世界历史的结构时，将中国这一时期的文明与同期的印度文明、希腊罗马文明并称为世界文明的“轴心时代”。

在当时，生活在中国文明核心区的人们，几乎不知道如今的贵州所在地是什么样子。唯一的记载来自当时楚国的一次不起眼的行动——楚国希望出奇兵战胜秦国，于是派将军庄蹻沿着沅水西进，庄蹻在途中攻克了一个叫作“夜郎”的小国，一路攻到滇池一带，然而由于归途被阻，庄蹻留在云南自立为滇王，融入了当地民族之中。

真正让贵州这个地区名声大噪的，是轴心时代之后，汉代的地理大发现时期。西汉的博望侯张骞不但凿空西域，从官方角度开辟了通往西方的丝绸之路，他同样希望在西南地区找到一条通往身毒（今印度）的道路。在行走西南地区时，他遇到滇王和夜郎王，二王问出了同样的问题：我们的国家与大汉相比，究竟谁更大？“夜郎自大”一词从此流传。在新近的考古成果中，人们渐渐认定，夜郎核心所在地，就是今日贵州西部毕节的赫章一带。

今日来看，夜郎很难称得上是“自大”。夜郎国在当时的西南地区十分繁荣、势力范围广大，只是因为山高路远，信息阻隔，使之不能了解黄河流域的中原地区早已经历了重大文明发展；而对汉朝使臣来说，同样出于地理信息的匮乏，张骞寻路止步于云贵高原——由于喜马拉雅山与横断山的阻隔，以及当地部族的反对，他无法在西南地区走向印度，只是发现这一区域向南可通往交趾（今越南一带）。

“夜郎自大”只是一个小话题，而对当时的帝国来说，几乎同时发生的一件大事是：岭南地区（今广东）的南越国谋反。帝国的统治者此刻发现，从夜郎经过牂牁江（今北盘江）可以一直通往岭南地区。自此，夜郎所在区域的重大地理意义正式浮出水面——昔日的夜郎一带，西南可通云南地区并进入越南，东南可一直通往广东，对当时的帝国具有十分重要的战略意义，必须纳入治下。这一重大发现，使汉帝国同时攻下了夜郎国与邻近的且兰国，将贵州的重要地区纳入汉朝的郡县制之中。

对处于遥远边地的贵州区域而言，纳入帝国的视野与版图无疑是这次地理大发现的直接结果。

一次隐秘的大发现

在官方发现贵州之前，还有一次未被载入史籍的隐秘的地理大发现，同样参与塑造了今日贵州的样貌。

这次隐秘大发现的主人公是苗族的先民。史前时代影影绰绰的传说大致勾勒了苗族先民的生活轨迹：大约在炎帝、黄帝时代，苗族先民的部族在黄河流域争夺资源的战争中落败，从而开启了被迫迁徙之旅。他们沿水路进入今日的贵州、云南一带，并在后来的战乱中不断分散南迁，逐渐扩散至东南亚乃至全世界。

苗族先民在迁徙道路上发现了一个理想的定居地，就在今贵州黔东南的雷公山。贵州本以山地著称，雷公山区域则是山地最密集之处——这里没有平原沼泽，没有大型河流，目之所及只有苍茫无尽的群山。

在雷公山定居是一次集体性的隐居，其影响绵延数千年。苗族先民是复杂的混合人群，许多习俗和语言彼此相异，他们没有文字，没有核心统治者，每个村寨有自己的发展轨迹，但是有两样东西将他们整合为一个整体：远古大迁徙的族群记忆和逃避统治的生活选择。大迁徙的历史记忆被历代族人编织进“苗族古歌”中世代传唱，逃避统治则塑造了主动远离文明侵袭的生活方式。雷公山成为苗族先民的核心聚居区，他们在这里静止下来，隐没于历史之中。

山地为苗族先民的隐居提供了最有力的保障。当代美国人类学学者詹姆士·斯科特在《逃避统治的艺术》一书中，为中国西南地区与东南亚北部山地画了一个圈，称之为“赞米亚”地区，他总结这一区域的特点：山地地貌，位于各国边疆，远离所属国的主要人口中心，远离经济活动中心，是一个巨大的“无国家空间”。最重要的是，逃避国家统治是活动在这一空间内的人群的主动选择，差异性而不是一致性是这个地区的标志。显而易见的是，雷公山区域就是詹姆士·斯科特描述的赞米亚地区的典型形态。

汉帝国与苗族先民对贵州的两次地理大发现，使“无国家空间”的坚持与文明核心区的统治此消彼长、相互震荡，在漫长的年代中共同塑造了贵州的样貌。

东西主干道的开通

在汉代第一次地理大发现时，云贵高原地区被称为西南夷，这个区域里的原住民众多，从事

三次“地理大发现”与贵州的道路

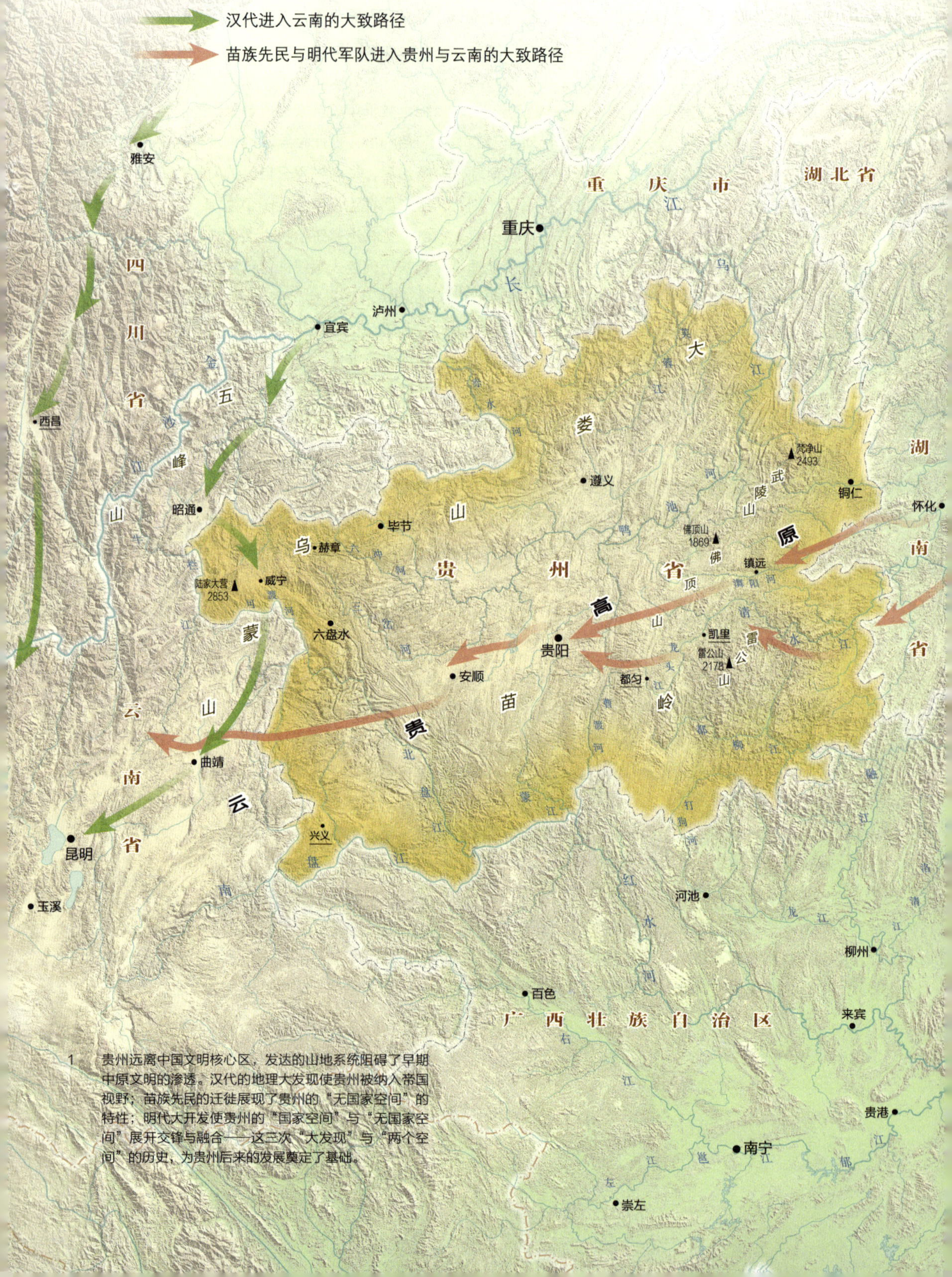

1 贵州远离中国文明核心区，发达的山地系统阻碍了早期中原文明的渗透。汉代的地理大发现使贵州被纳入帝国视野；苗族先民的迁徙展现了贵州的“无国家空间”的特性；明代大开发使贵州的“国家空间”与“无国家空间”展开交锋与融合——这三次“大发现”与“两个空间”的历史，为贵州后来的发展奠定了基础。

游牧、半农半牧或农耕，他们被文明核心区的历史记录者统称为“濮人”，也叫作“百濮”，足见族群之复杂。夜郎人很可能就是濮人之一种或数种；后来南方的百越民族也有一小部分沿河流北迁到如今的贵州境内。这诸多民族与苗族先民一起形成了后来贵州的众多少数民族。

对中央帝国而言，统治一个拥有诸多民族的边疆山地，在很长时间里都几乎是一个不可能完成的任务。帝国的统治和文化只在四川盆地沿着乌江和赤水向南延展，浅尝辄止地停在贵州高原的北部边缘。正是这种不可能，才造就了各民族共享的“无国家空间”。直到明朝以前，贵州地区都没有完成有效的政区整合。羁縻政策是一种长期策略——将当地部族的头人纳入纳贡体系，就算完成了对这一地区的统治。即使对当地统治者而言，支离破碎的山地也无法让政治统治推进到更广大的地区。先进的农耕技术、人口管理技术、纳税政策……所有与国家和先进文明相关的主题，都无法在山地进一步推行，这片区域一直是一个化外之地。

北宋时候发生了一个小插曲：今贵阳及附近地区，名叫矩州，“矩州”在当地的发音类似于“贵州”，所以，当矩州土著首领附于当时的朝廷时，宋朝任命其为“贵州”的羁縻州长，贵州这个名字才第一次出现，此“贵州”辖地只有今贵阳附近一小片区域。而今日贵州省的大片区域实际则呈碎片状态，由当时周边的夔州路、荆湖北路、潼川路、广南西路分别管辖。

支离破碎的贵州，由于第三次地理大发现的出现，从而有了整合为一片完整区域的可能。这第三次地理大发现，“发现”的是一条道路。

这条贯通贵州的东西向道路很普通，而且被很多人走过：从湖南西部沿水路上溯，一路向西，又经过今日的贵阳、安顺，最终通往云南。战国时庄蹻入滇走的就是这条路，苗族先民西迁也多取此道，然而这条路并未被汉唐大帝国使用过，其真正进入帝国视野并为之所利用，始于元代。

身为游牧民族的蒙古人，有“将天下视为其游牧之地”的野心，所以，他们头脑中的地图比此前任何朝代的统治者都要大得多。对汉唐统治者而言，进入西南地区，只要从其都城长安所在的关中出发，经四川西南角进入云南即可（夜郎国就在这条路上），所以很长时间里，从湖南到云南的东西向道路是被忽视的。而对蒙古人来说，从四川取道，南下攻打云南，只是其踏平天下的一小步而已，从云南出山，向东进入湖南并连接中原地区，才能将其征服的广阔天地连在一起。因此，贵州的镇远—贵阳—安顺一线就升级成为一条重要的道路。

然而蒙古人的脚步并未走远，真正利用这条道路，给贵州带来突破性发展的是明朝人。

两个空间的较量

在“无国家空间”中，各族群那些隐秘的、碎片式的生活痕迹，无法系统地留存在历史记录之中；只有当文明世界的“国家空间”以某些形式进入这些碎片化地区时，这一地区的历史才得以被记录。

14世纪，贵州的历史记录有了前所未有的、爆发性的增长——160万来自江南与中原等地的汉族移民，在国家调征之下，陆续进入镇远—贵阳—安顺一线，从此世代定居。

最初的原因是国家巩固版图的需求。明初，为了消灭元朝在云南的残余势力，一支明军由贵州进入云南并赢得了战争。这样一个遥远的边疆地区需要持续巩固统治，因此，当战争结束时，

2 黔东南从江县高增侗寨。贵州发达的山地系统作为天然的屏障，使“国家空间”只能驻足于主干道，“无国家空间”在远离主干道的群山深处继续得以坚持与保留。 摄影_陈沛亮这支军队被勒令驻留在通往云南的贵州道路上。同时，为了让驻军得以繁衍壮大，大量移民被国家驱动进入贵州。

这是“无国家空间”与文明国家之间一次激烈的正面交锋。这次交锋最初是琐碎的：移民与原住民之间进行了漫长的一村一寨、一土一瓦的争夺与建设；后来渐趋宏观：国家对当地统治者逐步改土归流；当这个过程在胶着与反复中渐渐尘埃落定时，一个结果出现在地图上：贵州建省。

这个看似明晰的、属于国家层面的胜利，有诸多显而易见的成果。核心文明区的人口管理体系、先进的农业技术、生活方式、建筑样式、文化教育系统、风俗习惯、宗教信仰……这些文明成果随移民大量涌入贵州，并在主干道上渐渐沉淀下来。然而，“国家空间”与“无国家空间”的拉锯战是长期的，文明沉淀过程绝非一帆风顺，安顺的屯堡人就是其中的一个典型案例：今日安顺地区的屯堡人，世代自称为明代军队的后裔，而事实并非如自称那般准确——屯堡人是明军遗民与明清时期陆续移居此地的汉族的综合体，这个不断有新人加入的汉族移民群体，将长期面临与原住居民争夺生存资源的考验，为了团结生存，必须树立一个旗帜建立自己的族群认同，“明军后裔”的自称就是这个有效的旗帜。屯堡人的族群心理，成为这一段复杂历史的一个注脚。

更多时候，贵州发达的山地系统作为天然的屏障，使“国家空间”只能驻足于主干道，“无国家空间”在远离主干道的群山深处继续得以坚持与保留。

持续推进的道路网络

“两个空间”的较量在明代达到顶峰，贵州后来的历史即是在此基础上进一步“国家化”的历程。

至清代时，清王朝与吴三桂之间的战争，使贵州已开发地区又一次陷入抛荒与凋敝状态。为了巩固中央政府在这一地区的统治，康熙、雍正二朝持续调整贵州省边界，将原本属于周边省份的区域划拨至贵州省，基本形成了今日贵州省的疆域范围；与此同时，新一轮的人口迁入使贵州的人口数量激增，至清末已突破千万。伴随人口增长而来的，是道路交通网的修建与贸易网络的开通。

贵州的公路系统在民国时期正式开通，而真正令贵州交通进入重大发展时期的事件，则是新中国在20世纪60年代开始的“三线建设”——这是一次从备战角度出发、在中国大后方的“三线地区”进行的现代国防工业建设，贵州省作为战略后方要地，迅速进入国防工业发展时期。这个过程促进了贵阳、遵义、安顺等城市的现代化发展，并开通了以贵阳为枢纽的川黔、贵昆、湘黔铁路干线，成为今日贵州交通的基础线路。

时至今日，贵州的生态环境优势成为其日益发展的动力，随着旅游资源的持续开发，更多的道路通往过去无法通行的深山之中。我们可以发现，这一区域丰富的历史景观与人文景观，大多可以在其中找到“三次地理大发现”和历史上“两个空间”相互作用带来的影响，这一区域中各民族强健质朴的生命力与多元的文化系统，仍将在长久的时空中如群星一般闪耀光彩。

黔道，出山那些事儿

撰文/刘子超

技术进步让“道路”这个概念处在不断变化之中。如今，地形的阻隔已经不再让建设者一筹莫展，地图上的交通线越来越平直通顺，乃至直接脱离地面，在空中实现位移。

多数情况下，山区的高速铁路还是会与传统交通线走向相近，这种延续性是因为它们所要串联的城市绝大多数都是在传统交通时代发展起来的。古往今来，因路而兴者有之，但因路线更改或其他变化而衰败的城市或乡镇更多。随着高铁时代的到来，这种“抓大放小”的趋势更加明显，昔日交通要道上的“小地方”逐一被扫落到历史大幕的背面，连配角的资格都越来越难获得。除非，先天优势和后天机遇恰好共同作用，让中途之地变成拥有足够分量的目的地。

从大地缘视角看贵州，其实就是这样——它最初作为西南的水陆枢纽而出现在历史舞台上，是从内地进入云南的途经之地，也是从四川南下两广的路线中心，但理论上，这两条在贵州高原上互相交会的通道其实都没有为这个曾经蛮荒而崎岖的地方创造出为其停留的理由。此后，贵州的地位与日俱增，终成一省，中途之地逐渐开始成为一部分人的目的地。进入20世纪，随着铁路时代和公路时代几乎同时到来，贵州交通的形态发生了巨变，但两条骨干线路“一横一纵”十字交叉的格局依旧保持。其中东西通路的主要走向延续了两千年，是从内地前往云南的主要通道。古代不太被重视的贵州南北向交通则发生了一些变化：川（渝）黔铁路的选线既没有循乌江也没有沿赤水，而是选择从遵义向北翻越娄山关进入綦江水系的河谷，直入重庆；黔桂铁路则因为省会贵阳的位置而弃走红水河—北盘江一线，改道穿越黔南的深山密林。因现实社会经济原因而改道的现代交通线不再仅仅体现贵州的通过价值，而是更加突出了当代贵州的主体性，让更多的“途经者”有了停下来的理由。

执着于宏大叙事的眼光会让解读失之宽泛，我们相信，若从贵州的本体视角出发，探寻这片土地上的人如何利用这些最初并未为他们准备的通道走出深山、走下高原，以及随着时代演化而出现的不同的出行方式，会有不尽相同的体验。

㵲阳河：鸣橹而来，逐波而去

离开贵阳，我前往镇远和凯里，探寻在贵州寻路出山的历史上，河流扮演着什么

明代经贵州地区主要驿道路线图

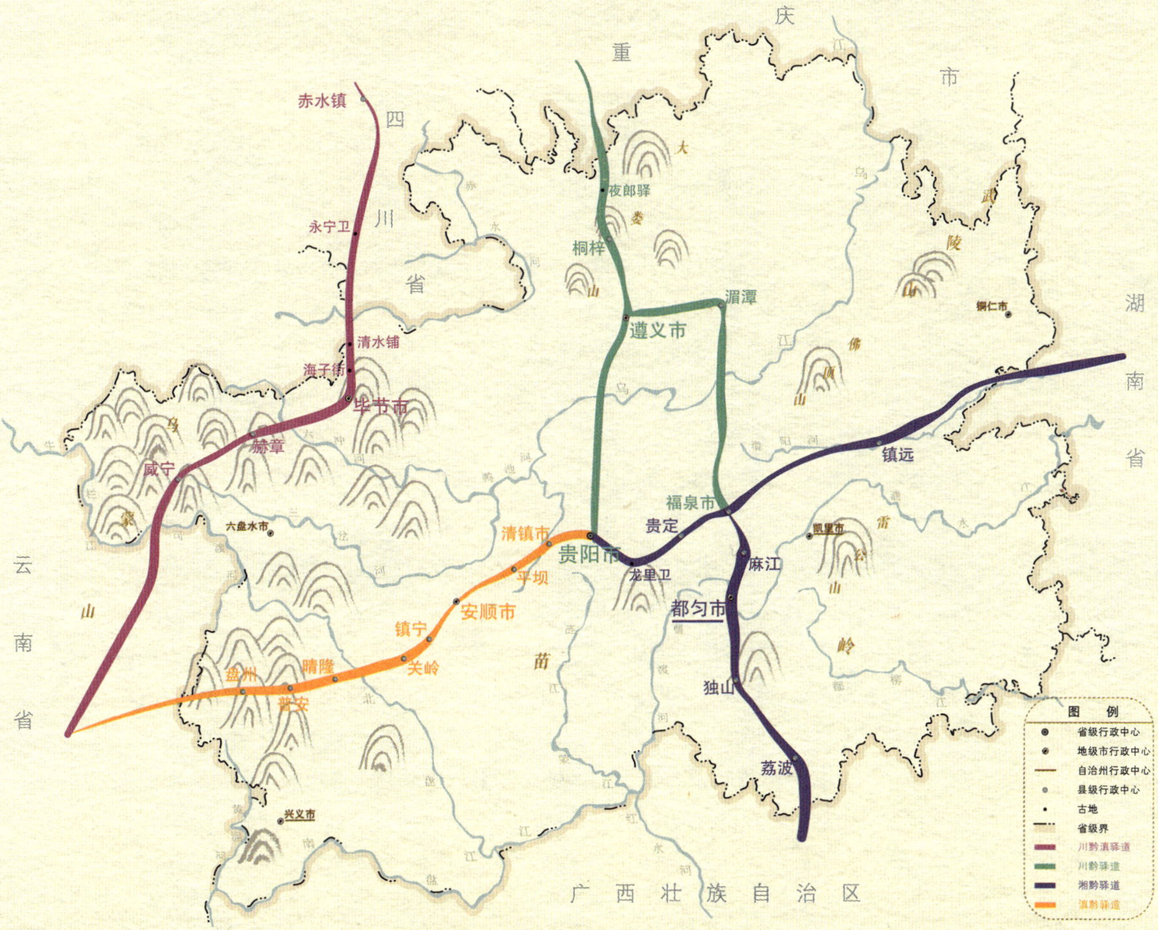

贵州多山，是中国唯一没有平原的省份。山间的平地被称为“坝子”，成为人们繁衍生息的地方。但凡大点的坝子，最后都发展成城市：贵阳、遵义、安顺、凯里……古代交通不便，串联这些坝子的驿道，就是贵州的“生命线”。

贵州的古驿道，蜿蜒在五大山脉构成的群山之中。贵州省文物保护局副局长娄清告诉我，元代，贵州地区才算真正纳入全国性的交通网络。驿道开始由国家统一经营，由专人养护，改变了此前自然生息的状况。通达云南、四川、湖广的驿道在贵州地区相接，今贵阳所在地区成为西南地区的枢纽之一。正是驿道的发展，为明朝在贵州建省打下了坚实的基础。明朝，中央政府意识到作为西南边陲门户的贵州地区的重要性，不控制好贵州地区，西南边疆的管理就无从谈起。从废除土司制度到正式建省，中央政府开始有意识地经营贵州。如今，古驿道逐渐被现代的城镇、民居、道路所吞没，渐渐被人们遗忘。但是，只要亲眼看到这些古驿道的遗迹，就会更深切地感受到贵州交通发展的历史可读性。

600多年的时间，以川黔、川黔滇、湘黔、滇黔几条主要驿道为基础，贵州连接省境内外的主通道走向基本没有改变，这些驿道的干支道带来沿途城镇的发展，贵州省内各地区、各民族的联系也逐渐加强，逐步打破了原先受地理条件严重约束的封闭状态。在其辐射范围内，随着生产力的提高、技术的革新，国道、省道、县道以及乡村公路发展迅速，高等级公路、高速公路更将贵州各地区之间、贵州与外界紧密相连。

参考：《贵州古代驿道线形文化遗产保护研究》

娄清　彭银　吴晓秋　郑远文 著

样的角色。在我的印象中，虽然贵州境内的河流纵横，但是水流湍急，礁石林立，处处险滩，河流落差大，并不利于航运。

资料显示，明代以前，贵州没有形成系统和规模的长距离水运航道。明代时，流经镇远的㵲阳河，成为湖广粮食入黔的重要通道。沿沅江溯流而上，可以进入㵲阳河，进而到达镇远——这也正是庄蹻由楚入黔的老路。㵲阳河源于武陵山区云顶山南麓的大岩脚下，穿梭于崇山峻岭中，流经瓮安、黄平、施秉，过了诸葛洞便进入镇远，继而下沅江，入洞庭，通长江。两岸山多田少，河底多岩石，河宽七八十米，深三四米。

近代以前，㵲阳河经历过三次开凿。真正开始大规模整治是在清朝，特别是乾隆年间的整治和开凿河道，使得贵州黄平旧州至湖南黔阳得以通航。㵲阳河维持通航直至近代，贵州境内航程约180公里。旧州至镇远间，可通一吨左右的小木船。镇远至洪江间，可行10吨左右的木帆船。主要输入的货物为纱、布、淮盐，输出的则是桐油、五倍子、烟叶、猪鬃和石膏等。

从20世纪80年代开始研究镇远历史的学者刘兴明告诉我："正是㵲阳河的航运，造就了镇远当年的繁华。"镇远是典型的"因水而立、因教而安"。航运将各地商人带到镇远，并随之带来了中原文化。在镇远，我时常感到自己正穿行在江南古镇的小巷里，甚至不时可以看到类似徽派风格的建筑。

密集的货物交易让镇远逐渐成为五方杂处、文化相间的商业要津。当年，五湖四海的外地客商在镇远结成许多同乡会，其中势力最大的是江西人，他们在镇远建有江西会馆"万寿宫"。福建人的势力也很大，建有"天后宫"。此外，还有两湖会馆、两广会馆、秦晋会馆等八大会馆。会馆是人群聚集的地方，镇远的市井文化由此兴盛。每家会馆都配有戏台，东王庙、火神庙、城隍庙等处也会演出各种戏剧。我在万寿宫前的戏台看到这样一副对联——上联是"不经不典，格外文章圈外点"，下联是"半真半假，水中明月镜中花"。在北极宫的戏楼前则是"忽而古人忽而今人，由古迄今不少人，做出许多模样；说甚家事说甚国事，自国及家这些事，看来大半事非"。其中道尽了镇远的故事。

横跨㵲阳河上的祝圣桥，是一座七孔石桥。直至清朝末年，这座桥仍然是缅甸使节入华的必经之路，因此有"缅人骑象过桥来"的说法。缅甸使节进入云南，沿着驿道一路来到镇远，在这里换乘船只，顺着㵲阳河，进入湖南。

祝圣桥畔的青龙洞，是一座儒释道三教合一的建筑群，最能体现镇远的"因教而安"。在山石上开凿出的亭台楼阁里，各路神仙在此汇集：释迦牟尼、玉皇大帝、太上老君、观音菩萨、药王、财神、张三丰、吕洞宾……各地的商人将各自家乡的信仰带到镇远，在青龙洞齐聚一堂。

如今，火车从青龙洞附近的山谷间飞驰而过，也正是由于火车的到来，因水路而兴旺的镇远逐渐安静下来。如今，除了游船，㵲阳河上已经看不见摇橹的舟楫。镇远的支柱产业也从商贸变成了旅游业。

纵观整个贵州，曾经占据统治地位的航运业，都已经让位于铁路、公路乃至航空。

贵黄公路：来之不易的第一

安顺，位于贵州第一条高等级公路——贵黄公路的中段。

贵黄公路全长137公里，于1986年8月15日动工，1991年5月16日竣工通车，贵阳到安顺的行车时间从4小时下降到2小时。在贵州极为复杂的地理条件下，修建贵黄公路是当时的一大创举，也是中国山区高等级公路的一个典范。贵黄公路的一级路段最高车速可达100公里/小时，这在贵州历史上是首次。公路不仅全封闭，还配备了先进的电子雷达测速仪、路面和路肩的反光标志。贵黄公路建成通车时，被媒体誉为“神州山区第一路”。贵州省交通厅的李黔刚告诉我：“没有贵黄公路，贵州的旅游和黔中腹地的经济不会有今天这样大的发展。”

自1927年贵州修建第一条公路开始，整个贵州省的公路交通已经发生翻天覆地的变化。2008年，当贵州提出要用10年时间实现“县县通高速”时，全省的高速公路通车里程尚不足1000公里。2015年12月，贵州高速公路通车总里程达到5128公里，提前实现了“县县通高速”的目标，成为西部第一个、全国为数不多实现“县县通高速”的省份之一。

路网建设不仅直接拉动经济增长，创造就业机会，而且有助于推动产业结构升级和空间布局优化。贵州省的100个产业园区基本都分布在交通便利的高速公路附近。县县通高速，关系着贵州工业化、城镇化和信息化的实现。

黔桂铁路：驶入高速时代

离开贵州时，我选择乘坐火车。从地图上看，贵州的四条铁路大动脉在贵阳交叉，形成了境内形似十字架的铁路干线网络，分别是黔桂线、贵昆线、川黔线和湘黔线。我选择了沿线风景最好的黔桂铁路——它也是真正意义上贵州的第一条铁路。

1939年9月，黔桂铁路正式动工；1943年3月，黔桂铁路终于修至贵州独山县。不

苗疆走廊主干示意图

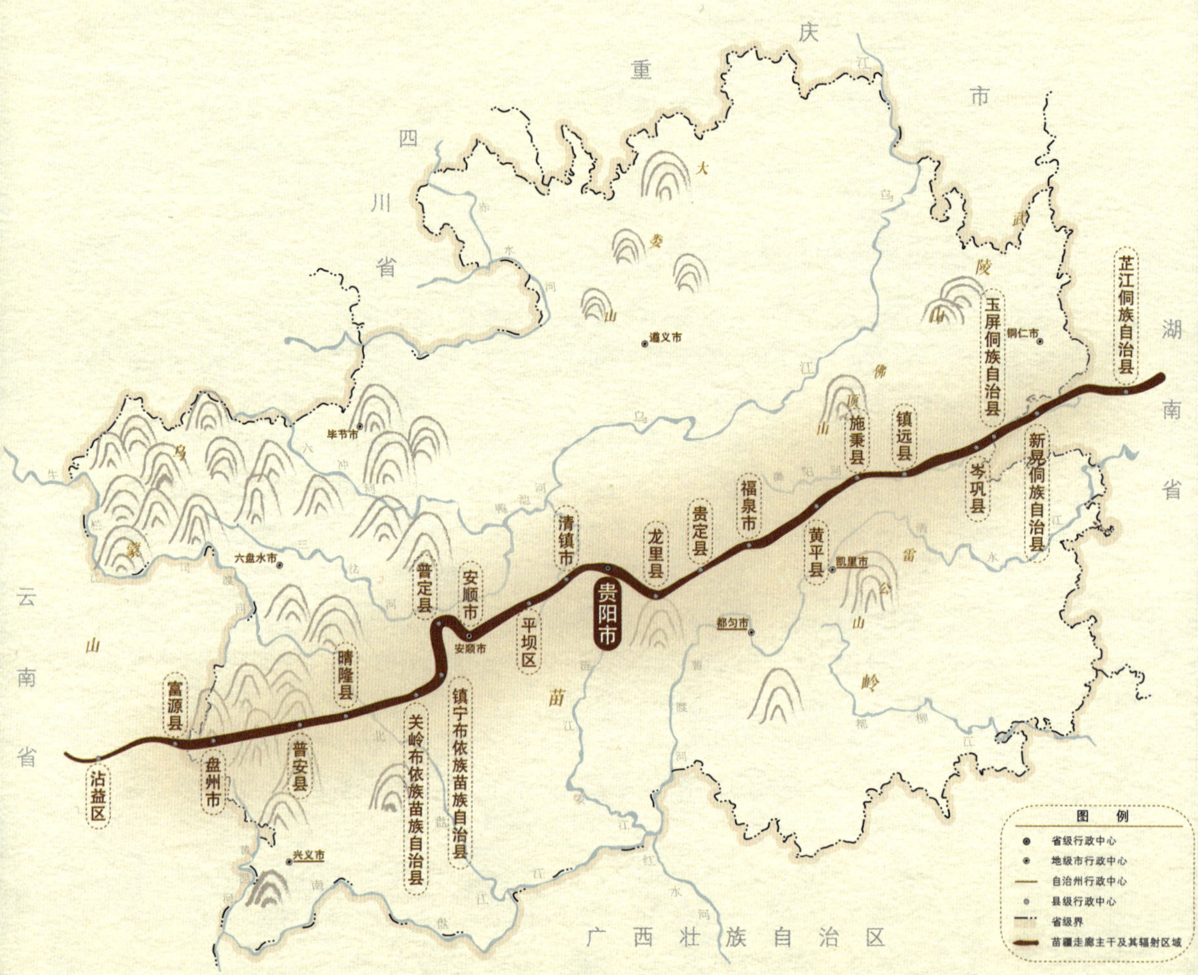

“苗疆走廊”系元代以后开辟的连接湖广（今湖南、湖北等省）内地与云南边疆的一条交通要道。它起自湖南常德，沿注入洞庭湖的沅江水陆两路而上进入贵州境内，然后东西横跨贵州省施秉、贵定、贵阳、安顺等地入云南，经曲靖等地至昆明。沿线里程近1500公里，30多个县市和20多个少数民族分布其间。经过700多年的发展，“苗疆走廊”逐渐形成了以上述“入滇东路”为主线，将周边省道、县道及水路航道连为一体的带状交通网络体系，其范围涵盖了今天云贵高原的大部分区域。

从性质上看，“苗疆走廊”曾是中原王朝赖以政治整合西南边疆地区的首选国家通道，也是明清时期汉人移民进入云贵地区的“汉移民走廊”；同时，元代以后，从东南亚、南亚进入中国，亦经过“苗疆走廊”进入湖广地区，所以它也是一条重要的国际通道。“苗疆走廊”最大的特点是多民族文化交相辉映、和谐共生、频繁互动，它犹如一条线，将云贵高原上丰富多样的、看似孤立的各个文化事项串联为互为关联的一个整体。其中包含道路沿线中原移民后裔留居贵州后形成的颇具特点的族群文化，如“屯堡文化”；同时，少数民族文化资源也极为丰富多样。整个走廊地带的古镇、古村落、古道串联相望；文物和古迹，如古道、古桥、古寺庙、各地移民会馆、驿站等遗存和遗址甚多，非物质文化传承也十分丰富。文化上既呈现出以汉文化普遍影响为背景的整体性空间关联，同时又兼具各民族/族群文化的多样化色彩，是一条今天仍处在活态交流中的文化走廊。　撰文_杨志强

过，当年火车的时速只有15公里/小时。巴金在乘坐黔桂铁路后，留下了如下体会："车身震动得太厉害了，仿佛随时都会翻倒似的，我觉得全身都在抖动。"1944年夏天，邵荃麟夫妇从柳州出发，因机车缺少燃煤，靠着燃烧枕木，走了两个星期才到达独山。然而，这毕竟是贵州历史上的第一条铁路。因为这条铁路，地处黔桂交界处的独山，一时间商贾云集，成为当时贵州的重镇。

如今，从贵阳到独山，乘坐K4222次列车仅用两个半小时。窗外的独山是一个再平凡不过的小县城，难以和当年"小香港"的美名联系在一起。在淡白的雾气中，我看到独山正在建起一座座住宅楼，高楼不远处就是农田，农民牵着水牛缓缓而过。

受抗日战争影响，1944年后，黔桂铁路一直处于废弃停运状态。直到1955年，国家才开始对黔桂铁路金城江至都匀段进行修复，同时动工修建都匀至贵阳段。1959年1月，黔桂铁路正式全线通车。

走黔桂线，从贵阳到柳州，K4222次列车用了8个多小时。在深山峡谷之中，列车如巨蟒一样盘旋而上，窗外的风景不断变幻。从广西到贵州，黔桂铁路要经过盆地、山地、高原三种地形地貌。由于修建时的条件所限，为了节省资金，不得不尽量少修隧道，而是沿着山路、河谷修建。没法开凿长隧道的地方，铁路就只能选择爬坡。为了降低坡度，就必须像盘山公路那样，修建成"盘山铁路"。当年的无奈之举，无意中造就了黔桂铁路独一无二的风景。

2014年12月26日，贵广高铁正式通车，贵阳至广州的列车运行时间由过去的20小时缩至5个多小时。贵广高铁最终设定时速为250公里，预留进一步提速条件（可达每小时300公里）。贵广高铁的提速，不仅是一条铁路线速度的提升——很多城市的铁路到华南都会把广州作为目的地，如果设计速度不够，周边省份城市可能会另寻线路修建客运专线，贵广高铁的高速度目标值，成为贵州抢占西南铁路中心枢纽的制高点。

从"庄蹻入黔"、古夜郎道，再到今天的高速铁路，贵州的"寻路出山"走过了如此漫长的历程，堪称一幅波澜壮阔的长轴画卷。"黔路难"的历史终于成为过往，这片古老的土地，已经冲破山阻水隔，奔向未来。

贵州交通发展史上N个第一

插画　李欢

为了把车运到贵阳，周西成令人把车从广东陆路运到广西柳州，然后沿都柳江水运到榕江。榕江到三都的河道通不了大船，于是只好将两艘小船拼接在一起，将汽车再运到三都。快到三都时，天降暴雨，河水暴涨，船和车都沉没了。直到雨停了，船工才在100元大洋的悬赏下，把汽车打捞上来。周西成只能令人将车拆散，雇人挑抬十多天才到贵阳，重新组装。经过这样一番磨难，贵州终于迎来了历史上的第一辆汽车。

最早的电话线路

1906年，贵州省城贵阳各衙署、局所、学堂之间的电话线路。

贵州地区第一辆轿车

1927年，由当时省主席周西成购进的雪佛兰小汽车（一说福特）。

1927年

第一条正式修建的近代公路

1927年，贵阳环城马路。

1932年

最早的长途电话线路

1935年，架设巴（重庆）贵（贵阳）长途双铜话线一对，是贵州第一条长途电话线路。

第一个机场

1932年，贵阳团坡机场。

1935年

第一条民用航空方面的正式航线

1935年，中国航空开通的重庆到贵阳的航线。

参考：《出山：贵州交通史话》
孟丹庆　范松　著

元代

最古老驿道

元代开辟的昆明经顺元（今贵阳）往湖广地区抵达大都的驿道，是贵州省目前有据可考的、有明确道路走向的最古老驿道。

1884年

最早的电报线路

1884年，由四川—云南的连接线中分接而来，四川的线路和云南的线路在毕节接通，完成了川滇电报线的建设。

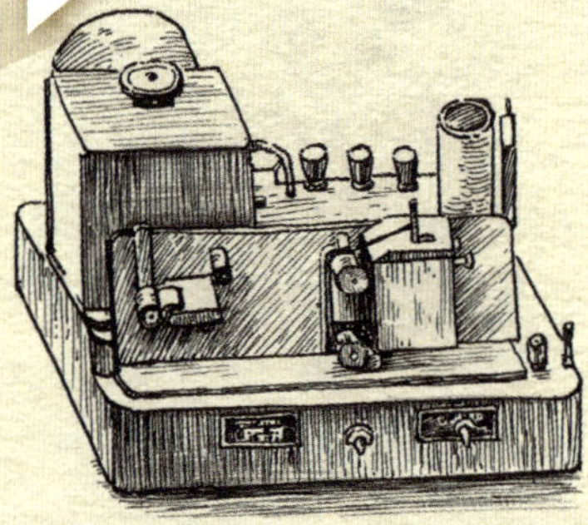

1901年

最早的邮局

1901年，贵阳设立副邮政总局。

1887年

最早的电报局

1887年，毕节设电报局，省内第一条电报线路架设完成（毕节经大定、黔西、清镇至贵阳）。

1986年

第一条高速公路

1986年开工的贵黄公路——贵阳到清镇段。

2014年

第一条高铁

2014年12月26日，贵广高铁正式通车，贵阳至广州的列车运行时间由过去的20小时缩至5个多小时。

2016年10月，国家发改委印发《中长期铁路网规划》，贵阳被定位为“全国综合性铁路枢纽”。根据规划，贵阳将位于“八纵八横”高速铁路网中“两纵一横”的交会处。所谓“两纵”，一是从包头经延安、西安、重庆、贵阳、南宁、湛江到海口，全长约为2300公里；二是从兰州经重庆、贵阳到广州，全长约为2021公里，成为沟通西北、西南和华南最快的铁路运输通道。“一横”是指沪昆高速铁路，从上海经杭州、南昌、长沙、贵阳到昆明，全长2266公里。

1939年

第一条铁路

1939年9月，黔桂铁路正式动工；1959年1月，黔桂铁路正式全线通车。

黔南布依族苗族自治州惠水县摆金乡

黔东南苗族侗族自治州榕江县朗洞镇

黔东南苗族侗族自治州黄平县重安镇

黔东南苗族侗族自治州台江县番召乡

毕节市大方县竹园乡显母村

彩衣深处，乱花渐欲迷人眼

道
插画/兰跃峰
信息提供/贵州省博物馆

据不完全统计，贵州的民族服饰，有两百种以上基础款式，不仅不同民族有不同的服饰，同一民族也根据支系之分，有其独特的服饰文化传统，其中，以苗族服饰最为复杂。服饰上显见的区别，是不同民族、不同支系自我认同与区分的主要方式之一，服饰制式同他们的自我定位、历史文化、传统习俗、与外界的交融程度息息相关，同时受各族群独特的文化生存背景影响及贵州地区特殊的自然地理环境“庇护”，得以长期传承保留下来。

【苗族】

1　安顺市凤山乡

【苗族】

黔东南苗族侗族自治州丹寨县排调镇麻鸟村

【苗族】

六盘水市水城县南开乡

【瑶族】

黔东南苗族侗族自治州从江县下江镇高良村

【苗族】

安顺市紫云苗族布依族自治县巴郎寨

【水族】

黔东南苗族侗族自治州从江县斗里乡潘里村

【苗族】

安顺市黑石头寨

【苗族】

黔东南苗族侗族自治州台江县施洞镇

【苗族】

六盘水市六枝特区二塘乡

【布依族】

毕节市威宁彝族回族苗族自治县新发布依乡花园村

有灵万物到化外时空——纹样上的苗族故事

道 撰文/杨昌国 李宇阳

1 苗族服饰被称作“无字的史书”，是因为其中除了蕴含对美的定义与追求之外，还蕴含着深远的“天意”。 供图_曾丽 谷佳俊

【苗族】

六盘水市水城县

【苗族】

黔东南苗族侗族自治州丹寨县雅灰乡送陇村

【侗族】

黔东南苗族侗族自治州黎平县黄岗村

【苗族】

六盘水市六枝特区梭戛苗族彝族回族乡

与贵州省博物馆服饰专家刘秀丹聊起馆内展出的一千多件贵州民族服饰展品，他说，贵州民族服饰的多样性超乎人们的想象，光省博这些年的收藏就数以万计。“服饰的变化是很迅速的，它们对外来的刺激很敏感。虽然民族服饰许多基础制式不会变，但加花（装饰）是不断变化的。这个绣娘看到别的地区的某种纹样，觉得很美，就学着绣，村里其他人看到了也都觉得美，来和她学，一种新的纹样也许就此在新地区流传开来……”服饰是活生生的，与日常生活紧密相连，与时代变化相呼应，从未停止过相互影响、借鉴、交汇融合。

或许正是这种变与不变，造就了贵州民族服饰无与伦比的丰富与美丽，在这里呈现的，不过千分之一二，要深入了解和欣赏，请到贵州亲自去看看。

2　六盘水市六枝特区梭戛苗族彝族回族乡

苗族传统服饰就像一张连接苗族社会基本需要的网，由苗族特殊的政治、经济、宗教、习俗等“经纬线”共同互相影响渗透“织成”。其独特的文化生存背景，使得无论就其艺术样式还是它所包含的深厚文化内涵而言，都具有独特性。同时，服饰的流传是现实世界的反映，服饰的内容和形式服从其生活状态和情感、审美表达。苗族特殊的生活方式使其服饰的形式中沉积了历史的、社会的、习俗的丰富内涵。

苗族是一个历史悠久的民族。一般认为，现居于黔滇桂湘鄂川等省区的苗族同属一源，就是在先秦古书中被称为“九黎”“荆蛮”，在汉以后的史籍中被称作“五溪蛮”“武陵蛮”等名的古老民族的后裔。数千年来，苗族在求生存的征途中历尽艰辛，经历了若干次巨大的战乱，在被剥夺、被切割、受挤压、受控制的不幸中挣扎。为了躲避频繁的祸乱，他们不得不一次次背井离乡，放弃辛勤建造起来的家园，从黄河中下游南涉江淮流域，又从江淮西迁西南山地。从北向南，从东向西，迁徙跋涉，从广阔的中原大地来到丘陵水乡，最后避居在大西南连绵逶迤的莽荒野岭中。他们顽强地生存下来，在强大的封建王朝势力的空隙中建立起自己独特的自控体系，用自己政教合一的手段——鼓社制——把本族群团结为一个紧密的文化整体。然而，历代封建统治者对苗族所施行的追剿、征伐、压迫、歧视政策严重地阻碍了苗族社会的进步，由此造成了其政治、经济、文化发展的迟缓和不平衡状况。生活于西南腹地的苗族，到明清之际，才开始清除具有封建领主性质的土司割据局面，形成地主封建制雏形，生产发展畸形。一些地区，如黔东南、黔西北，直到中华人民共和国建立后才基本改变了刀耕火种、狩猎采集的原始生产方式。特殊的政治经济状况使苗族迄今较高程度地保有自己的文化传统——原始巫教活动，以及由此演化而来的节日集会和神话传说、民间艺术，而最生动、最直观、最形象的记录，就映射在苗族妇女亲手制作的服饰之中。

除了历史意义上的民族大迁徙等原因造成的群落断裂之外，山地的自然阻隔在很大程度上影响了苗族共同体的文化表层特征，其相互间的众多差异（包括服饰）和心理上的自我封闭皆可视为对山地文化这种自然景观的无意识认同产物。撇开其远古的发源地疑问不论，就苗族共同体成员的现状分布而言，至少在2000多年时间内，绝大部分基本居住在以贵州为中心的中国西南、华南崇山峻岭中。绵延的山地交通闭塞，加上农耕文明自给自足的生产生活方式，各群落之间除特定的婚姻联系和节日需要外，往往是山寨对峙，鸡犬之声相闻，老死不相往来。于是形成了文化地理上的错落分布：支系繁杂、服饰纷呈；沟壑之隔，语言难通；方圆百里，风俗各异。苗族服饰艺术形式不仅与其语言分布有着密切对应关系——讲同一方言、次方言和土语的苗族人服饰类型款式基本相同；而且与其神话、传说、故事、古歌、习俗等关系密切——同一服饰形式的支系，他们的神话、传说、故事、古歌、习俗亦大体相同。而汉民族服饰的长期一统化（区别只有宫廷与民间的质料不同，装饰图案有异），在很大程度上，不能不说与平原文化、有字文化有较大关系。

苗族服饰是苗族生活模式和文化传统中的重要构成部分，它不仅是一种艺术，而且是含义宽泛的文化，是一个自足的开放的系统。作为观赏的艺术，苗族服饰中运用的图案、纹样是其审美的灵魂。作为一种强有力的文化传统，苗族服饰通过本身的系统将象征符号与意义结合起来并使意义符号化。

| 2 | 3 | 4 |

2、3 苗族服饰上的纹样（图案）并非一成不变，除了植根于苗族特殊的文化背景，受时代更迭、环境变化影响之外，其产生、发展、变化的动因中，不可忽视的是创作者个人的情趣、审美和表达。 供图_曾丽、谷佳俊

4 摄影_李贵云

龙、鸟、牛等纹样较为典型地表达出苗族文化中的原始图腾意味和审美因子，

它们真正体现了自然崇拜和祖先崇拜融为一体的文化特征。

至今苗族民间仍保留着大量的鸟崇拜遗风，各地祭祖、招魂、驱鬼、引龙、点屋基等都离不开雄鸡、雄鸭。黔南龙里和三都一带的男子盛装打扮时喜欢头插锦鸡毛或野鸡毛；都柳江流域还有用白色羽毛饰边的“百鸟衣”，其衣的背部绣着一只形态拙稚的大鸟，形似白鹤，苗家叫它“鹤头”；黔东南苗族女子盛装打扮时戴各种头饰，其中有一种类似锦鸡尾式的银角或鸟形头饰，每根尾端还缀有一束羽毛；六枝苗族男子将一束两三尺长的锦鸡羽尾插在头帕或篾冠上，酷似西南铜鼓羽人头上“织藤为笠，饰以羽毛”的羽冠和美洲印第安人的装束；在黔东南部分苗族聚居地区出现的“锦鸡盛装”，盛装银帽上的银雀、银钗上的鸟形状、刺绣中的鸟纹饰图案等都是鸟图腾象征符号。

苗家人把牛与龙一样视为相同的一种神话动物，龙牛可以互变。刺绣图案的各种龙形象不少长有一对水牛角。清水江流域的苗族女性头上喜戴各种造型的银角，又叫“水牛角”或“龙角”，而贵阳、清镇、平坝、安顺至织金一带，有苗家女性佩戴的牛角形木梳。银制、木制牛角作为珍贵的装饰品，一般在节日盛典和出嫁时才佩戴，平时都被妥善收藏。牛对苗族人的生存与生活产生巨大影响，在苗族人的生活中和情感上占有相当重要的地位。贵州的苗族人主要从事农业生产，不论是水稻种植还是旱地种植都离不开牛的帮助。另外，在他们的文化记忆中，水牛在苗族迁徙途中做出过杰出贡献，在黔东南苗族古歌《五群妈妈》中唱道：“经过‘河沙坝’时，野草密又高，苦于路难寻，阿妈忧重重。水牯草里钻，道路被打通。扶着妈妈走，慢慢朝前动。”黔西北威宁苗族古史传说中讲，苗族迁徙过河时，是水牛把人从北岸载到了南岸，才得以摆脱敌人的追赶，绝处逢生。黔东南“苗族古歌”描述苗族祖先在东方进行开天辟地的“创世”时，就有神牛犭狃（学者们认为是犀牛）助人犁平大地、用角开出江河的传说。

供图_曾丽、谷佳俊

从苗族的风俗活动以及古歌中明显可以看出其对于龙图腾的崇拜，它不仅是苗族祖先的兄弟，更帮助了苗族祖先搬运金银，庇佑寨子风调雨顺，保佑苗族后代繁衍生息。在苗族服饰中银冠上、袖口上总会有龙形象的银饰造型或者刺绣图案。据李廷贵等著名苗族学者的研究，苗族服饰中的“++++”刺绣纹饰代表的意义就是龙，西江苗族盛装银角上以及银帽、银锁、银项圈、银压领上都会刻有龙纹饰图案。苗族文化中的“龙”与传统汉文化中的“龙”有很大的差异，尽管曾受到“汉龙”影响，但苗族服饰上传统的龙形象与“标准”的“五爪汉龙”相去甚远。西江千户苗寨的当地人介绍，苗族文化中，“龙”有“善龙”与“恶龙”之分，“善龙”是保佑寨子平安的神灵，“恶龙”则是带来灾难的恶鬼。苗族人对龙敬且畏，但不把龙置于至尊不可冒犯的地位。对于“恶龙”，他们可以惩罚。与汉龙表现出来的明显的权势意识不同，苗龙表现出的是浓郁的平民意识。它既不依附于任何权势，也不为任何人所占有，是大众的保护者之一，与人、与众生灵友好、平等。

苗族服饰中的图案、纹样可被看作一种记志性的图画符号体系——它既包括具有文字雏形特点的定型化、程式化的几何纹，又包括以各种动植物和人鬼神为视像模拟或定型化的类似于玛雅人象形文字的符号形态。其中的图画形象纹样虽也基本定形（多受剪纸底稿的规范），所表述的观念仍较多地依附于“实体”而确立。它们作为一种“纹”，功能较多停留在记事迹、志言行的“记志”作用上。而对于道理的论述、性质的描绘、情感的形容乃至规律的揭示，均有“力不从心”之感。而当中洋洋大观的、颇为规则化的几何纹样，在苗族历史文化的发展中，担负起了“纹”以“载道”的作用，弥补了图画形象一类纹样的不足。

苗族的文化形态以“纹化”的方式表述，道理便在“绘纹象物”的图案中。作为“器”的服饰不但能“载道”，而且还体现着更多的情感因素，并制约、引导着族群文化心理。因而，它们也成了苗族“礼”和“理”的象征。尽管服饰“纹化”里所意指和描绘的典型形象类别，还不可能作为独立的逻辑符号被广泛使用或通用，更不能构成理论上的逻辑程序，但这些符号——尤其是那些程式化的几何纹——已既成事实地作为“被确认的对象”参与到不同层次的记志内容之中，影响着苗族的整个历史文化和社会生活秩序。

自然崇拜与祖先崇拜的结合

苗族服饰既表现和反映史诗，又表现和演绎神话传说，呈现出浓烈的图腾意味。其纹样和图案中，大量选择现实中的动植物，以及想象中的龙、凤、麒麟、独角兽和花卉植物作为题材，还有较复杂情节的神鬼和人兽连体的多种祖神等原

几种苗族服饰的主要几何纹样和来自民间的释义

◆ **星辰纹**

前三种星辰纹主要流行在贵州西部“小花苗”中，有编织、蜡染、挑花三种表现形式，但都由五个方块或直线分别代表东西南北中五方，象征满天星斗的天宇。传说苗族祖先蚩尤与黄帝在逐鹿中原时，大雾弥漫，全靠天上北斗星指引方向，后人为了感恩才描下星图以做纪念，几经演变，简化而成现今的星辰纹。

◆ **九曲江河纹**

主要流行在贵州西部“小花苗”中。传说苗家祖先曾古居黄河、长江一带，在由北而南的迁徙中渡过许多江河溪沟，因此把大小江河归并为九曲江河纹以志不忘。其图案由大小不同的菱形套叠结合而成，象征远祖故土江河纵横，交叉密布。整个图案看上去曲折起伏，有如河流交错迂回、水激波涌之态。

◆ **水旋纹**

各地苗族多有流传，主要用于蜡染、刺绣，可单用，也可组合；表示水涡旋转不息，有生命长久、绵延不断之意。黔东南苗族称之为“窝妥”，意为牛旋毛，代表祖灵；又有解释为蕨萁芽的。传说一位姑娘得了怪病，久治不愈，后来煮蕨萁草吃病就好了，被称为“救命草”。

始巫术宗教内容。表现的是巫教观念中灵魂不死的神秘力量，人与广袤无垠的自然连接成一个整体，人、动植物、“无生物”均处在同一层次，不受种或类的时空局限，在超越时空中互渗关联。不仅反映了苗族万物有灵的宗教观念，而且也映射出了苗族人天人合一、人与自然共生的和谐生态观念。

以动物为主题纹样，主要在清水江流域苗族聚居腹地的台江县台拱、施洞、排羊和雷山县西江，黄平县谷陇，凯里市青曼等地，以及都柳江流域榕江县、三都县、从江县、黎平县等地的民族服饰上较广泛运用。这些动物的形象，既有单独的展示，也有人与动物的有机配合。苗族古歌和苗族史诗中都有关于人类与天地、动物共祖先的叙唱，苗族的祖先姜央与雷公、龙、象、水牛、黄牛、虎、蛇、蜈蚣、太阳、月亮等12兄弟都是由枫树所变的蝴蝶妈妈所生。在苗族朴素的宗教观念里，它们都被赋予了生命的秉性。在后来姜央与雷公争管天地——人与自然的斗争中，龙、虎、蜈蚣等都站在姜央一边，帮助姜央降伏雷公，貅狃帮助人们打开生有金子和银子的石门，让金银走出“大岩山”，还为人们犁平天地，种上神木枫香树种。龙帮助人架楼梯引金银下山；鸡帮助人去喊太阳、月亮；狗为人从天上带来稻种，才使得庄稼得种，人类得活；在洪水滔天的劫难中，水鼠、地鼠帮人挖凿避灾的葫芦船，鸡、鸭、鹅为人侦察洪水情况。水獭、蜘蛛侦

◆ **城池纹** 为中心十字形方块连环镶嵌图案。方块四周表示城墙，四角小方块表示角楼，小方块中间菱形为守城士兵，中间十字花线表示街巷。口碑资料说这是其祖先蚩尤率兵把守的城池。

◆ **田连阡陌纹** 流行于川滇黔一带“大花苗”和“小花苗”中。多用蜡染和花背边角镶嵌，常与“山川纹”配用，象征故土的肥沃田土，阡陌相连。一般为矩形方块复合而成，中间可点缀其他花纹。

◆ **山川纹** 主要流行在川黔滇“花苗”及湘西、黔东南地区苗族中。表现形式有蜡染、挑花、刺绣、编织。用粗细不同的线或点并列，有江湖、山坡、陆地等区别。多见诸裙子和花带上，象征祖先发祥地和迁徙过的江河湖泊及山路。

察到金银的住所。螃蟹、老鼠把生根海底的金银根咬断。蜜蜂吹芦笙，山雀喳喳叫，引人捉得金银。鸭子在河中带路运金银。鱼、水牛、猴子、蚂蚁、老鼠、公鸭在寻找枫木树种的活动中都曾出过大力。蛇帮助烧火烤姜夹蛋，才孵出苗族的祖先。民间故事《造笙说》中也有喜鹊、蝉从天堂找来芦笙；鸭、鹅为芦笙的制作做过贡献；水爬虫教会人类跳木鼓舞等故事。

“纹”以“载道”

在苗族服饰中，承担了“载道”的功能，构成苗族服饰母题文化特征的几何纹样不胜枚举。其中既有单独图案的自身明确含义，又有综合图案的整体象征解释，既有对自然与生活的摹写，又有摹写基础上的抽象性创造，颇有汉文字的象形文字和指事文字，以及由象形和指事组成的会意文字意味，用形态和象征指代来表达含义，有的则是图腾崇拜的遗留纪念。

从各类几何纹样中不难看出，在物资贫乏落后的原始社会，苗族先民纯粹为生存而劳动，对自然的依赖性很强，他们在大自然中劳动生息，每天耳濡目染的是日月山川，流云繁星，花开结果，岁岁荣枯。对于自然界的力量，他们既受其恩惠，也受其灾难，既热爱它们又惧怕它们。于是产生崇拜，构成了先民对自然的概念。他们认真观察，仔细体味，精心模仿并进行抽象，在服饰上寄托热爱生活的情感和祈福消灾的愿望。

歌声引领我追逐历史的微光

道 撰文/余未人

古歌令人心存敬畏。

贵州的苗族分东部、中部、西部三大方言区，语言互不相通，都有自己风格各异的长篇古歌。苗族没有本民族的传统文字，于是通过古歌，将自己辉煌的历史文化口传至今。古歌将先辈们开天辟地的宏大业绩，在民族英雄率领下的英勇征战，以及战败后筚路蓝缕的大迁徙，如泣如诉地唱诵下来，是苗族的信仰、历史、伦理、民俗之集大成，是苗族无字的百科全书，是民族精神的体现。没有任何文字记录，这些唱诵为何能够传诵至今？这是信仰的独特力量，它把苗人对时光、历史和人本的认识，植入了心灵。

山峦无边无际，如波涛起伏，触目可见“石漠化”，鸟儿都鲜有光临。这是贵州西南部六县交界处的麻山的真实写照。

2009年的春夏时节，在麻山苗人的葬礼上，“东郎”（即歌师）彻夜唱诵着一种苍凉悠远的古歌，人们仿佛忘却了现世的一切，灵魂随着歌律在苗人们笃信的三重天地间遨游，动情处，东郎和苗人们潸然泪下。

这是什么歌？最早关注它的，是一位名叫杨正江的苗族青年学子。杨正江想了解这歌中的深意，便利用大学的寒暑假，在苗族学者麻勇斌、吴正彪先生的帮助下，奔走于麻山的一场场葬礼，用苗文记录下“东郎”彻夜的唱诵。可是，数千行的记录，并没有让杨正江领悟东郎唱诵的真意，甚至连“东郎”自己，也说不清诵唱的具体内容。

2009年5月，麻勇斌、杨培德和我，被时任紫云苗族布依族自治县文化局局长卫雨请到了紫云，因为这部长篇唱诵的雏形进入了非遗普查的视野。杨培德为这部唱诵定下了响亮的名称——《亚鲁王》，我大胆提出了英雄史诗的称谓和构想。时任中国民间文艺家协会主席的冯骥才和中国民协对《亚鲁王》的研究给予了有力的支持和资助。之后在民间文学专家刘锡诚的指导下，杨正江承担了《亚鲁王》翻译的重任。2011年，中华书局出版了10819行的苗族英雄史诗《亚鲁王》。

《亚鲁王》究竟唱诵了什么呢？亚鲁王率领苗人一次次地迁徙、征战，从富饶宜居之地，一步步退守到了生存环境特别恶劣的麻山地区。《亚鲁王》将创世神话与英雄史诗做了奇妙的融合，涉及苗族的创世史、文化史、战争史、迁徙史，是苗族的神圣经典。

《亚鲁王》风格苍凉沉郁，只能在葬礼上唱诵，而苗族中部方言区的“苗族古歌”，能够在各种节日、喜庆场合唱诵，早在20世纪80年代就曾获大奖而蜚声中外。与《亚鲁王》相比，苗族中部方言区的古歌以创世神话为主体内容，大开大合，涉及一百多个人物，是中部方言区苗族生活的百科全书，但没有一个像亚鲁王这样贯穿全歌的主要英雄，没有激烈征战的描述。

《亚鲁王》的内容浩瀚丰厚，无法用现存的

理论框架来诠释。史诗中还有一连串的谜团，学界的研究仍任重而道远。苗人的唱诵并不因外界的风云变幻有任何游移和停歇。在紫云县麻山地区，如今还有1700多名“东郎”，虔诚地为离世的苗人唱诵《亚鲁王》，让其在“灵马”的伴送下，顺利回归天外与祖先团聚。

2012年是龙年，“四印苗”将于龙年龙月龙日在龙潭寨祭鼓。这是十二年才有一次的大节，“上十七，下十八”寨子的“四印苗”都会赶来做客。祭鼓的场地就在散发着稻茬清香的旱田中。祭鼓日的龙滩一片藏蓝色——“四印苗”的服饰传统中，再绚丽的盛装底色都是藏蓝。女装的胸、臂部分，会用蜡染或是刺绣，呈现四枚方形大印。龙滩寨六家人同时举办祭鼓仪式，每家堂屋右侧悬着一面大鼓——祖先的灵魂就凝聚在这面木鼓中。一人击鼓，两位苗家汉子手捧芦笙吹奏起舞。在祭鼓的四天里，沉缓凝重的鼓声回荡在山寨，须臾都不能中断，不时会响起激越活泼的鼓点。

祖宗牌位下铺设了圣坛，主持仪式者被称作“宝冒”。68岁的“宝冒”王兴贵，身着盛装打坐，手持竹卦，午时开始徐徐唱诵。连续两个通夜的神秘唱诵是由“吴绕”（即歌师）进行。这种唱诵，苗人只能在龙年学，也只能在龙年祭鼓时唱，鼓声一息，本寨子的唱诵就得等到十二个春秋后的下一个龙年再启。这次祭鼓，是十二年一遇的“宝冒”“吴绕”们的盛会，十多个“四印苗”山寨的唱诵高手云集龙滩。

他们唱诵的是什么？这个看似简单的问题，已经困扰了我们两年多。2010年的深秋，我们应邀去往贵阳清镇麦格乡，乡干部带我们前往龙窝村的猫寨，落脚在王老咪家小憩。乡干部介绍，王老咪是个鬼师。我心中一喜，问道：“你一定会唱苗歌吧？”“我一唱就是几夜晚……”大家顿时兴奋起来。然而，进一步的探索屡屡碰壁——贵州的苗学专家们听不懂这个苗族支系——“四印苗”的方言；“四印苗”族人中，没人能够用苗文记录翻译；王老咪和别的歌师，说不清自己唱诵的内容……

我问的几位“吴绕”都说，老祖宗“阿奇王”原来是在“北京”生活（我认为“北京”是北方的泛指），后来打了败仗，阿奇王改名“簪汪”，带着四枚大印率众一处处地迁徙，一仗仗地打，一次次地败北……簪汪与亚鲁王一样，都是神性的首领，他率众从“北京”辗转来到贵州，途中经历了两次大的分支。败北后簪汪担心大印保存不住，便将其染、绣在服饰上。唱诵的第二部分是开天辟地。这部分与苗族中部方言区的苗族古歌中所唱诵的“开天辟地”大异其趣，这部分唱诵了一位名为“欧背佐”的女性始祖——在茫茫无人的大地上，她造山水、树木、种子、秧苗，还造人……

遗憾的是，“吴绕”们的唱诵在日渐简化。如今，有关簪汪的唱诵只进行三四个小时。同一个“故事”，先辈“吴绕”能够用细致独到的语言去描述，而后辈们只能提纲挈领，在“枝蔓”的不断散失中，其中蕴含的诗意也逐渐衰减。

祭鼓之夜关于簪汪率众迁徙征战的唱诵，蕴含着悠远的历史信息。唱诵中出现了70个左右的迁徙途中的苗语地名，还有三次大战的地域。关于族群迁徙，《簪汪古歌》的描述比《亚鲁王》更加具体、翔实可考，但也有不少令人费解的部分。这是一部过去长时间没能进入学者视野的苗族西部方言区的长篇史诗。幸运的是，2016年，我们终于从云南请到一位精通苗语西部方言的译审。她来到清镇苗乡，住到四印苗的“吴绕”家里，学会了四印苗土语，正在着手进行搜集、整理、翻译工作，成果不久后将会面世。

前往祖灵故地之路

摄影·撰文/卢现艺

苗族英雄史诗《亚鲁王》流传的核心区域是贵州西南部麻山地区的苗族聚居地。历史上，苗族因为各种原因不断迁徙，由于没有文字，他们形成了用史诗古歌记事、舞姿形体叙事、仪式礼俗演事的文化特点。葬礼仪式上唱诵的《亚鲁王》从创世初讲到亚鲁王带领苗人们征战、迁徙，到苗族12个分支迁入麻山的历史及后代创业、落户的历程，告诉亡灵与参加葬礼的人们——我们是谁、从哪里来、死后到哪里去。在苗族的观念里，人的死亡并不意味着生命的终结，而是将在另外一个世界里与祖先相聚，继续生产生活。正是源于这种生死观，有歌师主持仪式、帮助亡灵回归故里与祖先相聚化为一种葬礼仪式沿袭至今，《亚鲁王》才得以代代传承至今，并以活态的形式与麻山苗族的生活发生着关系。

跳洞，是贵州中部龙里县南部摆省乡苗族独特的习俗。在摆省乡果里村有两个遥相呼应的岩洞，系当地苗族“红簪苗”的祖茔。跳洞舞与苗家“洞葬”紧密相连，每年农历正月，摆省乡的苗族来到洞穴里跳洞，祭奠他们的祖先，祈求祖先保佑族人的安康。

2 麻山地区苗族男人去世，常写对联“哀哀吾父鲁王门生，悠悠苍天而今逝矣”，横批“当大事”，以此说明死者是亚鲁王的后代，向苍天禀告如今要回归祖灵之地。为了让亡灵能够顺利地回归东方故里，葬礼仪式上要唱诵史诗《亚鲁王》，给亡灵指引回到祖先故土的道路。

3 歌师，是亡灵回归故土的指路人。歌师们用古老的苗语唱诵《亚鲁王》时，听者不仅仅是亡灵，还有参加葬礼的族人。歌师们从描述天地、万物的起源、演变、发展的苗族创世神话，唱到祖先亚鲁王成长、创业、征战、带领族人迁徙的故事，再唱到亚鲁王的12个儿子按12个分支迁徙进入麻山的历史。让参与葬礼的族人知晓天地万物是如何形成的，苗族祖先从哪里来，如何生产与生活，祖先创业历史，祖先为什么迁徙到麻山，各支系家族与祖先是什么关系等。

4　王明英，女，苗族，1939年出生，安顺紫云猫营镇牛角村巴躲寨歌师。王明英22岁开始学唱苗族古歌，在巴躲寨无论哪家有红白喜事都要请她到场。

5 6 7 8

5 陈小阳，男，苗族，1947年出生，安顺紫云宗地乡牛角村开岩寨歌师，27岁开始拜师学唱《亚鲁王》。

6 滚拉爸，男，苗族，1944年出生，黔东南苗族侗族自治州丙妹镇岜沙苗寨老支书、苗王、枪王、歌师。1971年到北京当兵，1974年转业回村，是岜沙苗寨最具影响力的人。

7 韦文伦，男，苗族，1935年出生，黔南布依族苗族自治州罗甸县栗木乡新场村拉莱寨歌师。27岁开始学唱《亚鲁王》，唱诵《亚鲁王》和主持相关仪式上千次。

8 陈小满，男，苗族，1956年出生，安顺紫云宗地乡德昭村上德昭寨歌师。他不但是德昭村有名的《亚鲁王》歌师，还是宗地乡著名的苗医。

"亚鲁王带着撕碎了心的族群
踏上了渺茫征程去前方 路漫漫

亚鲁王领着裂碎了肺的族群
踏上了浩瀚征程去前方 路长长"

9 逝去的人被视为即将出征的将相，必须为他们准备“出征”用的兵马粮草。战马是将相的坐骑。

10 《亚鲁王》中，战事发生——“亚鲁王吹响牛角呜呜呜，亚鲁王擂响铜鼓轰隆隆”。响彻天际的牛角声意味着亡人带着粮马准备浩荡启程。

11 砍马的时辰到，主祭歌师持刀登上砍马场上的“点将台”，高声庄严宣布，亡人要启程返回祖先故里了。随后，主祭歌师和负责砍马的人身着青布长衫，斜挂红彩布入场。孝子跪地敬酒。砍马场上一阵骚动，也许这种再现迎战疆场的角逐，唤起了这些历经太多残酷战争者的后代们的某些遥远记忆……

12

13

12　歌师们身着长衫、头戴斗笠、手持长剑，用古老的苗语唱诵《亚鲁王》。一次次葬礼，一次次历史的叙述、精神的传递，族群由此更加凝聚。

13　在麻山苗寨，一个人去世了，十里八乡的亲朋好友都会赶来参加葬礼，葬礼上的各种仪式，实际上营造了一个苗族传统文化的传播场所。

14

15

14　山间道路崎岖狭窄，人们的日常通达极其受限，亡灵回归祖灵之路也艰辛而漫长。

15　“这是一个险要的山区，能躲避战争，水源也丰富，粮食也丰盛，亚鲁说了这里将来能养我儿我女，亚鲁说了这里将来能养我人我群。”

16　《亚鲁王》讲述了苗族祖先经历了漫长的迁徙之路，最后定居于道路崎岖的山区。今人的路与祖先迁徙的路同样艰难曲折，但他们相信亡灵最终会回到祖先的故地。

“复杂”的贵州人

道 撰文/袁鎏　摄影/冯大伟

任何对贵州人的初印象都注定片面。在贵州这片17.6万平方公里的土地上，中国56个民族的人们都留下过生活痕迹；即便是同一个民族的居民，又分衍出若干支系，各自的生活方式、文化传统、民风民俗也有极大的区别。

有人称贵州为“移民之地”，这个观点虽然有些陈词滥调，但并不是信口雌黄。贵州不同族群的人重视对本族群不同原生地的申明，亦强调族群记忆的重要性。例如，苗人总说他们源自五千年前铩羽中原的蚩尤部落；侗族、水族等民族为古老越人的后裔；安顺屯堡人祖属六百年前的明朝“征南”志士；城镇里不少人有可溯的家族史，多是百年来响应各种号召、来黔支援的建设者的后代。但“移民之地”的称谓在贵州并不成立：如果上下五千年的人员流动都算“移民”，那么可以说中国的每一寸土地都是“移民之地”。

不过“移民之地”的说法，倒时刻提醒着我们，生活在这片土地上的是“复杂”的贵州人。

住在洞穴中的古人类们

黔西观音洞的成功发掘，正式揭开了贵州人类考古的第一个篇章。虽然起步晚，但50多年来，考古学家在贵州马不停蹄，收获颇丰。到今天我们可知，至少从28万年前的晚期猿人开始，各个阶段的人类在贵州地区活动的踪迹。不同时期生活在贵州地区的古人类彼此几乎不存在血缘关系，除牛坡洞遗址的发现外，多是现代人类的远亲，但他们却都有一个共同的特点——生活在贵州地区的洞穴里。

观音洞的发掘，惊动了考古大家裴文中。他亲赴黔西考察并撰写了观音洞的试发掘结论。他认为，“这是旧石器考古学上研究的新课题”。观音洞的文化类型，和当时中外发掘的同期文化类型都不大相像。

依靠考古学家的发掘成果，我们可以猜想彼时观音洞古人类的生活场景：在黔西的东南边，是一片喀斯特地貌山地，山地里有一处洼地，水流向洼地，灌入地底；洼地之上的山中有一个长达90米的洞穴，大约在24万年前，一群古人类选择在这个洞穴里生活。古人类的周围，猛兽环伺，剑齿象、貘、犀等巨型动物，也在同一带活动。古人类会打制石器。他们采集来厚石片，然后集中地往石块的同一个地方打击，敲下粗放不规则的石片后，继续修理，从垂直（或近垂直）方向大力地连续敲打，直到边缘角成近90度。

分布在世界各地的同一时期的古人类遗址里，未曾发现过用这种方式打磨石器的案例。但是，在观音洞生活的古人类离现在实在太久远，考古学家并没有发现人类的化石，也无法确切了解观音洞的古人类打磨这些石器的用途，只有对这种独一无二的文化类型的无限遐想。

不同时期生活在贵州地区的古人类有什么共同特点?

观音洞之后，在贵州各地越来越多的洞穴里，发现了古人类活动的踪迹。桐梓猿人的发现，将贵州的人类活动史往前推到了28万年前。被评为中国2016年“十大考古发现”的贵安牛坡洞遗址，将贵州古人类和洞穴的关系拉近了一步：这是一个新石器时代早期的人类聚居地，考古学家在洞穴的黏土层中发现了4座墓葬，这是迄今发现的贵州最早的洞葬。贵州的史前人类，在洞穴里度过了生和死。有意思的是，贵州人在当代和洞穴依然关系紧密。在一些苗族地区，依然保留着洞葬的传统，甚至还有苗族人生活在洞穴之中——在安顺紫云格凸河附近，迄今还有在洞穴里生活的聚落，叫作中洞苗寨。

谈到古代贵州，“夜郎”是不少人会联想到的第一个“标签”。

史书对夜郎记载得语焉不详，使得这个从战国起延续至西汉具有三百年历史的西南邦国至今面目模糊。近几十年，考古学家分别在贵州的赫章可乐、威宁中水和普安铜鼓山等地取得突破，发掘出诸多文物。不过文物虽多，并没有“一锤定音”的文物出现。在考古学界，这些出土文物并不会被命名为“夜郎文物”或者“夜郎国文物”，因为出土文物的地方是否真是夜郎国所在地，依然存在疑问，发现的文物是否有“夜郎特色”也尚需考究，因此这些文物，现在被称为“夜郎时期文物”。不过我们可以通过这些文物，窥见夜郎时期的贵州人的生活片段。其中，要数赫章可乐的考古发现最为具体。

位于乌蒙山脉中段的赫章县，有一个叫可乐的地方，可乐河穿过群山，冲积出一个小坝子。两千多年前，小坝子里热闹非凡，至少有两个族群的人生活在这里。其中一个族群像是走南闯北的军人，他们和四川地区、云南地区的军人使用着相似的兵器，携带着汉人的生活器具，在乌蒙山区停留。他们要在这个地方驻扎很久，还带上了家眷。我们甚至还知道其中三个人的名字，分别叫作“郭顺”“毕赣”“毕宗”。另外一个族群，看上去更像是“土著”居民。他们有自己的信仰体系，聚而居之。他们主要从事农事活动，并已学会制作陶器服务生活——但是还没有掌握提升烧制温度的办法，所以制成的陶器松软，好在足够应付日常生活之用。

这两个族群分居可乐河南北，看上去关系还算不错。他们都使用汉朝的钱币，还会在市场上相遇，相互交换点物资。军人慢慢入乡随俗，他们仿效“土著”，搭建干栏式建筑。匠人甚至仿效南方少数民族铜鼓上刻制的图案，将铜鼓上的羽、鸟和羽人等纹样复刻到镜匣背面。“土著”人也没有故步自封，他们的首领或者富人，会从军人那里换取各种兵器，用以维持他们族群的稳定。总而言之，在可乐坝子里，有一个开放稳定的社会，两个生活方式不尽相同的族群各据一方、互相交流，更先进的兵器和生产工具，从汉地和巴蜀不断传来。

军民鱼水，但也有别，严格区别之一，在墓葬上。军人心念着汉朝的归魂，亡人之墓和其他地方的同期汉墓颇为类似，地位显赫者，墓道墓室用砖砌妥，制式分明，首饰钱币和生前使用的兵器有序放置。“土著”的墓葬素朴，一穴容身，随葬品也多没有军人的繁盛。但是在他们的墓葬中，却发现了与众不同之处：一些“土著”去世后，葬时会在头部套上铁/铜釜。这就是可乐遗址里大名鼎鼎的“套头葬”。“套头葬”可乐独有，今人还不能确定这种葬法的缘由。考古学家认为，这可能跟这个族群的某种精神信仰有关系。关于可乐遗址，我们尚未了解的东西还有很多，但毫无疑问，这两个族群在可乐共同生活了二三百年。

“夜郎国”究竟在哪里依然是一个谜。

我们从可乐遗址的考古中，可窥见夜郎时期生活在贵州的人们的生活截面，但可乐遗址是不是就是夜郎国所在地，是不是能代表夜郎国的文化，迄今还没有一个公认的标准答案。夜郎，依然是一个谜。

通过一系列考古发现，我们得以努力拼凑出贵州人在这片群山环绕的土地里生活的某些节点。这里既有史前人类的活动踪迹、夜郎时期灿烂文化的初露峥嵘，也有且兰、牂牁等贵州故国的身影和土司统治的明证——遵义海龙屯。除此之外，我们也看到了与中原文化紧密联系的遗存与具有少数民族（族群）文化特征的发现。这些考古发现，不但让我们窥见了贵州的过去，还有无数当下贵州人的影子。

在赫章可乐遗址里，我们发现了干栏建筑造型的陶器，这种建筑迄今仍然是贵州人很重要的建筑类型；我们在兴仁汉墓里，看到了“稻鱼共生系统”的原型陶瓷，这种耕种模式，现在在贵州各地尤其是南部地区还能看到异曲同工的案例；在贵州各地的一些古代墓葬里，发掘出了独具特色的铜鼓，到今天，铜鼓还是贵州苗族、瑶族、彝族和水族等众多少数民族在巫文化仪式上必不可少的道具；在各地挖掘出来的兵器、生产生活工具中发现的图案和纹样，与生活在当下的贵州的人们似乎有着千丝万缕的联系。

苗族

六盘水市六枝特区梭戛苗族彝族回族乡高兴村
熊胜男
6岁

从《百苗图》讲起：“苗”不只是苗族

“多彩贵州风”主要是形容贵州人生活形态的多彩，这种多彩，主要是因为聚居在贵州的民族之繁多。

苗族是贵州少数民族中人口最多的一个民族，400万苗人在贵州创造的文化甚至是很多人对贵州人的主要印象；侗族、布依族、水族和壮族等民族，他们被普遍地认为是古越人不同分支的后裔。由古越人的后裔组成的民族集团，我们可以称为“古越集团”，“古越集团”体量大，文化积淀厚，占贵州少数民族的半壁江山。但这种概括法依然挂一漏万，贵州有不少自成体系的少数民族（族群），不同时期进入贵州的汉人又

在贵州，一百个苗族人可能有一百种迥然不同的“模样”。他们不仅在祖源叙事、文化传统、风俗习惯、生活方式等方面彼此各异，甚至可能因为方言不同，无法交流。

苗族

黔东南苗族侗族自治州从江县丙妹镇岜沙村
滚两兄
68岁

瑶族

黔东南苗族侗族自治州麻江县龙山镇河坝乡青坪村
曹凯红
18岁

各自成一个体系，解读贵州人远非“18个世居民族”那么简单。

今人小心翼翼地试图厘清贵州人的脉络，而古人就“简单粗暴”得多。明清之前，不明就里地就把贵州视作遍地“蛮夷”；到了明清，生活在贵州、文化形态明显区别于彼时文明核心区的族群被统称为“苗”。

《百苗图》是清朝嘉庆年间丹寨官员陈浩所作。因为是手抄传世，这本书后来有十数个版本，表述皆有异同，但有一点是不变的：这本两百多年前图文并茂的小书里讲述的“苗”人并不单纯是指今天的苗族，而是生活在贵州的各种族群的泛指。在《百苗图》里，有当今苗族不同分支族群的生活状态，也有彝族、布依族、侗族、壮族等的记载，甚至里面提到的“宋家人”“蔡家人”，有浓重的汉人文化传统，但因为和彼时的汉人生活又有所区别，也被列为“苗”。

有意思的是，两百年前《百苗图》描绘的情形，和今日贵州人的族群状态并无太大的差异。有学者根据《百苗图》和当下贵州人比对，制作了《百苗图》的族群分布图，古今几乎能一一对应。在分布图里，我们可以看到，这些被记载的族群遍布贵州，尤其以清水江至黔中安顺一带最为密集，不同的民族并非壁垒分明，而是紧密共享着同一片天地。贵州各个族群的这种分布态势，被概括为“小聚居，大杂居”。“小聚居”的族群恪守族群的信仰和文化传统，呈现出独特的族群特征；又在“大杂居”的格局里分享和融合，逐渐和本民族的其他分支有了不同的状态。所以按当今的民族划分，贵州不过数个民族；但按族群分，贵州却是“百苗”的天下。

《百苗图》里描述的族群特点之一是服饰各异。在今天，服饰依然是苗族族群间最外显的差异之一。仅仅以服饰区别来细分当今苗族族群，可以描一幅“新百苗图”出来。

侗族

黔东南苗族侗族自治州榕江县栽麻镇大利村
杨宗芬
30岁

用服饰的特点去命名一个族群是被淘汰的观点，但苗族人却长期被这样分类。在民间，依然有“黑苗”“青苗”之类以颜色对苗族进行分类的；还有更具体的，如“长裙苗”和“短裙苗”，是以裙子长短去区分。长裙苗主要分布在雷山，著名景区西江千户苗寨就是其分布点。“短裙苗”则主要分布在雷山、丹寨和榕江，在榕江的空申苗寨为中心的周边乡镇，短裙现在还是苗族妇女的日常服饰。这支苗族的短裙史充满着对如今潮流审美的启示，有学者指出，苗族穿短裙的习俗，首先是满足劳动的需要，贵州山多，田地在坡上，穿短裙走路和劳动，似乎更为方便。苗族支系也有按服饰上的花纹去分类的，例如“大花苗”和“小花苗”。“大花苗”是因为服饰上的花纹大气而得名，他们主要生活在威宁、安顺和黔西南，与布依族、彝族、回族等民族混居。“小花苗”服饰花纹细腻，聚居在福泉、贵定和开阳

布依族

安顺市镇宁布依族苗族自治县城关镇高荡村
廖正英
74岁

水族

黔南布依族苗族自治州三都水族自治县三洞乡板告村
李金美
26岁

一带，他们离城市很近，但服饰传统不断。从细节处深入地看：在材料上，剑河有苗人用锡来做绣线的，叫作锡绣；而榕江乌吉的苗人则养蚕吐丝做底料，做成蚕锦绣。在绣法上，施洞苗人的破线绣、织金苗人的绞绣、花溪苗人的挑花，手法各异。而服饰上的纹样，更是区分族群的重要手段，他们用蜡染、剪纸和刺绣等形式记录属于自己族群的纹样，用服饰传承下去。

在“移民之地”的叙事里，贵州人是从外地迁徙而来。不过在月亮山的苗族鼓藏仪式里，当代“移民”们却纷纷回到贵州故土。鼓藏节，一个神秘和庞大的苗族祭祀仪式，至少13年才会举办一次。鼓藏节期间会大量宰牛祭祖。这个祭

鼓藏节，这个“血腥”的祭祀中蕴含着脉脉乡情。

祀活动蕴含着脉脉乡情——借助这一祭祀仪式，那些从鼓藏地搬出去的人纷纷重返故土。

2016年开始，连续三年，正是从江县党翁村的鼓藏期。广西环江的王家人重新穿上苗衣，穿过月亮山，回到了从江加勉的党翁村，他们的祖上，是从党翁迁徙出黔的。回到党翁的，不只是活着的人，逝去人的遗像，也会一起被带回故土。他们由芦笙指引，在村外穿过一道充满象征意义的“门”，那一刻，族人的灵与肉都回到了故乡。苗族是一个充满“移民”记忆的民族，号称“迁徙的民族”，鼓藏节的故土回归，是最鲜活和具体的。在雷公山山脉、月亮山山脉的苗人们，即便付出倾寨之力，也愿意将这些记忆留下，深入人心。

这些保存记忆的归地，非遥远的中原或者江南，而是贵州。贵州即故乡，这正是苗瑶一脉在贵州枝繁叶茂的最具体的案例，也是所有贵州人的历史缩影。

《赤雅》见众生相

在主流声明中，源于“古越集团”的有侗族、布依族、水族和壮族等民族。他们的语言有相似之处，国内的语言学家称之为壮侗语族，也有些国外学者归纳为台侗语系。在贵州，这些族群大多数集中在黔东南、黔南和黔西南诸地，他们带着古越的神秘印记，在贵州大地上落地开花。

可供窥探古越人的古籍非常有限，和贵州人有联系的更是屈指可数。明代邝露写的《赤雅》被称为“南方《山海经》”。《山海经》者，志怪读物，可信度并不高，《赤雅》同样如是。可是关于古越的资料实在太少，学者尽量去伪存真，试图在《赤雅》中找到一些古越人的蛛丝马迹。

通过这本书，可以看出贵州各民族的“同源”性，因为某些段落的描述，在各个民族中均可得到印证。例如论述干栏式建筑时，《赤雅》写道：“人栖其上，牛羊犬家畜其下。”这种人畜混居方式，在十多年前，还广泛地存在于贵州的少数民族（族群）中。在《赤雅》这些蛛丝马迹里，关于侗族的讨论，引用得最多，例如当下侗族的鼓楼、侗歌，和《赤雅》均有联系。

不过《赤雅》作者所到之地只是贵州南部地区的边缘。很长一段时间，这片土地并不怎么受异文化者重视，真正来到这里的客人十分罕见，连大旅行家徐霞客借道黔南，也是战战兢兢，匆忙走过；甚至新中国成立后费孝通初次来黔进行民族考察，都没有涉足南部侗族和布依族的生活区域。古越人的后裔们在山麓坝子下独自生长。

当初费孝通虽然没涉足贵州南部，但在安顺地区碰到了布依族人。费孝通了解到这个族群自称“Pu-Yi”，可那个时候尚未以如今的布依族命名，于是他忐忑地用了“仲家”这个外人对布依族的旧称。需要强调的是，彼时的“仲家”并非单指布依族，在费孝通1951年出版的《兄弟民族在贵州》里，“仲家”还包括水族等族群。“仲家”现在依然还会被联想成“种家”，这个族群最显著的特点是——据坝子之便利，善种田。这让人联想到兴仁汉墓里出土的“稻鱼共生系统”的原型陶瓷，在这个陶器里，水漫良田，稻苗生长，鱼翔水底。穿越两千年，贵州人的历史传承似乎有了直接的明证。

不只是“仲家”，古越人后裔农事经验和技术都是贵州人的代表。他们甚至有以自己族群命名的稻种：香禾糯。“香禾糯”的英文名就叫“Kam（侗人）sweet rice”。这并非他们唯一的农事骄傲，他们在黔南、黔东南等地创造了一

“南方《山海经》”中描述的人们如今生活在哪里？

种被称之为“稻鱼共生”的农业系统：插秧时在田里养鱼苗，鱼肥之日便是稻熟之时，秋收带来的是双重的喜悦。

“仲家”不只是“种家”。“Pu-Yi”被正式命名为“布依族”后，这个族群依然有如其名的荣耀——善做布衣。贵州几乎每个世居民族都有织布的传统，但布依族的布料依然脱颖而出——棉麻做线，经布依族织娘的织布机纵横连接后，柔软而有质感，再以蓝靛做染料，尽得自然之道。水族也从“仲家”分离，成为一个独立的民族。贵州水族人的大本营在黔南布依族苗族自治州三都水族自治县，64%的水族人聚居于此，是全国唯一一个水族自治县。这个40万人口的民族拥有自己的文字——水书。掌握水书的是负责婚丧、祭祀等活动的水书先生，水书先生依靠这种看上去非常神秘的水书指引，维持乡野仪礼的持续。

古越人里，最浪漫不过侗族人，侗族音乐广为人知。

贵州的侗族人分“南北”。生活在黔东南黎平、从江和榕江的侗族人通常被认为是“南部侗族”族群。历史上，他们的生活空间更为封闭，所以也保存了更多的侗族生活传统。鼓楼、风雨桥和侗族大歌常被当成侗族的文化符号，但即便在南部侗族之中，这些文化符号也并不是全民性的。如果一定要找一个尽可能全民性的侗族文化元素，首选也许是各种各样的侗族音乐。侗族大歌享誉已久，常被误会成侗族全民音乐，但其实只是侗族部分聚居地侗人所传唱的歌，如贵州四寨河和洛香河流域，大致相当于黔东南苗族侗族自治州黎平、从江和榕江的三县交界区；而在南江河流域，河歌更为流行，河歌多为男女对唱的侗族情歌。春社日，流域内各寨子侗人在黎平县龙额镇集中，举行河歌竞唱，颇像《赤雅》里描述的浪花歌场景；在雷公山南麓黎平尚重到榕江晚寨一带，缠绵悱恻的尚重/晚寨琵琶歌广为传唱，这是最著名的侗族琵琶之一；而和湖南接壤的洪州地区的侗人的假声唱法，经常被拿来和西方假声唱法做对比。总之，迥然不同的音乐类型，在侗族聚居区各地唱起，共同组成了这个视歌如命的民族。

侗人喜欢音乐，艺术性并不是最重要的，对于他们来说，音乐是将整个社区连接起来的重要手段。侗族聚居地山多人少，寨子之间的联谊成了紧密团结的重要手段，进寨之前，有拦路歌；酒足饭饱之后，会在鼓楼里唱叙事歌，以期口口相传；而最隐秘的，则是木房子里青年男女的“行歌坐月”，“行歌坐月”即是以歌传情，是传统侗人相知相恋的必经过程。总体来说，侗族是一个温婉的民族，侗歌歌词里随处可见风雅的句子。音乐并非侗人的唯一，他们的木作技术、饮食文化和织染绣技艺都保持在一个相当高的水平，但让人念念不忘的，依然是他们高超的音乐技艺。侗人，将音乐融进血液，将自己的民族同胞紧紧团结在一起。

“老汉人”

清水江流域的三穗、天柱和锦屏生活着另外一群侗族人，他们的生活方式和南部侗族有太多的不同，通常被称为“北侗人”。北侗人的生活形态，受多元文化影响，融合了汉族和本民族的文化特点。鼓楼、风雨桥在这里较少见，取而代之的是具有汉文化特点的祠堂。在北部侗族地区的祠堂群中，以三门塘的刘氏宗祠最为特别，它甚至融合了西洋建筑的特色。这主要是受清水江的影响。清水江作为贵州的重要水路之一，带来商贾、军人和各种人群的流通，明清时最为

斗转星移，贵州的“新客人”已成“老汉人”。

屯堡人

安顺市平坝区天龙镇天龙村
曾淑莲
63岁

屯堡人

安顺市平坝区天龙镇天龙村
艾登英
64岁

兴旺。交通通达改变了“北侗人”，同时带来了“新”贵州人——这些不同时期进入贵州的“新客人”，现在变成了“老汉人”。

大约在黔东南黎平县和锦屏县的边界沿线，是“南侗”和“北侗”的分水岭。分隔南北两支侗人的不是山水，而是位于两县交界处的隆里古城。生活在这里的隆里人，是贵州“老汉人”的代表之一。

2016年5月，隆里举办了隆重的古城630岁“生日宴”。这场生日宴将隆里人扎根贵州的初始时间拨回到明朝洪武二十五年（1392），那一年，隆里御守千户所正式成立。成立千户所，主要是为镇压南部少数民族的反抗。由此，明朝政府遣军沿清水江而上，进驻隆里。隆里军人虽有清水江通行之便，背靠服从统治的清水江沿岸少数民族居民，但这依然是一支孤军奋战的汉族军队。守边旷日持久，明朝干脆推行屯田制度，让军士们携家带眷，半军半农，在当地安家。明朝推行屯兵制度的地方不只是贵州，但多随时代变迁灰飞烟灭，只有贵州这一地区神奇地延续至今且有迹可循。隆里人认为他们的祖先，就是那些守边的军士们。

如今的隆里古城已是贵州的热门旅行目的地。干戈化玉帛，剑拔弩张早不存在，但是隆里人依然将自己的家族记忆写于门头。门头写上“指挥第”的人家，表明祖上是隆里的军事首脑；写上“三槐第”“关西第”的人家，申明先人来自山西王氏和潼关以西。隆里人的身份和文化在黔东南地区独树一帜，余秋雨2008年来到隆里，称这里是“汉文化孤岛”。

至少在贵州，“孤岛”里的隆里人其实并不孤独。在黔中安顺，还有20万人组成的背景相似的族群，他们被称为“屯堡人”。“屯堡人”的来源申明和隆里人颇为相似，他们都有一个共同的背景——“明朝军队的后裔”。

相比隆里人，“屯堡人”的祖先申明更加波澜壮阔。如果隆里千户所只是一个点的话，屯堡区就是一条线。洪武十四年（1381），傅友德将军携蓝玉和沐英从湖南出发，沿清水江而上，取道黔中攻下云南大理。没有战死沙场的士兵也不能返回家乡，他们沿途设屯建堡，生活下来。屯堡所在地区位于贵州连接西南驻地的必经之路上，他们死守这段连通云贵的咽喉要道，堪称用鲜血保障了明朝政令通达的“细细红线”。

很长一段时间，外界视“屯堡人”如“活化石”般的存在：他们穿着明朝的服饰，生活中仍保留了部分明朝人的习俗，像是穿越了600年，横空出世。有意思的是，翻开“屯堡人”的历史，他们居然是被重新发现的族群。他们被称作“屯堡人”不过百年，而真正走进大众视野，还是近30年的事情。关于“屯堡人”的族群认定，跟两个日本人关系不小，人们称这一事件为“两个日本人的争论”。这两个日本人是指东京大学的两个学者——鸟居龙藏和伊东忠太。他们在20世纪初先后来到安顺，见识了彼时的“屯堡人”。鸟居龙藏认为他们是明朝军人的后裔；而伊东忠太在和镇宁知州的笔谈里，认为他们是“凤头苗”。在早期的屯堡研究中，鸟居龙藏的观点显然更受肯定，可是随着屯堡研究的推进，鸟居龙藏的结论好像过于草率，因为有证据指出，明朝军队几度分崩离析，几无完整地代代相传的可能；而伊东忠太的论断也非毫无根据，彼时的屯堡人，和“百苗”们并无本质的区别。新的研究表明，“明朝活化石”在黔中这片兵家必争之地里并非“原封不动”的。来自屯堡区的一线田野考察，证明“屯堡人”不只是“明朝军队的后裔”，还源自不同时期、不同原因进入屯堡区的“老汉民”。

安顺大西桥镇的九溪村，位于屯堡区的中心地带。黔中是喀斯特山地，在“八山一水一分田”的区域内，九溪坐拥近3000亩耕地，村前村后九条小溪汇入村外的蜿蜒长河，滋润着这片难得的沃土，九溪因之命名。九溪无论人口数量还是土地规模，都是屯堡村落群之最，堪称“屯堡第一村”。在九溪，如徐霞客描绘的屯堡区“诸苗杂据”的场景，今天依然能找到痕迹，村庄方圆五公里内，有“小白岩”“辽车”和“五翠”等数个苗族村寨环绕。彼时汉苗的剑拔弩张，如今早已化干戈为玉帛。

到了九溪，你会发现今天的屯堡并不是600年前一蹴而就的。九溪看上去融为一体，实际上是三足鼎立：一条中间街，将九溪分成两部分，

屯堡引发的“两个日本人的争论”。

东南的下游，被称为大堡，在大堡人的口述史里，他们的祖先是洪武十四年傅友德率领过来的军人，是这里最早的汉人定居者；西北上游的聚落，名字叫小堡，他们是第二批定居者，小堡人来到九溪，比大堡人晚了七年；西北一隅靠近山边的，是后街，后街是九溪最晚到的居民。从明洪武十四年到清朝中期的300年间，25个姓氏的人群先后汇集于此。三个社区，共同经营着九溪河环绕的坝子，坝子外面，又有三个高坡环绕着这片田野。因为这三个山坡的存在，九溪人形容他们的家乡是“三子弈棋”的格局。这既是对九溪地理环境的生动描述，又像是对九溪社区格局的隐喻。

九溪人是数百年间屯堡人不停融合的缩影。他们不只是明朝屯兵的后代，还有怀着不同目的最终停留在这条历史细线上的各色人群。他们在黔中聚散分合，奋斗耕耘，将各自的文化糅合融汇，组成了屯堡文化的底色。

隆里人和屯堡人虽各自有独特的族群性格，但内外一致地被认定为“老汉人”，他们身份证上的民族成分是汉族。

“僅家人”主要分布在黔东南黄平县以及与黄平接壤的凯里市麻塘僅家寨。僅家人有自己的语言、服饰和习俗，僅家妇女戴的“红缨珠帽”是其较显见的族群标志之一。这种帽子的外延是白布，中心处是红色长缨，并由一箭状的银簪插入固定。这种奇特的帽饰在2002年左右被学者与“后羿射日”的传说相关联，几经发酵，“僅家人”在旅游宣传中，常被称为“羿的后人”。这种旅游宣传口径虽然神秘诱人，但“羿的后人”这种说法，仔细考证就会发现无法自圆其说。历史上，有两个叫作“羿”的人，和射日相关的“羿”是“大羿”，他的故事过于神话和离奇，无法证实为真实存在的人物；而学者认为真实存在的“后羿”，是夏朝的人物，但他和“射日”、和当下“僅家人”并没有关系。当下，关注“僅家人”的学者越来越多，他们首先要厘清的，便是这种似有似无的信息污染。

他们都成了贵州人

即便我们尽可能全面地讲述贵州人的故事，但依然有以偏概全的嫌疑。彝族是贵州的第五大少数民族，他们多聚居在贵州西北边界，和四川、云南的彝族人共同组成了一个庞大的文化系统；仡佬族散居在黔北和黔中诸地，他们是最早在贵州生根发芽的族群之一，是贵州“土著”；还有土家族、回族、白族、瑶族、壮族、畲族和毛南族等世居民族，同样是组成贵州人不可或缺的拼图。这些族群，有的和其他同族同胞组成跨省域的文化体系，超越了贵州一省之特色；有的在长期的交流和融合中族群文化特征已不如往日鲜明；有的依旧隐藏在群山之间，尚待发掘。贵州人的魅力，或许正是因为有这种“族繁不及备载”的盛况，才让人迷恋。

汉人从古至今都是贵州的重要力量。明朝之后，汉族人一直是贵州人的主体人群。从考古现场，我们看到两千多年来汉人在贵州活动的踪迹；在《百苗图》中，也看到“蔡家人”“宋家人”等保留着汉族远古传统的族群；到了明朝，大批军人、商贾的进入，更是直接改变了贵州的格局；从清朝到近代，汉族的自然移民、近代的战争迁徙，到后来服务于新中国建设的队伍，他们大规模地来到贵州并留在了这里，是当下贵州的主要人口组成部分，于贵州的发展有不可磨灭之功。

千百年来，不同族群带着不同的文化基因来到贵州并在此生根发芽。他们坚强的壁垒，被一

九溪，一个屯堡数百年来的“三足鼎立”。

僅家人

黔东南苗族侗族自治州凯里市龙场镇麻塘村
金德珍
54岁

僅家人

黔东南苗族侗族自治州凯里市龙场镇麻塘村
阮灵丽
23岁

个真正的“舶来品”所征服——辣椒。辣椒引进中国，不过600年历史，在贵州被广泛使用、食用，是清朝末期甚至更晚的事情，但贵州人迅速建立起无辣不欢的共识。

中国西南人多爱吃辣，如果要争吃辣之高下，贵州人显然是最不服输的。论质量，遵义虾子镇的辣椒名气很大，川渝市场里不乏虾子辣椒的身影；论品类之多，干辣椒、煳辣椒、糟辣椒、辣椒面等诸类，贵州人都能如数家珍。大家还在为哪个省份最能吃辣争论不休时，一个叫陶华碧的贵州女人做出了一瓶“老干妈”辣酱，畅销全世界。某种程度上，“老干妈”成为中国味道的标准之一。辣椒，是贵州人共同的乡愁。在家乡的人，厨房缺不了辣椒；离家的人，四处打探有没有家乡邮寄来的辣椒。“绿蚁新醅酒，红泥小火炉”，再配以家乡的辣椒，是最好的乡愁解药。

贵州各个族群的人们并非固守一隅，强调不同。我们看到，无数族群混住在同一个流域、同一个坝子，甚至同一个寨子里，他们语言、服饰和习俗逐渐相通；我们也看到，不同族群间联谊、通婚，成为彼此的亲人；我们看到，不同族群的贵州人在一起学习、工作，共同建设属于他们的贵州；我们看到，从贵州走出的人，在中国、世界的各个领域，做出他们的贡献。

我们以往总是强调贵州人的“神秘性”，这并不是贵州人所希望得到的形容词，正如强调贵州是“移民之地”，那不过是关于族群史的遥远记忆。乌蒙山下、清水江边、夜郎故土和越人歌中，他们是当仁不让的贵州人。

审稿人：
石茂明　中国社会科学院民族研究所副研究员

| 1 | 2 |
| 3 | 4 |

和而不同的贵州人共同被一个“舶来品”给征服了。

1　遵义市务川仡佬族苗族自治县大坪镇龙潭村　申孝　25岁
2　毕节市威宁彝族回族苗族自治县板底乡曙光村　文海峰　10岁
3　毕节市威宁彝族回族苗族自治县板底乡曙光村　文道华　74岁
4　遵义市务川仡佬族苗族自治县大坪镇龙潭村　邹红娟　28岁

仡佬族

彝族

彝族

仡佬族

摄影_宋卫华

贵州

贵阳，山水幻城

風　撰文/霍亮子

1　群山环抱中的贵阳中环七冲立交桥。　摄影_龚小勇

每座山都有故事

难得晴好，站在黔灵山顶上向南望，收进眼底的是多半个贵阳城。山顶的亭子叫“瞰筑亭”，“筑”是贵阳古称，原因有多种推测，大部分解释为同“竹”，念二声；贵阳还有“林城”的别号，总之，这里曾是茂林修竹之地。现在的视野里，可见的是破旧与簇新的建筑密密麻麻，城市替代丛林，向上、向四边努力生长，直到在另一座山前碰壁。

在贵州设计大厦的办公室里，贵州省建筑规划院的总工程师刘兆丰为我打开谷歌地图。借助卫星图像，凡人也有了上帝之眼。从图中可以清晰地看出贵阳主城区位于百花山、黔灵山、南岳山三条纵向山系之间，是两块不规则形状的坝子，被群山锁扣，被错综的水系切割。

黔灵山所俯瞰的云岩区和南明区是贵阳最早的两个城区。云岩的名字来自山，南明取自河，自有诗意。南明河自南向东北方向流淌，包含了贵阳大半城区。城内常见山丘，突兀地间插在楼宇之间，造成视觉上的惊异效果，好像它们才是后来到达的不速之客，见缝插针地在城市中抢占一席之地。喀斯特地形让贵阳与山川自然紧密交错，在中国的省会都市里罕有，就像天神把握于股掌间的盆景。

采访中30岁以上的贵阳人无一例外跟我说起，贵阳的城中心就是从紫林庵、喷水池到大十字，40分钟的步行时间可以到达中心城区的任意一点。曾经在西西弗书店工作的蒋磊说：“以前出租车都不打表，城区就那么大，一趟车就是10块钱，外地的朋友来了都很奇怪——怎么可以这样？”

作为省会的贵阳城市规模不大，人口数量也不多。但刘兆丰告诉我，贵阳中心城区的人口密度其实非常高。2014年的贵阳市“疏老城建新城布局规划”提到，贵阳一环以内（包括云岩和南明两区核心范围）的人口密度将近每平方公里5万人。同一年，香港人口分布最密集的观塘，是每平方公里5.7万人。都说贵阳曾经被叫作“小香港”，在这一点上，倒真是有点相似。这样你就能理解，紧贴一环北沿的黔灵山为什么受到贵阳市民的钟爱。就像是香港中环边上的太平山，它们都与都市短兵相接，就算人们要规划它、修整它、建筑它，它们还是顽强地留存在那里，连同树、草、花和鸟，最终成为人们的依靠。

20世纪90年代以来，中国摧枯拉朽式的城市建设对地方文脉和生活肌理的改变是巨大的，刘兆丰说：“贵阳以山水定城，不像很多平原上的城市以街巷定城，街巷没有了，城市就死亡了。贵阳只要山水骨架还在，就可以有依托，实现城市的复兴。”

2000年之后，贵阳正式启动了城区扩建。位于云岩区以北的金阳新区——即现在的观山湖区——成为疏解老城区负重的关键步骤。观山湖区初具规模是近十年的事。贵州设计大厦就在观山湖区核心地带。这里楼高路阔，街面上不见行人，只有车辆疾速驶过。周围分布着政府机关、高档社区、写字楼、博物馆和大面积的绿地，一切都是簇新的，与贵阳老城区截然不同。

从观山湖开始，越过黔灵山、穿越云岩和南明，一路向南就是花溪。刘兆丰率领的“本土营造”工作室，规划了占地609公顷的花溪十里河滩湿地公园，起伏的山峦在阴雨绵长的日子里颜色如黛，像展开的山水横轴。“这也曾是徐霞客走过的路。”在一次演讲中他强调：“爽爽的贵阳以及它的好山好水，如果没有南明河到花溪这个廊道就无从说起。这个纵向廊道的存在，使得贵阳盆地的进风率非常高——极大消解了贵阳的

喀斯特地形让贵阳与山川自然紧密交错，在中国的省会都市里罕有，就像天神把握于股掌间的盆景。

环境污染。”

贵阳不仅是被山系合围，在城区之中也或分散或聚合着许多山丘，“每座山都有故事”。

东南方向的森林公园，受周恩来的指示成立于1960年。园区内有古迹“图云关”，始建于宋，曾是环绕贵阳的14个古关口之一，也是“从湖南达至贵阳的最主要通道，当时（1939—1946年）中国红十字会总会救护总队部、军政部战时卫生人员训练所及陆军167后方医院、美军第27野战医院全部迁到图云关，有3000多名工作人员和医护人员，救治了数百万伤病员”。

1508年，王阳明流放于现属贵阳市修文县下的龙场担任驿丞，进而“龙场悟道”，提出“知行合一”的学说，这是贵阳跟中国传统道统走得最近的一次。清嘉庆年间在贵阳市扶风山南麓修阳明祠，与民国时期修建、纪念东汉学者尹珍的道真祠，以及始于乾隆年间的扶风寺连为一体。现在的旧城改造中，刘兆丰最牵挂的便是阳明祠和贵州师范大学所在的东山一带，“一个甲秀楼，一个东山，是真正的人文胜迹”。

刘兆丰受省政府委托做了400多页的调研报告，希望在进行老城区改造的时候，可以有限地移除一些老建筑，只兴建少数的高层和超高层建筑；新设计现代而有地方特色，保留适宜的街巷尺度，结合大学和阳明祠的文化辐射，渐渐形成有生活气息的文化街区。他更宏伟的梦想，是沿着南明河廊道将城市空间依次打开，串联起留有斯文的一众小山，保留山水与人文的基因，让公共空间和生活空间焕发与成长，形成转角有书店、咖啡馆，出门可见亲友的无数个亲密社区，而这些社区的叠加，就是一个美好的都市。 但到目前为止，他和本土营造工作室的项目只有少数得以落地，实现程度也常大打折扣。作为建筑师和规划师，刘兆丰仍准备直接向政府高层谏言，为阳明文化街区做最大限度的争取。支撑他的除了社会责任，也不乏个人情感——抗战时期，刘兆丰的外公任国民党军官，汉口沦陷，外婆带着三四岁的母亲一路逃难至贵阳。遭家族摒弃的同时，被贵阳慷慨接纳，这种恩泽，刘兆丰想要报答。

生之体味

画家董重在一篇博客里写道：“这是我的城市，贵阳。多阴雨，夏天凉爽，冬天湿冷，生活在这里的人都是吃辣椒的天才，善饮酒，什么都敢吃。这座城市不大，嘈杂，各类闲杂人等常无名头地聚集在一起，理由当然是喝酒、玩耍。熟人多，多数叫不出名字，但总会在小吃摊、饭馆、酒吧、夜总会一段很合适的时间见面，相互点点头、笑笑。美女多，色狼更多；好吃的东西多，好吃的人更多；闲人多，闲不住的人更多。美女、美食、美酒、色狼是这座城市的润滑剂。艺术家在这里什么都不是。这座城市阴霾的天气却挡不住居住在这里的人的欢乐，大喊大叫和尽情地宣泄。这座城市充满了湿湿的，黏糊糊的情色，还有，无聊人的妄想。”

一鸢剧社的负责人任展来自济南，在贵州大学师从艺术学院的马玲老师，毕业后受其感召一同创办了独立剧团。除了践行话剧理想，他留在贵阳的很大原因是热爱这个城市。刚来读书的时候，他震撼于贵阳人能够24小时不间断地吃喝玩乐，“凌晨两三点还在堵车”。夜宵落幕的时候，早餐铺子也开张了，与北方城市的气氛完全不同。

贵阳人爱消费、讲时髦似是一种共识。这种感觉并非毫无依据。根据国家统计局发布的信息，2017年，贵阳城镇居民人均可支配收入

“贵阳以山水定城，不像很多平原上的城市以街巷定城，街巷没有了，城市就死亡了。贵阳只要山水骨架还在，就可以有依托，实现城市的复兴。”

为32186元，首破3万大关，虽然增速高于全国水准，但是数额仍比全国城镇居民平均水平低将近12%；同年，贵阳市城镇居民人均消费支出达26063元，比全国平均水准还要多出1618元。再做一个比较，2017年上海城镇居民以62596元的人均可支配收入和42304元的人均消费额双双领跑全国，也就是说能挣会花的上海人每年花掉的钱占可支配收入的68%，与全国城镇居民平均水平基本一致，对比起贵阳人却显得保守，因为贵阳城镇居民敢于把八成以上的可支配收入花出去。

关于贵阳人的消费心理我听到多种解释，作家戴明贤推测这是抗战时期"下江人"大量流入带来的影响——"下江人"是对抗战时期逃难而来的内地人的统称，因其中有大量江浙难民，他们带来的海派生活方式对贵阳以及贵州影响深远。还有人说这是因为贵阳集中了省内依靠资源发家的富有家族，可以类比太原，因而拉高了平均消费水准。贵阳五之堂书店的创办人舒奇峰则谈到少数民族文化对贵阳的影响，相对于积攒财富，人们更看重当下的快感。而蒋磊则直接把它归因于虚荣与庸俗的观念作祟。

五之堂书店位于贵阳老城区，相邻的文昌北路上有文昌阁，是原先老东门所在，附近有不少咖啡馆和西餐餐吧，乔治公社就在文昌阁对面，

只要在贵阳稍作停留，就能感觉到它扑面而来的生气。贵阳有着西南城市常见的享乐精神，市井之间永远浮动着一种活泼气氛。

是最近很热门的网红店，年轻男女正在啜饮咖啡和吃甜品。和它并行的富水北路更有市井气，沿街都是店铺，人行道上则布满了流动商贩，撑开巴掌大小的地方，支起一辆推车就能售卖烤饼、火爆鱿鱼、麻辣鸡丝、烤土豆、烤玉米、烤栗子、爆米花、麻辣烫等。间插着卖土特产的农民，他们仍然用竹编的筐篮盛装花生、苹果、辣椒粉，以及用糯米粉制作的我叫不上名字的甜食。翠生生的蔬菜水灵新鲜，见之便有食欲，有股子都市里没有的娇憨形态，一看便知是农人自己种植而不是商贩从批发市场贩卖来的。城市的急速扩张还没有毁掉食物链条上最可贵的生产与供应关系。每个行人手中都提着点吃食，年轻时尚的女孩们尤其爱站在烧烤摊前，吃得满嘴流油。

贵阳街头的餐饮小食店之多，流动商贩之多，在中国的城市里是排在前列的。蒋磊说，最能感受贵阳气氛的是清晨的肠旺面馆，人们从窗口接来一碗撒着红油、香臭并举的劲道汤面，自助加满一碟各家馆子特制的酸辣泡菜，左右腾挪出位置挤挤挨挨坐下，呼噜吃完之后各奔前程。孔学堂文化传播中心副主任周之江，父母来自宁波，家常饮食是江浙风味，但在贵阳长大的他也痴迷于本地小吃，撰写了一系列专栏文章，写素

2　贵阳花溪秋景。随着包括贵州大学在内的众多高校的入驻，花溪正在成为贵阳南面的新生力量，不同于市中心的喧嚣繁华，这里有悠然自得的文艺气氛。　摄影_曹经建

粉、豆腐果、豆沙窝、油饼、米豆腐、牛肉粉、香酥鸭、丝娃娃、碗饵糕、破酥包子、脑髓卷、素瓜豆、糯米饭、洋芋粑、折耳根、冰粉等，有些闻所未闻，每一样都有掌故，读来口舌生津。

即便被朋友们嘲笑为最书斋气、最不懂吃的作家戴冰，说起贵阳的吃食来也津津乐道，离开贵阳一阵子便会百爪挠心地念想。虽然在他的父亲戴明贤看来，“安顺人讲吃喝，贵阳人讲穿着”，贵阳的吃食仍是远不如故乡安顺精致。

以我外乡人的眼光，以为贵阳乃至贵州最好的两样美食是火锅和蘸水，火锅材料无所不包，最简单的鸡汤火锅，熟制的鸡肉与熬好的鸡汤打底，待开锅之后加入各色青菜。一桌人团团围坐，每人面前有蘸水，配料常见青椒粒、香菜、小葱、姜蒜末、折耳根、腐乳，辣椒有辣椒粉、煳辣椒、油辣椒、糟辣椒等不同组合，取香、取辣、取酸，一种蘸水里常有十来种调料，街头小店也毫不含糊，各家味道均有别。

贵阳的饮食集八方大成，既有全国各地的地道风味，也呈现省内的地方特色。入夜，生活在贵阳的自由撰稿人袁銮邀我一起去“状元三宝牛肉”的新店尝鲜。老板王三宝是湖北人，夫人朱彧来自黄平，是苗族。他们是清华校友，毕业之后妇唱夫随回到贵阳，王三宝彻底爱上了苗家的酸汤，直至将之做成事业，开发出独家白酸和红酸配方，还找到实验室对发酵的菌群进行了提纯。作为创业者，对于贵阳的环境他们也不是没有抱怨——市场与竞争都不够规范，缺乏契约精神；具有专业精神的员工稀缺；麻将桌是餐馆标配（在贵阳连号称“禅茶一味”的高档茶馆里，也必须留出搓麻的空间），造成翻台率低，影响餐饮业绩。以上种种，朱彧花了很长时间才适应。但贵阳也有好处，他们一致赞同：“气候环境好啊。”袁銮是广东人，在大家纷纷去北上广深闯荡事业的时候，他逆流来到贵州，做撰稿人、开客栈、经营自媒体。“你知道吗？放弃一线城市，就是放弃了话语权。”他说，“那就做点好玩的事情吧。”

我问董重：“有野心的人都会离开贵阳？”他回答说：“哪里又不是呢？”并不以为贵阳有什么特别之处。贵阳的文化产业市场容量有限，他不是没有动过离开的心思，但现在已经安于待在这个“艺术家什么都不是”的城市。唯一耿耿于怀的是同样级别的画，卖得不如在北京乃至成都的艺术家价格高。对于798这样的艺术中心，他揶揄说：“那是集中营嘛。”还是跟生活靠得更近踏实些，他的工作室和房子都在同一个小区，近中午，夫人打来电话，他熄灭香烟，关掉音乐，收好暖桌上的茶具，出门买菜。

贵阳的感官世界对精神生活形成挤压，对文化人的影响是：城市小，大家来往密切；圈子小，所以写作的、画画的、做学问的、在媒体的，跨界别跨代际，都彼此熟识，互相扶持。尤其是近年，随着消费需求提升，如书店、剧社、艺术教育，在贵阳都有可圈可点的样本，似有小阳春气象。另一个影响是文化人有烟火气。

戴冰写过名为《小楼纪事》的短篇小说，以一条石板巷为布景，从小女孩怀怀的眼光看巷子里的人事变迁。怀怀家对面是一栋红砖小楼，祖上曾经阔过，江西人杜氏挑着两桶菜油和三块大洋到贵阳闯荡买下半条街，如今家道没落。小楼先后住过做豆腐，白得也像豆腐，一头栽到豆腐缸里死掉的六妈；像地行仙一样的老中医于公公；昼伏夜出、怀揣一把菜刀的阴冷厨子。最新搬来的裁缝母女背景神秘，长相有点妖的女儿小红因为一场恋爱差点丢了性命，成为巷子里最大的桃色新闻。怀怀的妈妈不让她跟巷子里的人来往，怕她被“贩夫走卒”带坏了。小说最后，怀

贵阳是写作者观察世界的极佳切口。这种附着于生命本能之上阳光与阴暗并举、酸甜与苦辣杂陈的人情世故，被形容为“生之体味”。

怀家如愿以偿搬离了石板巷，大幕张合，人间悲喜剧成为回忆。

这样的回忆很多贵阳人都有。石板巷属于生于1969年的戴冰，比他长一辈的贵州省文史馆馆长顾久，小时候住在法院街。“过去的墙是木板，透风漏雨，就把报纸糊上去，糊得越来越厚，终有一天哗啦都掉下来。发现里边那张是解放以前的报纸，大家就躺着看繁体字。报纸是《民导报》，标题都是‘烟贩抽大烟，行凶后潜逃’‘法警现身泥潭中’……紧张离奇，有点像《水浒传》中的故事。贵州大戏院男女厕所之间不知是哪位戳了一个洞，透视对方的屁股……可见那时候真的没什么大事。”11岁的顾久跟小伙伴歪在床上看民国的黄色小报，是1962年的事。时间悠长，仿若静止，浑不知暴雨将至。

如今，法院街还在，却不见木板屋，取而代之的是钢筋水泥楼房。石板巷的原型弯弓街在文昌阁附近，已经拆毁大半，但在白沙巷、虎坊巷、汉湘街还依稀可见石板巷的影子。房屋低矮、摇摇欲坠，街巷潮湿，脚下时有污水，终年不见阳光的墙壁上长着斑驳的苔藓。巷子是弯曲的，还是起伏的，忽地上扬，转角过去最窄的地方举起双手可碰壁，前方看似没有路，钻进居民楼的门洞，下一层楼梯便柳暗花明又一村。人与人的距离如此迫近，生活的质感与密度都无比放大，像腌制的食物，在阴雨天里持续发酵。

戴冰说贵阳是写作者观察世界的极佳切口。他把这种附着于生命本能之上阳光与阴暗并举、酸甜与苦辣杂陈的人情世故，形容为“生之体味”。

潮水的方向

1282年，元朝建“顺元城”为贵阳建城起始。顺元城筑有土墙，面积仅有一平方公里，相当于一个关卡。贵阳真正作为一个城市发展还是在明代。贵州省文物保护局副局长娄清说，此前，关于贵阳的记述大多见于文献，真正的实物很少，大量物证还是明清之后的遗存。明初明军平定云南，需要借道贵州，于是修建驿路，沿途屯军，大量移民。贵阳因为地理位置居中，成为驿路的枢纽，形成现在贵阳城的雏形，自此贵阳和贵州真正并入中国历史的主流。

五之堂书店里设有古籍修复的工作室，正在将一系列贵州史地文献重新整理出版。创始人舒奇峰收藏有几个版本的贵阳老地图，他说，从地图上看，明清以来贵阳中心城区的相对地理位置和范围几乎没有大的变动。

我步行走过城中心，沿途正在修建城市轨道线路，本来就拥堵的路况更糟糕了，车流人流在开膛破腹的街道边沿小心漫过，几乎无处下脚。

如今，紫林庵没有庵，喷水池没有池，大十字已无从分辨。

老贵阳府城有九门四阁，奠基于明代。紫林庵、大十字与喷水池大致以老城的西门、城中心和北门为坐标。

“清代贵阳城分内、外两城，内城有街道80条，外城有街道34条，还有近城街道9条。客民（汉人）以‘乡土之链’结合建立会馆，有陕西会馆、江西会馆、江南会馆、浙江会馆、福建会馆、两广会馆、湖北会馆、湖南会馆、四川会馆、云南会馆，还有北方五省会馆和兴义八属会馆。会馆既是同乡会组织，又是工商业组织，以同乡关系联合起来，控制某些行业，与其他地方的商人竞争。各行各业建立行会，晚清已有七十二行，并建立商会。”紫林庵原是清朝康熙年间湖南衡州商户集资供奉观

音的大殿，位于“贵阳府城西门外”，1926年修建环城马路时被拆毁。

紫林庵被拆的时候，周西成任贵州省主席（任期为1926—1929年），他修公路，兴工业，办民生，开启了贵阳的近代化。1936年，贵州在北门桥外修建广场纪念周西成，塑有他的铜像，称为铜像台；1952年，扩建延安路，拆除铜像台，在原址修建“喷水池”；2010年再次改造，大喷泉消失，代之以四座小喷泉，分别位于十字路口的四个街角。

大十字位于内城核心，一直是热闹的商业街。顾久说：“听我的叔叔讲，最早大十字就真是马路过马，两驾马车并行。两边的店员能够互相吹牛，这位说哎呀你带烟了没有，那位答我带了，但是没有火柴，这位就把火柴丢过去。大十字其实小到那个程度。”新中国成立之后大十字几经扩建，2017年最近一次改造完成后，行人站在路边已经看不到“十字”的存在。

假如用定居一地的时间长短作为本土化的判断标准，那么很难再找到比顾久更地道的贵阳人了。根据顾氏族谱，明洪武十八年（1385），顾成“进贵州指挥同知”入黔，到顾久这一代已600余年。据顾久说，顾成的发迹有点传奇色彩，他的祖父是渔民，在江淮一带以划船为业。顾成年少时就身材魁梧，膂力过人，后来投奔朱元璋征战，有一次朱元璋的船陷入胶泥不能动弹，他竟能扛船行走，由此得到朱元璋的赏识，成为其帐下亲兵。顾成勇猛凶狠，初入贵州时四处平蛮夷叛乱，杀人如麻，有“顾老虎”的称谓，令人闻风丧胆。

3　贵阳街头等待载客的摩的司机们。　供图_视觉中国

那么更早之前呢?

很多贵阳人都记得，每年四月初八，贵阳及附近的苗族会在喷水池集结举行盛大庆典。1942年，“下江人”叶圣陶经贵阳，有记述如下：“饭后与彬然偕出，至大路中心之铜像台（系周西成铜像）附近，观苗族人赶场。今日为阴历四月初八，苗族例于是日入城。或谓铜像台地址原系其族祖先之葬地，故来朝拜，并吹笙笛，作舞蹈。传说如是，不知确否。其女子或系多褶之裙，佩用织花之带，或腰围织物如日本女子，显然可辨为苗族。其男子服装与汉人无殊。往往三五成群，来回路上，其数亦不甚多。看热闹之人拥挤不堪，比苗族多不知几何倍。”根据《贵阳百科全书》，“四月八”是贵阳苗族最盛大的节日，2008年起，因纾解交通将庆典举办地改在大十字广场或者筑城广场。

关于“四月八”的传说目前有多种版本，均没有确证。其中一种版本是将四月八与亚鲁王相联系。西部苗族方言区流传着亚鲁王得龙心、失龙心的故事，是包含了创世神话在内的长篇史诗，大多在送灵仪式上唱诵。贵阳、花溪附近的苗族也流传有亚鲁王的故事。传说亚鲁王是战死在嘉坝西，即目前喷水池所在地。紫云县麻山乡的《亚鲁王》保存更为完整，根据整理出版的内容，亚鲁王此后还有败走他方、夺取盐井、巧取领地等后续故事。亚鲁王是否战死在喷水池姑且不论，在这些诗歌中，“格洛格桑”是反复出现的词汇，“格洛”指花溪，“格桑”指贵阳，“格洛格桑”是苗族人对贵阳地区的命名。

贵阳曾有“黑羊箐”的古称，据说来自彝

4　贵阳夜市上的辣炒田螺。旧城改造、新城扩展，生态文明与信息科技同时降临，高速发展的贵阳日夜沸腾，就像这口热锅，散发出香辣辛酸的别样味道。　摄影_秦刚语。贵州是百越、百濮、苗瑶与氐羌先民融合分化之地，只是要寻找他们在贵阳留下的痕迹，所得的零星证据都很模糊。元代以前一直到夜郎和牂牁，贵阳本地的历史大段留白，无法勾连出连续的画面。娄清说，以考古发现看，早期很多历史活动并不发生在目前的贵阳城区，而是在北部和西部。比如20世纪50年代末曾经在西郊的红枫湖地区发现汉墓，陪葬品有中原文化特点。后来随着红枫湖水库的建立，墓葬群就被淹没了。

再往前追溯，比文献和传说更久远的年代呢?

贵州是古人类遗址分布丰富的省份，迄今已经发现的遗址中，旧石器时代最多，以贵州北部、西部和贵阳所在的中部最为密集，通常沿河流分布；到新石器时代减少，至商周变得零星。有学者推测贵州古时温暖，植被动物众多，方便采撷捕猎，喀斯特地形又为穴居提供了方便。当人类的生产方式向农业过渡时，这些便利条件却成为劣势。这似乎也可以与分子人类学的研究成果相互呼应。

根据分子人类学的研究，现代中国人的祖先起源于非洲。大约6万年前，走出非洲的早期亚洲人先祖，沿着海岸线到达亚洲，4万年前在东亚扩散；而另一批晚期亚洲人则在3万年前开始从中南半岛向北扩散，在中国境内，后来者居上，完成了对前者的替代，成为主流。而云贵高原是这两批东亚人祖先迁徙的重要通道。现代人都是走出非洲者的后裔，现在看来是越来越清晰的结论，但那些在贵州喀斯特洞穴中留下遗迹的古人类，可曾有丝毫的血脉流传?埋没在红枫湖下汉墓家族的后代是定居在贵阳，继续迁徙，还是在战乱中消亡?抑或化为了中原文化曾定义的“蛮夷”?

魏晋南北朝时期的“牂牁大姓”就是汉代移入的三蜀大姓、汉代将领与当地土酋的结合。更具体的例子是，以暴力平定苗疆的顾成，其第六代后人顾良相因不忍带领明军进剿黔东南、屠戮无辜，而逃入苗疆，改苗名“邦迪”，取苗女文氏，按照父子连名的方式传承至今。

一直到清朝中叶以后，贵阳的汉族人口才超过少数民族人口，渐渐成为汉族占据主流的城市。就像所有的人类历史一样，这一过程既有自发流动，也有文治武功。贵阳名胜甲秀楼前曾立有铁柱两根，分别为清雍正时期的云贵总督鄂尔泰平定苗民起义，以及嘉庆年间云贵总督勒保平定布依族起义后用收缴的兵器铸成。

被“统一”的移民

近百年来，对贵阳影响最为深刻的大变动都跟人口迁徙有关：一是抗战时期躲避战乱的人口；二是新中国成立后工业建设迁入的人口；三是“三线建设”迁入大批企业。

根据1953年全国第一次人口普查，云岩、南明两区的人口仅27万人，是同期北京的10%、上海的4%。而1953—1960年迁入人口达25万人，仅1958年大招工就迁入18万人。1964—1978年“三线建设”净迁入人口也达20万人以上。到了1982年，贵阳全市人口增至132万人（云岩、南明两区合计为79万人）。

贵阳街头常能见到等待顾客上门的苦力，他们被称为“背篼”，除了帮人背货，也打零工。听闻最早的“背篼”多是重庆人，后来有很多本省人也加入。中午时分，大营路的人行道上站满了“背篼”，有些人手持工具，站在路旁用渴求的眼神扫过往来行人，另一些人看起来没什么压力，下象棋、烤火、聊天。大营坡一直是毕节人的聚集地，这些临时工很多也都来自贵州西部。

公益组织“贵阳同在”为打工子弟学校提供

5　贵阳的地标甲秀楼周围高楼林立。华灯初上，贵阳的热闹夜晚刚刚拉开序幕。　摄影_徐庆一

支持，负责人刘亚军带我在附近走走。临街高楼大厦的背后，就是贫民社区，有些已经在城市生活了几代，他们的子女就在民办的打工子弟学校读书。学校租用破旧楼房的一隅，教室的形状是不规则的，桌椅是拼凑的，唯一的活动空间是天台。教室里摆着手工制品，天台上有种植的蔬菜，但其简陋仍令人触目。刘亚军告诉我，有一阵子曾把房子租在旁边的一栋破旧楼房里，窗户正对着楼下的一片墓园，墓园就是孩子们的游乐场。

2010年之后，贵阳曾经以几个超大楼盘—城市综合体引起舆论瞩目，其中规模最庞大的花果园，根据《贵阳晚报》报道：入住人口50余万人，日均人流量100万人次，日均车流量31万辆次。有一次我坐出租车经过，如同鸽笼的摩天高楼毗连成片，游弋其中如同体验AR版的科幻电影。司机是贵阳本地人，形容花果园为“都市棚户区”，抱怨这里常年塞车，有些道路终年不见阳光。因为花果园地区楼价便宜，很多“县份上”的居民借此地在贵阳置业。仅花果园一个楼盘的吞吐量就可以与新中国成立后的几次大移民相提并论。

回贵阳创建独立艺文平台的苗族艺术家叠贵租住的工作室就在花果园，他用人类学者的眼光观察本地社区生态，采访过一位每天都带着伙伴在公园里唱山歌的布依族老人。老人家70多岁，儿子在花果园买房置业开公司，她过来照顾孙辈。自编的歌词是：“花果园房子起得密，吃饭不忘毛主席。三个代表搞得好，乡下人变贵阳人。花果园房子起得密，吃饭不忘邓小平。习近平政策来得好，我们唱歌跳舞又开心。”

晚上10点我来到花果园，店铺还没有关张，湿地公园的广场舞已经散了，但在这里散步、说唱和跳街舞的人还很多。环绕着湿地公园的，是外墙挂满了花花绿绿酒店霓虹灯的“炮楼”，危楼欲坠的居民区，与周边建筑极不协调的“白宫”，还有高级商务区双子塔。我恍然觉得湿地公园就像坝子，而周边光怪陆离的高层建筑就像群山，这是人造的盆景。

贵阳经济的生机受惠于中央与地方政府的政策倾斜，举目皆是生态文明、大数据的蓝图与成就。贵州省大数据中心管理局副局长景亚萍在2017年的一次公开演讲中说：贵州省大学生的回流指数名列全国第七，回省创业的大学生要比出省创业的多217%；而贵阳是仅次于深圳、全国最年轻的城市之一；2017年，贵州GDP增长10.2%，增速连续7年全国前三。曾经以穷困闻名的省份，现在似乎要打翻身仗了。

历史总有回响。

高速公路与铁路的建设对比当年驿路的铺设；城市化大量吸纳人口对比历史上的移民潮；当富士康挖空了三座山，把数据中心建在贵安新区的山洞里时，不由让人联想到“三线建设”时那些迁移到贵阳山区的军工厂——在工业文明朝互联网转向时，贵阳天然的地理环境再次发挥出优势，仿佛是对旧石器时代的呼应。

那天，寒流已经过去，天气转暖，爽爽的贵阳再次显示出气候上的优势。曾经嫌弃贵阳俗气、在外地事业有成的蒋磊前几年回到贵阳，现在经营“拾牧农场”连锁店，由文艺地卖书变成文艺地卖猪肉。贵阳周边优质的生态环境，孕化出优质的农产品，成为被追捧的高端品牌。当被问及回归贵阳的原因时，她谈及一个感触：开车从拥堵的贵阳市中心向城外，只要半小时，无论哪个方向都能遇到好风景。

用一个词来概括一地人是过度简化的描述，接近于偏见，离谬误不远。但环境对人的塑造又是显见的，会埋伏在你的体内，随着年岁彰

那些从几万年前到现在持续流动至贵阳的人们，最终被酸汤、辣椒和好酒统一了口径，被低调湿润的气候改造了面貌，被包围着的山川塑造了个性。

显。戴明贤讲贵阳人——可以说所有贵州人——具有山民性格：他们不事张扬，所以好山好水好人才不为外界所知；他们耿直倔强，用方言讲是“牯”，当这个为牛分类的名词被用作形容词时，其含义有了微妙的变化，包含了丰富与生动的形象。采访中遇到的贵阳人，向上追溯一至两代，都可被称为移民。但是把时间轴线放长，哪座城市又不是移民构成的呢？那些从几万年前到现在持续流动至贵阳的人们，最终被酸汤、辣椒和好酒统一了口径，被低调湿润的气候改造了面貌，被包围着的山川塑造了个性。

如果以明代建城作为现代贵阳的起始，那么这座“牯”而“有骨”的城市正迎来600年以来的大变局。

6　20世纪70年代的喷水池。喷水池是过去贵阳的重要地标之一，几经变迁改造，如今大喷水池已消失，代之以四座小喷泉坐落在十字路口的四个街角。　供图_黄远达

安顺，石头上的乡愁

風 撰文／楼学

1 安顺老街儒林路上，当地人喝着“摊酒”高谈阔论。路边随意摆放几张板凳，几瓶自酿的白酒，即成这已经在儒林路上存在了多年的“酒摊”。“摊酒”一元一杯，自饮自取，饮酒者自由地来去聚散。 摄影_夏功文

20世纪90年代，一位名叫菲利普·法丹的法国年轻人来到贵州，深入中国西南的古城、村寨之中。在那一时期兴起的“贵州热潮”中，这位年轻人本是很不起眼的一位，却因为他随身携带的一些珍贵旧照受到当时文化部门的关注。从19世纪中叶开始，来自西方的传教士们就已经深入黔地的重重深山之中，这些最早踏足中国西南的异乡来客成了贵州的第一批影像记录者。菲利普·法丹的这些老照片就是当年传教士们的作品，其中的大多数被制作为明信片，承载当年的见闻，从喀斯特峰林间寄往遥远的欧洲。1839年，法国政府才刚刚买下摄影术的专利权，而仅仅数年之后，贵州山水的影像已经在传教士们的暗房里逐渐显现。这是今日安顺视觉记忆的序章，却也成为古典时代的最后祭奠。此后的一个多世纪，历史洪流裹挟的不只是个人的命运，城市的际遇同样被席卷其中。

石城旧梦

作家戴明贤在《一个人的安顺》中，开篇就写道：“安顺是一座莹白的石头城。”

一方水土养一方人。云贵高原是全球范围内喀斯特地貌发育程度最高、景观最丰富的区域之一，安顺地区碳酸盐岩石厚度更占到该地区沉积岩总厚度的70%以上，石材自古就是安顺人营造屋舍、制作器材的不二之选。

初识安顺老照片的我们都被这座名副其实的“石城”所征服——石街、石巷、石牌坊，石墙、石瓦、石洞门，整座老城围绕着中心的钟鼓楼散出四条长街，石质的城墙围绕着优雅简朴的重重民居，偶有几座高大的牌坊、殿宇罗列其间，远处的喀斯特地貌隐隐起伏在天际线上。对石头的钟爱使安顺的城市景观区别于中国现存的其他著名古城，但当我真正身处在安顺的市区之中，现实和想象的巨大反差让我一时失语。

当年优雅、壮观的石头城，如今已被现代建筑占据了大半。戴明贤笔下一再出现的地标钟鼓楼是一座珍贵的元代建筑，曾经民谚里说，“安顺有个钟鼓楼，半截伸在天里头”。新中国成立以后，为了方便交通，已有约七百年历史的钟鼓楼被拆除，从此就只留下一个“大十字”的地名。

曾经屹立着钟鼓楼的路口早已改头换面，现代的商场、酒店围绕着繁忙的路口，只有一侧的武庙还保留着安顺的古老记忆。这座始建于明代洪武年间的寺院几经转折，最终成了奉祀关羽的庙宇。夜色里的大十字喧嚣不退，偶有本地人穿过幽暗的大门，绕行至武庙后殿的茶室里。

比起同城那座著名的文庙，“武”隐藏着安顺建城的密码。洪武年间，浩浩荡荡的明军征伐西南并屯垦于此，从此在贵州的土地上，无数的屯堡连缀成为帝国的边陲。大明征南奠立了今日安顺城的基础。大量涌入的移民大多来自江南地区，屯堡街巷中的江南木雕、凤阳汉装寄托着这些移民的乡愁。

1988年，刘伟出生在安顺东面一个名叫新哨的屯堡中，他经历了屯堡作为生活家园的最后时代，亲见了这些中国式城堡最终走向截然不同的两条道路：有的变身成为“明星”——“屯堡文化”成为学界热门议题，学者、资金、游客纷至沓来；但大多数屯堡或是人去楼空，被出走的乡民彻底遗忘，或是逐渐湮没在日益高耸的水泥森林里，再也不辨昔日面目。

尽管紧挨着沪昆高速，依山而建的新哨没能复制云山屯的发展路线，最终走到了被废弃的边缘。2013年起，刘伟开始利用经营饭店的收入四处收集屯堡文物，其中最大宗的一项就是石

安顺的乡愁叙事有着复杂的多重含义。对于迁徙西南的明代军队而言，乡愁是那些根植在语言、习俗、审美趣味里的江南基因，这个故乡长存在遥远的千里之外；但在终于完成了由异乡到故乡的身份转变之后，乡愁成了对故旧安顺的纪念，这个故乡就在脚下，却逐渐被封存在时代的变迁里。

缸。这种安顺特产的石缸为了便于贴墙放置，被设计为半圆形，作为饮用、盥洗、消防的水源，曾是家家户户必备的物件。在其后的几年时间里，刘伟收集了超过1500件石缸，这些收藏被密密麻麻地堆放在饭店背后的家中，占据了几乎所有可用的生活空间。

石缸外形简单，工艺也并不复杂，其中的大多数也只是承载了两三代人的生活记忆，但背后“一锤一錾的精神”在刘伟心中留下了深深的烙印。刘伟的祖上随着征南的大军由江西迁徙至此，六百年后，新的乡愁被寄寓在石缸里，在安顺老城迅速消失的同时，这批收藏成了这座石城最贴切、最具象的物证。

从文庙到华严洞

从居住者的角度而言，存在于法国明信片上的安顺老城确实并非理想的人居家园。在安顺本地学者李晓的记忆中，安顺的旧城改造恰是顺应了民众的要求。那些听起来美好的石板街，每到下雨天就积满污水，路基不平的地段，行人只要踩到空心的石板上，底下缝隙里的污水便四溅而出。当地人形象地把这称作“眨眼石”。

当年的云贵总督曾经驻扎安顺，总督府周围便都是石板街。为了消灭恼人的“眨眼石”，这些石板街先后被拆除，拆下来的石板没有废弃，拣选整修后重新铺成了如今的儒林路——安顺固然无法逆转全国旧城改造的大流，却也可以在大流之外守住属于自己的情怀。

儒林路通向安顺最重要的地标——文庙。作为洪武年间的见证者，文庙是这座城市文脉的起点。当年委身边陲的小城，同样有文化认同的需要，而在以少数民族文化为底色的贵州，安顺显得与众不同。

从明初建立保存至今，文庙始终是安顺人的骄傲，大成殿前的一对龙柱妇孺皆知，精湛的透雕技艺堪称登峰造极。匠人以石狮为柱础，在直径0.8米、高6米的石柱上雕刻出两条腾云的游龙，纤毫毕现又大气磅礴，堪称安顺的“镇城之宝”。

安顺文庙曾经被当作第八小学的校舍，80年代以后，小学从文庙迁出，校舍改在了文庙东北毗邻处。在游览文庙时，仍可听见隔壁校园里的书声。

“九一八”事变以后，平津危急，故宫博物院的数千箱文物起身南迁，成为中国近代史上的悲壮篇章，华夏数千年的文物精华，从此开始了长达十余年的颠沛流离。文物在军方的护送下先后运抵上海、南京，稍待局势稳定后，还曾遴选一批文物远赴英伦举办展览。后卢沟桥事变爆发，沪宁亦将成为前线，故宫文物分三路西进，其中数量最少、质量最精的这一批正是从伦敦展出归来的文物，经由汉口、长沙，于1938年的农历春节抵达贵阳。一年之后，为了躲避日益频繁的日军空袭，这批精华文物被转移至安顺的华严洞中。

在以岩溶地貌为主的安顺，华严洞不以景色或体量闻名，却从此成为中国历史的一大地标。在此后近六年的时间里，这里成为保护中国古物的最重要地点。时任故宫博物院院长马衡先生视察至此，曾在华严洞的洞壁上留下珍贵的题词。但这些题词在数十年后，大多已经漫漶。

这些来自深宫的国宝成了战争时期中国人的精神寄托。1943年的“双十节”，安顺民教馆举办文化艺术展，故宫慷慨地向小城居民展出了这批珍贵文物。与故宫文物一同而来的还有大量逃难至此的“下江人”，这些来自中原、江南的难民为本土的文化生活注入了全新的活力——

儒林路通向安顺最重要的地标——文庙。从明初建立保存至今，文庙是安顺文脉的起点，亦是安顺人的骄傲。

话剧、歌舞、新式学校，这些新鲜事物“揠苗助长”般改造了安顺的面貌。

在离开安顺前，我专门去探访了这处文物深藏的岩洞，出租车司机一再确认，屡经周折后终于把我带到了沪昆高速的桥洞下。“华严洞”的牌坊簇新，然而毫无意境。华严洞口曾有一座南明时期的小庙，故宫多位人员的记录中均有提及，是故宫文物南迁难得的物证。然而就在几年前，寺里的尼姑为了所谓功德，拆旧建新，等我赶到时，早只剩一片瓦砾了。

历代的摩崖题刻仍高悬在空阔的华严洞口之上，而最重要的见证物却已经灰飞烟灭。本地的文人学者为此痛彻心扉。华严洞曾与中国文化

卢沟桥事变爆发，故宫文物分三路西进，其中数量最少、质量最精的一批经由汉口、长沙，于1938年的农历春节抵达贵阳。一年之后，为了躲避日益频繁的日军空袭，这批文物被转移至安顺的华严洞中。华严洞不以景色或体量闻名，却从此成为中国历史的一大地标，在此后近六年的时间里，这里成为保护中国古物的最重要地点。

2　菲利普·法丹带来的、被制作为明信片的安顺老照片之一。照片中是旧时的安顺东街，估计正逢赶场日，街上摊棚遍布。　供图_杜应国

史上至苦痛、至坚韧的岁月同舟共济，而当年所谓“永远存留于邦人君子之记忆中”，不料竟成谶语。

分水岭，旱码头

从地图上看，安顺有着难得的地理优势。在“地无三尺平”的贵州，安顺与贵阳组成了一个难得完整且平坦的地理单元。近年大量发现的汉代城址和墓葬暗示着这里很可能是牂牁郡的故地，近代贵州的第一条公路、第一条高速公路都毫无例外地由省城贵阳连接安顺，而现代的沪昆铁路、沪昆高铁也穿行于此。

明清时期，安顺已经“商业之盛，甲于全省”。与典籍记载中的一时繁华相比，如今的安顺可谓境况窘迫，非但不能与隔壁的经济新星贵阳相比，其惨淡的经济数据竟在贵州全省落得倒数的地位。

大多数的本地人，提及安顺的衰落都有自己的理解。在清人许缵曾的《滇行纪程》中记载了一个广为流传的传说，当年安顺“估人云集，远胜贵阳”，清政府曾计划将省会迁立于此，最终却因为“秤土轻重不及贵阳”而作罢。这个如今听来并不可信的说法仍在安顺有着广泛的受众，其间的没落和不甘，可见一斑。

1996年，时属安顺地区的修文、息烽、开

3　安顺市西秀区旧州镇今时风貌。　摄影_尹刚

“滇之喉，黔之腹，蜀粤之唇齿”，安顺人的自豪感就生长在这难得的地理基础之上。

阳、清镇四县市被划归贵阳。清镇、修文拥有大片的铝土矿，开阳、息烽盛产煤、磷。这些矿藏丰富、经济发达的区域被划归省城，安顺经历这一重要的转折点，元气大伤。

回望历史，安顺似乎错过了不少成名的机会。民国时期，安顺最重要的贸易商品来自本地出产的优质猪鬃。在石油化工产品出现之前，猪鬃是极为重要的战略物资，而猪鬃的最大产地就是中国。尽管没有黄金水道，但安顺地处长江和珠江的分水岭，有着独特的区位优势，因而发展起了“转口贸易”，成了远近闻名的旱码头。当年，贵州一地的猪鬃被收集到安顺的老城内，然后顺流而下在重庆中转——这成就了重庆“渝鬃”的美名，而安顺却仍旧默默无闻。

安顺一直是茶叶的重要产地，“安郡四乡，近多种茶”，最著名的普定朵贝曾是贡茶的产地。如今，商人们到这里收集茶青，最后它们化身为“西湖龙井”“碧螺春”流向市场，安顺的本地品牌，只是十分有限地流传在当地爱好者之间。

从20世纪80年代起，安顺就已经继承了昔日“旱码头”的风光地位，迅速成长为黔西南乃至滇东北地区的物资集散中心。在安顺城南靠近火车站的街巷里，小商品市场初具雏形。本地人常向我津津乐道当年义乌也曾经派人前来学习考察，然而30年之后，义乌小商品市场已经成为世界知名的品牌，而安顺的市场面貌几乎没有太多改变。

周末的午后，我穿过一片旧城改造的躁动景象，拥堵的市场里挤满了推车、汽车，司机不耐烦的鸣笛和熟视无睹的行人汇流成一片喧嚣。这片巨大的市场如同迷宫，你难以在其间分辨方向、判断分区，各色店铺杂糅在一起，成堆的货物吞噬了过道，下一个转角过后，你就无法再记得来路。

不得不承认，旅行者寻求的“浪漫主义”可以在这里得到极大的满足。在市区的夜市、集市纷纷被整改之后，这里成了安顺老城最具有生活气息、最富迷人魅力的街区。来自周边少数民族地区的年轻女孩们穿行在小吃的香气之中，标榜商品来自上海、温州或台湾仍可以作为促销的噱头，哪怕要踩着冬天湿软的一片泥泞，人们仍兴致勃然地推搡着踏进临时展销会中。安顺错失了像义乌那样成为“世界超市”（或许没有那么大的野心，只想成为“西南超市”）的时代际遇，但从猎奇的角度而言，这里保存着仍旧生动的20世纪八九十年代的风貌。

当然，安顺人值得拥有更好的生活。中华路夜市被统一迁往“好吃街”，大多数市民都感慨味道不再；西街的花鸟市场被迁移到宽阔的郊外，每周日的集市仍然精准地重复着这座城市的生物钟。小商品市场的拆迁也将开始。身处其中，我还是愿意浪费片刻来此幻想，有没有一点点可能，市井的魅力可以以一种更真实，也更体面的方式保存在历史正在发生的现场？

两个时代的双城记

明代征南而来的大军、民国蜂拥而至的难民是安顺文化大发展的中坚力量，两次大规模的移民浪潮成为安顺历史上的重要节点。而后来的第三次大移民，其影响若隐若现，尚难下结论。

如今的安顺市区内还可见西航路、北航路等地名，这是当年“三线建设”留给安顺的遗产之一。1973年，国家正式发文将安顺与贵阳、重庆、绵阳列为“三线建设”的四大重点城市，这里成为“三线建设”的核心所在。高精尖的航空工业系统被“下放”到边陲山区，神秘的厂区迅速在市区周边的山区里蔓延，却与安顺城市本身

4 天龙屯堡中的老人。随着当年浩荡的明朝军队而来的中原文化，在黔中历经百年的更迭、变化和重塑，最终形成了独特的“屯堡文化”。 摄影_李立洪

| 5 | 6 |
| 7 | 8 |

5、6、7、8　安顺文庙是贵州地区重要的历史遗存，亦是安顺历史传承和文化积淀的最重要象征，同时还以高超的石雕艺术而著名。尤其大成殿前一对有着百年历史的整石镂空雕云龙石柱，集多种精湛石雕技法于一体，为目前国内绝无仅有。　摄影_李立洪（5、6）、徐庆一（7、8）

保持着明显的距离。这种独特的分离机制，使得有些“三线人”时隔多年也不能完成和安顺的融合，他们或终身生活在封闭的系统之中，或最终选择离开。

王宇航就是“三线人”的后代，连名字也带着航空系统的印记。在他的记忆里，童年是串联在“云马”“双阳”“风雷”这些厂名背后的大院生活，每个工厂都是庞大生产链上的螺丝钉，但自身又是一个完整的社会，医院、学校、商店一应俱全，在特殊年代里，“三线人”享有较优质的教育与医疗资源，待遇更远胜务农经商的老安顺们。

但特殊的时代终会画上句点，王宇航们也有了更多选择。在大院里从幼儿园一路念到中学毕业，王宇航却没有继承父辈的职业。他在外面兜兜转转多年，不愿意再回到车间里重走父辈的老路，北漂多年以后，他选择回到安顺，做咖啡师，在老城中默默经营精品咖啡相关事业。经历了几次迭代之后，王宇航把自己的咖啡馆开到了热闹的国际广场，他开始和当地的年轻人在咖啡厅里组织起了音乐会。尽管厂区与市区的隔阂还在，军工企业的财税体系仍旧独立于地方政府，但逐渐浮现的置业、消费、个人追求等需求最终模糊了“双城”的界限。在某种意义上，王宇航就是土生土长的“安顺人”，在年青一代的视野里，过去“双城记”的设定已被时代消弭。

安顺的另一部“双城记”还有着鲜活的时代气息，它太过新鲜，还散发着红头文件上的纸墨味。2014年，国家批复成立贵安新区。在宏大的愿景中，这个在贵阳、安顺两地之间建设的第8个国家级新区被规划为内陆开放型经济的新高地。

但当我问及贵安新区对安顺的影响时，大多数安顺人对此保持观望。这一次，安顺将“失去”东部平坦开阔的土地，就目前而言，安顺是安顺，贵安是贵安。安顺在黔中同城发展中会扮演什么样的角色，仍是个尚需讨论的问题。

离开安顺几周后，我收到了一封苹果公司的邮件，告知我中国地区的苹果云数据服务将转移到位于贵安新区的苹果中国数据中心。安顺的未来又一次变幻起来，它不再只是电影《致我们终将逝去的青春》开头男女主人公追着录取通知奔跑的儒林路，不再只是西秀山下隔墙而居、风格混搭的佛寺和基督堂，也不再是模糊记忆中那一副失意的老派文人模样，似乎有一个新形象正孕育而生。

在各大城市群纷纷谋求国家级新区的金字招牌时，贵州抢占了先机，在黔中城市群中，近水楼台先得月的安顺占得区位优势，贵阳、贵安新区、安顺的同城发展展现出诱人的图景。

遵义，“红色”与“红色”之外

風 撰文／楼宇

1 娄山关，雨中，人们驻足于毛泽东《忆秦娥·娄山关》手迹石碑前。 摄影 潘军翔

西风烈，长空雁叫霜晨月。霜晨月，马蹄声碎，喇叭声咽。雄关漫道真

越过城市史的“原点”

1935年1月，辗转迁移至黔北的中央红军正面临离开闽赣边区后的最大危机：刚刚经历了第五次反“围剿”的失败，长征遭遇重大挫折。遵义的出现成就了历史上浓墨重彩的一笔。当我们探究遵义何以成为1935年的遵义时，时间的标尺必须越过遵义会议这个醒目的“原点”，回溯至历史的更多细节之中。

地方学者曾祥铣以“从未置身事外”来评价遵义在中国近代史中的角色。在遵义老城的办公室内，他向我细数了1840年以来遵义的“革命传统”：太平天国起义时期的“三义团”、持续长达9年的遵义教案、公车上书和辛亥革命中的遵义人身影、五四运动中咬破手指血书“还我青岛”的谢少敏——一脉相传的家国情怀使得中央红军于1935年1月7日进入遵义城时，不仅仅是贫苦农民夹道迎接，就连代表了旧势力的传统士绅富商也被北上抗日的主张所感染。遵义成为长征途中红军占领过的最大的城市，城门两旁锣鼓喧天的欢迎队列奏响了遵义会议的先声。

这场被写入教科书的重要会议被评价为“挽救了党，挽救了红军，挽救了中国革命”。从此，这座原先在中国历史中并没有太多存在感的黔北小城一举成名。在1982年公布的24座第一批国家级历史文化名城中，只有延安与遵义凭借革命圣地的身份入围。而在遵义会议过去80余年后，会议精神依旧是这座城市最引以为傲的资本，也是一张不可被替代的名片。

对本地人而言，红色标签与他们日常联系并不紧密。甚至大多数遵义人都是在游客大军涌入之后，才迟缓地惊觉原来故乡竟有这样重要的意义。念及那段遥远的历史，大多数本地人也只能说出遵义会议会址、毛主席旧居等寥寥数个地名，但有一个红军故事却深入人心。

在今天市区凤凰山麓，有一座红军烈士陵园，这里埋葬着自1935年以来在遵义地区牺牲的红军战士，而其中最著名的一位被冠以一个独一无二的名字——红军菩萨。当年备受敬爱的卫生员龙思泉为了给群众看病，未能赶上部队转移而被国民党杀害。他的故事从此成了演绎的母题，代表了革命精神的红军战士成了带有神性色彩的菩萨，反映出共通的底层逻辑：红军救苦救难，与菩萨何异?

如今，当年备受敬爱的男卫生员在口口相传中化身成为女性形象，怀中抱着一个孩子，像极了在中国“粉丝”众多的观音菩萨。路过的家长带着孩子在这里虔诚地挂红、上香，不少年岁稍大的孩子已经能够清楚地复述“菩萨”生平，这个传奇是红色标签留给遵义最朴实的遗产。

推石头上山的巨人

遵义人的文化自信其来有自。上溯至汉代，这里就已经诞生了舍人、盛览、尹珍三位文化贤达。及至清代，城东小小的沙滩村成为黔北文化的中心，“沙滩三贤”——郑珍、莫友芝、黎庶昌——与“汉三贤”隔空呼应，遵义发出近代史的一声初啼。在以少民边地文化为主要底色的贵州，遵义是特立独行的儒生，秦汉时期以来的中原移民，以及历朝历代的流官、高僧，奠定了这里鲜明的汉文化基础。到了现代，这里诞生了西西弗书店。

1993年，西西弗的第一家门店在碧云路72号诞生。

我在咖啡馆里见到丁薇，她坦言，如今的西西弗已经没有当年的味道。这位西西弗书店最早的读者惊叹，90年代的西西弗，有着一种在有限

“红色”标签太过炫目，以至于大多数外来者伸向遵义的触角反而十分有限。多数中国人都了解这座城市之于当代中国的意义，但他们也许并不了解，越过这个醒目的历史“原点”，这座黔北城市有着更久远的历史认同。

条件下带来未知的魔力，而未知是对小城青年的致命诱惑。

早期西西弗从碧云路到步行街的几度迁址，绘制了遵义最早的城市文化地图。90年代，书店二层那些半开放式的隔间中，曾经充斥着对遥远世界的激烈讨论。彼此陌生的年轻人至此，伸出触角，勾连成为一张“隐秘”又不断成长的关系网。这些看似小众的青年难以意识到自己的幸运，毕竟在网络世界席卷而来之前，没有太多人有机会如此比较他乡与故乡的生活。

读书沙龙和免费座椅成为大多数读者怀念西西弗的重要理由。在2008年前后，引入了资本运作方式的西西弗在成渝地区发家，从此，那个以熟人氛围为底色的老牌书店注定渐行渐远。在故乡遵义，这家数度因为过于超前而无法适应本土土壤的书店最终成为两处现代商业地产中的标准配套，而愿意读书的人，将在生活的缝隙中寻见新的方式。

当年的读者们失去了聚首的大本营，但更宽阔的世界正在展开。直到如今，西西弗仍是这座城市年轻人的暗语，关于这家书店的共同记忆是通往共通精神世界的门卡，人们仍然依靠它来建构新时代中对彼此的理解、欣赏。

从一个文化驿站到一种商业模式，20年前的年轻人终于远走。书店的创始人大多转行，甚至不少人离开遵义、离开贵州，真正走入那“遥远世界”中去。当年忠实的读者丁薇，也不再依赖书店来接触新的思想，但西西弗是她成长经历中的一盏灯，在其后的人生中投下深远的影子。

几乎每个周六的夜晚，在沙盐路的山坡上，荒岛图书馆内的读书会都会定时举办。丁薇和一些当地的年轻人在此，每周讨论一个提前设定的主题。这个看似松散的组织并不严格要求打卡，但在我们前往的夜晚，《权利的媒介》《沉默的螺旋》是提前一周布置的“作业”，十多位当地的年轻人准备了读书笔记，齐聚在一起讨论什么才是“新闻的真相”。对多数参与其中的人而言，周六夜晚已成为一周中最幸福的亮色。通过当下的读书会，我们得以重新观照20年前遵义城市文化的一个断面——参与者的多数都经历了西西弗“灰头土脸”但温情洋溢的“古典时代”。如今，他们带着食物参加聚会，分享食物这种颇为“洋气”的聚会方式，也是西西弗留下的传统。

西西弗的影响投射至今，如同奥林匹亚的火种，这家书店给这座城市的现代文化生活带来了启蒙。在步行街的老店旧址，临街的二楼开设着一个名为“西西弗助学中心”的补习培训机构。在书店迁离旧址后的多年内，仍有不少当年的读者寻觅至此，然后四散各方。

辣椒，遵义人的红色乡愁

20世纪90年代，当来自遵义湄潭县的陶华碧开始在贵阳的“实惠小吃店”里被穷困的大学生们亲切地唤作“老干妈”时，谁也不会想到，这三个字会在仅仅20年后成为年产值数十亿元的地方经济支柱，并成为出走世界各地的中国人眼中“中国味道”的象征。然而，“老干妈”的故事与遵义保持了一种显见的疏离——在陶华碧的故乡，这款风靡全球的辣酱远不如想象中的普及。究其原因，遵义吃辣的习惯根深蒂固，有着深厚而丰富的制辣的传统，这款带着鲜明个人色彩的工业产品，不过是遵义千家万户辣椒口味中的一种。

遵义老城协台坝菜市场中，调料摊档最醒目的位置摆满了各式辣椒，不同品种、不同产地、不同制作工艺的辣椒以令人难以想象的复杂方式铺陈开来，香辣、煳辣、油辣、糟辣……只是关于辣椒的冰山一角。

20世纪90年代初期的遵义小城里，有了一家取名自古希腊神话的书店，当年创始人以西西弗斯为名，“永无尽头”又“徒劳无功”成为一种意念的象征，在坚持和重复的意味中传递朴素的价值。在其后的20余年里，西西弗成了书店商业化的经典案例之一。这位“推石头上山的巨人”在实体书店普遍衰败的景况中，将门店开遍了全国。

2 遵义西西弗书店。这家书店给遵义的现代文化生活带来了启蒙，影响投射至今。同时亦在全国遍地开花，拥有大批拥趸。 摄影_彭凯剑冬至当日，凤凰山广场上拉出醒目的横幅——“中国羊肉粉之都”。广场上人头攒动，本地最有名的几家羊肉粉馆一字排开——“师专”“一味鲜”“闵四”“泽顺”都有各自的忠实拥趸。无论羊肉粉还是豆花面，遵义最著名的几款平民美食几乎全部仰仗辣椒，羊肉、粉面可以批发，但辣椒必须得是自家的拿手绝活。

对待辣椒的口味千差万别，有一条准则却是吃货界的共识——虾子镇才是辣椒的天堂。遵义城满街的虾子羊肉粉都打着虾子镇的招牌，这座小镇位于城东33公里，以出产的辣椒有独特香味而闻名。这座小镇20世纪90年代就发展出辣椒批发市场，今天则拥有全国最大的辣椒交易市场。这里的辣椒市场经历了三级跳——老镇内的贵三红农贸市场是90年代的老市场，如今整个市场内和辣椒有关的痕迹只剩一家调味品店；镇北的第二代市场已转变为当地的农贸市场；辣椒市场的3.0版本在紧邻着高速路口的醒目位置开业，配备了专门的冷库、交易区、办公楼，甚至还有一座小型的展览馆。不只产自河南、山东、四川、新疆的辣椒，甚至来自印度、韩国、缅甸的辣椒也在此集散，而其中常年占据最高单价的辣椒始终是本地特产。不过，虾子镇本身已经转型成为辣椒贸易集散中心，挂名虾子的辣椒多产自周边的县镇。

本地人引以为傲的美食奥妙就在于此，辣椒的细微差别在外人看来有时近乎“玄学”，当天南海北的辣椒货商齐聚在虾子镇的中国辣椒城，在一人高的辣椒堆中掏出一把辣椒，放置在地面上排列组合进行统计时，这种“玄学”以一种可见的方式呈现在人们眼前。

隔河相望的两个圣诞

冬至过后两天，我们在遵义迎来了一个“红色”的节日。来自北欧的圣诞老人形象在遵义的大街小巷招摇过市，出现在丁字口、天主堂和1964创意园的夜色中。

曾有几年，在丁字口附近的中华南路上，每逢平安夜，大段的公路封道——只有行人可以在其中狂欢，机动车辆则要绕道通行。年轻人向路人们喷撒飞雪，或是投掷面粉与鸡蛋的混合物。遵义城变身为黔北的里约，上演一场热烈而简单的嘉年华，有人回想起来仍旧念念不忘，有人对狂欢中的“飞来横祸”感到无奈。

没有哪座小城如同遵义一样对这个节日充满如此高的热情和实干精神，或许因为受巴蜀文化的影响，遵义一直有安逸享乐的文化基因。在遵义行走几日，便觉得如此魔幻的景象也根植在现实之中：以“沙滩文化”而备受瞩目的沙滩村遍布农家乐；因一首词而声名大噪的娄山关则是当地人户外散心的好去处。遵义人也许对奋斗、成功这样的字眼兴趣阙如，但对及时行乐一直热情高涨。

我们错过了当地圣诞节最热闹的年份。如今，中华南路上车辆川流不息，行人被有序地引导在人行道上，相比平日，只是稍显拥挤的人流和荧光气球增添了些许节日的气氛。遵义的圣诞狂欢在城市史中不过是昙花一现，这个延续不过数年的短命传统没有在社会学意义的“地层”中留下任何痕迹。

湘江的西岸，在遵义的老城内，还保留着1869年发生遵义教案的杨柳街天主堂。当年的遵义人因为庆祝端阳节被阻而开启了轰轰烈烈的反帝反殖民运动，“端阳五月五，瘟主打天主”成为一句民谚。而一百多年后，圣诞节以狂欢的形式席卷了遵义城。在我们到访遵义的这个平安夜里，在老城的天主堂内，唱诗持续到深夜，熙熙攘攘的信众来这里度过他们的圣诞节。而在东

如山堆积的各式辣椒使得空气中也弥漫着辣味素，对于想要亲身感受辣椒氛围的人而言，泪流满面地逛完虾子辣椒市场是遵义最难忘的记忆之一。

岸丁字口，人们在夜市中摩肩接踵，圣诞只是一个聚会、夜宵的理由。

圣诞节是关于遵义的一个精巧暗喻，它根植于历史，却在历史发展中发生了意料不到的突变：红军救苦救难，于是成了菩萨的化身；西西弗墙内开花墙外香，很难说商业地产内的标准配套和偏僻小路上的读书会谁更接近西西弗的初衷；虾子镇以辣椒闻名，如今真正留给辣椒生长的土壤已经不多。

问丁薇如何评价遵义这座城市，她说——咖啡馆、茶馆和读书会是她在遵义生活的几颗图钉，这些图钉勾勒了她精神上追求未知的生活方式，也许会成为通向未知的一种掣肘。小城的生活简单美好，但缺乏激情，这或许是圣诞之所以变为狂欢的一个理由，人们需要相信自己仍有冲动的能力。

在我离开遵义后的几周内，一条由贵阳通向重庆的高速铁路正式通车，将遵义通达两个主要城市的车程大大缩短。遵义的城市扩张十分醒目，当下至少有五个新城在不同的方向疯狂成长，原来位于老城东面的遵义站也按照新蒲新区的相对方位改名成了遵义西站——那座青砖黑瓦、一颗红心的老城，正在被时代大潮裹挟着疾步前进。

两个圣诞节源自截然不同的两个传统，东岸狂欢的基因里是最朴实的日常娱乐，而西岸的弥撒中则是延续百余年的传教历史。来自生活和历史的两种力量在遵义汇流，构成了隔河相望、截然不同的两个圣诞节。

3　长征途中，毛泽东写下《忆秦娥·娄山关》："西风烈，长空雁叫霜晨月。霜晨月，马蹄声碎，喇叭声咽。雄关漫道真如铁，而今迈步从头越。从头越，苍山如海，残阳如血。"位于遵义市区北部约50公里、大娄山间的娄山关，因一场大捷、一首词而名声大噪。"红色"之外，因为环境好、空气佳、植被丰富，在遵义当地人眼中，娄山关更醒目的标签是——运动休闲、贴近自然的好去处。　摄影_杨舰

贵州村寨行走指南

風 撰文/黄达隆 马丽娅 等

黔东南从江县加榜乡加车村，村民在梯田上收割稻子。
摄影_杨秀勇

重峦叠嶂的山地体系，在贵州隔绝出了不同的文化带，不同族群生活其中，也发展出了相应的生活方式和文化系统。村寨，是观察和体验各个民族最鲜活日常生活的最好方式。过去数百年间，不同族群内的文化特征在村寨中得到了很好的延续和传承。

当以工业文明为主要特征的现代性横扫中国各个角落时，贵州的发展也被按下了加速键。在这个过程中，贵州乡村的转变投射出来的时代张力，着实让人着迷。

现代文明对民族地区最根本的冲击在于激发了地方本土知识和现代科学知识之间的矛盾。贵州很多少数民族虽然没有书写文字，但是通过民族史诗和传说，让创世和族源故事活在了口头文学和工艺手作之中。然而，当代的公共教育系统让很多道法自然的朴素哲学观逐渐消弭，苗族、侗族、水族、仡佬族、毛南族、布依族等民族曾经通过口耳相传来阐发人与人、人与自然之间关系的宇宙观，慢慢让位于标准化的现代知识。

现代性正在势不可当地以“城市包围农村”的路径进入贵州深山。最深远的影响从经济基础开始，贵州作为工业“后进”区域，数量庞大的年轻劳动力被迅速地卷入产业劳动分工之中，乡村地区不可避免地面临空心化的问题，而很多乡村青年也叹息“故乡，是回不去的家”。一方面，乡村的发展趋势是大步走向“城镇化”，变得越来越同质；同时，另一种发展路径日渐被讨论并获得肯定，即保留“民族特色”，将文化资本转化为经济效益，让村民致富。从实践角度看，发展旅游业确实是目前达成这一目标较有效的手段，但部分民族文化传统也因此只“存活”在民俗展演之中。远山青黛、流水人家、邻里乡情，是离土地太久的人们寄托“乡愁”最完美的对象。他们认为将所谓最“正宗”的少数民族文化保护起来，变成“博物馆”里的藏品，于本文化局内人而言，是最好的传承方式。然而，这种做法不禁让人产生疑问：置身其中的人如何看待这种“保护”方式？文化的保存对本地人而言，到底意味着什么？这些最初由外力主导的转变能否转化成可持续的文化内生力？

让人振奋的是，现代文明的进入也让贵州民族村寨的创造力得到很大程度的释放。比如在那些手工艺发达的地区，开始兴起各类手艺合作社和工作室，这种方式将个人技能和地方知识转化成了经济生产力，实现了当地女性的就业和再就业，也让更多人留在了这片土地上。有了人，村寨便能缓慢地恢复它的生命力。很多传统民族艺术瑰宝也被重新发掘，开启了艺术新的生命征程……

文化多样性在细节之处的体现散落在各个村寨的日常生活中，具象地表现为生计方式、建筑形态、服饰形制、宗教信仰和文娱生活等方面的差异。苗族是贵州省分布最广、数量最多的一个少数民族，与绝大多数苗族没有文字传统不同，黔西北石门坎乡的苗族使用的苗文于20世纪由英国传教士伯格理创制，为当地近代教育奇迹的出现奠定了基础，因此，石门坎曾被誉为“苗族文化高地”；同样作为苗族聚居区的黔东南西江苗寨则是另一幅景象，这个世界上最大的苗族聚居村寨可能是游客最熟悉的贵州景点之一，如今的西江依旧青瓦矮楼依山连绵延展，入夜之后，整个寨子灯火通明、人声鼎沸；黔西六盘水的梭戛乡则保留了苗族另一支系——“长角苗”相对“原生态”的文化状态，这里是由中国和挪威两国政府联合建立的第一个“生态博物馆”。这个没有围墙的“活体博物馆”保存和展示了当地的自然和人文生态，梭戛由此得到了良好的发展契机，也确实在特定区域范围内成功地让“长角

主要村寨分布示意图

苗”的文化得以有效传承。仡佬族是贵州最“土著”的民族之一，但因为数量较少、分布松散，在长期与其他民族混居的过程中，逐渐被强势文化影响。位于黔东北的尧上村虽被称为“仡佬族文化村”，但民族特色大多受政府层面自上而下的保护。黔东南的龙额村是侗族——贵州另一历史悠久的民族——在都柳江沿岸建设的最早居住区之一，龙额的侗族青年们则在更积极地探索如何让民族传统得以延续的同时，在市场中生出新的活力。深居月亮山和雷公山腹地的黔南怎雷村里，水族与苗族杂居，长久的民族友好相处和文化融合，使得居于此地的两个民族习俗相近，和而不同。

在这里以静态形式呈现的六个村寨并不能表现贵州所有民族村寨的全貌，但也可以管中窥豹地一览其中的典型。零星散落于万山丛中的少数民族村寨，以鲜明的个性和独特的风貌，合力展现出一张“贵州民族风情”的拼图，在与时代的角力之下，生机勃勃、日新月异。

石门坎村

2 石门坎村苏科寨寨貌。 摄影_李贵云
3 村民站在传统民居前。 摄影_李贵云

毕节市威宁彝族回族苗族自治县
石门乡石门坎村

“西南苗族最高文化区”位于贵州“西北的西北”

石门乡位于贵州接近川滇最边缘的西北角，是毕节市威宁县最为偏远的一个乡，处在贵州公路网末端，又与云南路网不衔接，距离威宁县城140公里，开车需要4个小时。过去由于交通不便，通行全靠步行马驮。这里平均海拔2200米，地处乌蒙山区腹地，被称为贵州“西北的西北”，属贵州省20个极贫乡镇之一。尽管地理位置偏僻，但石门坎很早就接触了西方文明。1904年，英国传教士伯格理沿着滇黔之间的古驿道来到石门坎，为这里带来了宗教和先进文化。在基督教信仰鼎盛时期，生活在石门坎的这一支系苗族有超过85%的人信奉基督教。同时，伯格理在此创制苗文，改变了当地苗族的生活状态与部分文化习俗。这里创造了贵州苗族近代教育史上的许多奇迹，被誉为“西南苗族最高文化区”。

融合中西特点的建筑群，如今只存残垣断壁

在伯格理传教办学的影响下，百年前石门坎就开始建立教堂，随后威宁县第一所中学，贵州有史以来的第一个球场、游泳池，中国最早的麻风病院、第一所双语教学学校、第一所苗民医院都建立起来。加上石门坎药房、石门坎教会、

4　2009年圣诞节，苏科寨村民们在老教堂举行活动。2012年老教堂在地震中被毁，新修建的教堂规模比原教堂扩大了一倍。　摄影_李贵云

邮政代办所等建筑40余栋，形成了一组融合了中西建筑特点的近现代建筑群。多年来，由于地震和人为的破坏，再加上年久失修，多数建筑被毁，只能从一些残垣断壁上看见这里过去辉煌的影子。现存建筑只有女教师宿舍、“长房子”（原办公室）、“石房子”（原牧师宿舍）、“小砖房”（原教师宿舍）、足球场、游泳池和伯格理墓、高志华墓等。石门坎的教堂已重建，风格朴实。

2015年开始的针对石门坎的保护与扶贫工作，拉开了石门坎社区风情苗寨、老集镇风貌整修序幕。原来的茅草屋民居逐步被全新的水泥房屋取代，目前游客接待中心、加油站、风情街区和移民安置点等已修建完成，石门坎博物馆也在建设之中。

与其他苗族截然不同的节俗

与贵州其他支系苗族“无字”的情况不同，伯格理创制的苗文在石门坎苗族所属的“大花苗”中广泛运用——日常交流、记录、教育、创作等，还包括图书、音像等使用这种苗文的出版物——在这里，你能看到人们观看地方自制的音乐节目和影视剧，字幕也使用这种苗文。

这一地区的信众至今仍重视到教会参加活动，逢礼拜日，附近苗族村落的信徒就会着盛装赶来，最多有几百人齐聚用苗语朗诵《圣经》、唱赞美诗。在重要的相关节日，如圣诞节等，附近村寨的苗族信徒会走几个小时山路来到中心地区的教堂集中，举办隆重的——包括苗族多声部唱诗班演唱等——活动。

贫瘠之地的发展探索

石门乡的行政村均是贫困村。大部分村民以种植玉米、马铃薯、荞麦等农作物为生，只有为数不多的人在乡镇上从事商业获得收入或在政府部门工作。由于土地贫瘠、石漠化严重，这里能种植的经济作物少，农业发展严重受限于恶劣的自然条件。过去基础设施落后、交通不便，生产几乎只能依靠人力，难以进行技术革新，农产品产量低，只能供村民自足。加上交通闭塞、物资短缺，没有进行大规模的市场交易的条件，收入很难得到突破性的增长。随着扶贫政策的调整，这里开始建设畜牧、烤烟和种植蔬菜、中药材等产业，养蜂业也有一定的发展。同时，加强道路等基础设施建设，乡村旅游、生态养殖、电子商务等各类产业开始起步。

| 5 | 6 |

5　冬季，村民正在放羊。因为石门坎所在的乌蒙山地区石漠化严重，无法为牛羊提供食物，如今，靠畜牧为生的村民已经越来越少。　摄影_李贵云

6　村民正在蒸煮马铃薯，这是石门坎村民最重要的主食。摄影_李贵云

陇戛寨

陇戛寨寨貌。　摄影　黄震

六盘水市六枝特区
梭戛乡陇戛寨

闻名于世的特殊头饰

梭戛乡位于六枝特区北部与织金县交界处，这里的12个村寨里生活着极具特色的苗族——“菁苗”（“长角苗”），其中最为著名的是陇戛寨。陇戛寨坐落于山间盆地，村落整体环抱于群山翠绿之中，山、田、寨交相辉映。一条乡级公路通往陇戛苗寨山门前，寨内以间宅步道为主，保留有数量可观的传统木式吊脚楼建筑和窨子屋建筑，还有大量古井、古树、古巷道留存。

这里的苗族有独具一格的审美，以特殊头饰闻名于世，“长角苗”的称呼亦由此而来，主要特点是男女头上戴木角，在木角上盘长发，形成沉重、巨大的头饰。女性盘头髻十分复杂，需要有人帮助。首先用长2尺左右木角把自己的头发盘制于脑后，再在木角缠盘十余斤重的麻和头发掺成的假发。制作好的头饰两头垂于耳下到两肩上方，一般有几十厘米长、十多厘米高，重约3公斤，甚者可重达8公斤。女孩子从五六岁开始向长辈们学习这种头饰的做法，母亲平日也会收集自己掉落的头发，用麻线编织起来，作为女儿的嫁妆一代代传下去。梭戛生态博物馆资料信息中心收藏有一头饰，其中包含有一个家族五代妇女的头发。男子曾经也是将木角盘置于头顶后部，再盘缠麻和长发，不过近几十年来，男子头饰、服装有较大的变化，一般只包头巾。

8	9
10	11

8　陇戛寨苗族少女正在互相帮助盘头髻。这支苗族的头饰极为复杂，一个人很难自己盘梳完成。　摄影_李光荣

10　跳花坡。　摄影_李贵云

9　陇戛寨传统木结构草房民居。　摄影_李光荣

11　六枝梭戛生态博物馆资料信息中心。　摄影_李贵云

中国第一座“生态博物馆”

梭戛生态博物馆是我国第一个生态博物馆，由中国和挪威于1997年开始规划建设，1998年正式对外开放。遵循其基本定义，梭戛乡的苗族社区整体被视作一个完整的生态博物馆，强调保护和保存其文化遗产的真实性、完整性和原生态。建成的实体博物馆——六枝梭戛生态博物馆资料信息中心——则更类似信息库，承担记录和储存社区的文化信息、存放相关的文字资料、具有特殊意义的实物、文化遗产登记清单和其他本社区内的遗产等功能，通过陈列展览介绍梭戛苗族的文化、传统等。

可以看到，作为生态博物馆对外开放20年来，尽管博物馆带来的“明星”效应已日益减弱，但在政治、经济、文化等层面上给梭戛乡的发展造成的影响是不容忽视的。

20年发展变化

生态博物馆建立以来，社区开发的工作迅速展开，对社区的民居进行保护性维修，并展开了一系列基础设施建设。在贵州整体发展建设的作用下，寨里的民居经过扶贫性的、改建性的维修，整体村貌有意识地保留下了原有的文化特征。另外，通过修通公路，修建学校，建设较为完善的水、电、通信等基础设施，生活便利程度大大提高。

文化方面，大量学者、游客以及媒体慕名而来，村寨与外界的联系交流大大加强，一定程度上改变了梭戛苗族人的精神生活与精神面貌，社区较为活跃，村民自我发展、建设村寨、自我表达的主动性和自主性提升。另外，相较于其他社区（族群），梭戛苗族的文化传统和习俗的保存程度、文化影响力和被认知的程度都很高。

传统上，村民主要从事农业生产，自给自足。由于居住在交通闭塞、土地贫瘠的高山地区，过去以刀耕火种为主。随着生产工具的发展，现在普遍采用犁耕。大多数家庭都喂养山羊、黄牛、马、猪、鸡、旱鸭子等家畜和家禽，村民种植的经济作物有漆树、麻、烤烟等，烤烟是当下能带来最多收入的经济作物。

成为生态博物馆之后，梭戛乡闻名国内外，来参观、考察、旅游的人日益增多，加上政府的重视和相关组织的技术支持、实践指导，带动了旅游业和相关的餐饮、住宿、民族手工艺、相关文化展演等的发展，部分村民现在以此为生。

“飞歌”中的爱情

过去，每年春节正月初四至十四，梭戛的男青年都得走村串寨与女青年对歌。男青年到女青年家门口，互相对歌比赛，只有男方赢了，女方才会开门让其进家。小伙子进家后，先给老人磕头，女方的老人向小伙子说几句期望的话，然后设宴共饮。之后经过2到3天对歌，双方产生感情。正月初十为盛大的跳花坡日，这天大家会聚在距陇戛寨2公里的传统花坡场。花坡场中央栽插一棵花树，青年男女围绕花树吹芦笙、跳舞，到坡上对歌、谈情说爱。在跳花坡期间，男女青年通过相互对唱（苗族称为“飞歌”）产生了感情的，以后在赶场天相见时，男青年要主动买粑粑给女青年吃或者买东西赠送，以表爱慕之情。

受现代社交方式、通信手段变化的影响，对陇戛寨的青年来说，“飞歌”“跳花坡”已经不再是他们社交、婚恋的主要方式，但相关的仪式、活动依然是其节俗、娱乐，甚至是自我展示的重要部分，自然地被保留，活态地被传承。

黔南布依族苗族自治州
三都水族自治县都江镇怎雷村

水族、苗族在这里同居融合

怎雷村位于三都水族自治县，地处都柳江与龙江上游分水岭的山脉之中。“怎雷”在水语中即“山崖、崖壁”之意，村子向东背靠苗岭山脉，位于月亮山与雷公山的腹地，西面则是都柳江的支流排常河。在山谷之中，房子像一把折扇一样沿着山体展开。郁郁葱葱的山间有层层梯田散落，寨子的身后则是苗岭之上的丛丛森林，站在寨子里向远处看，是一望无际、起伏连绵的山峦。

怎雷是一个水族与苗族杂居的村寨，由上寨、中寨、下寨和排常寨四个自然寨组成，村里共有200多户人家，大多数姓韦，水族占总人口的60%左右。苗族主要居住在中寨和排常寨，而上寨和下寨主要由水族居住。苗族与水族毗邻而居，由于紧密的地缘关系，两个民族之间生活习惯、劳作方式、饮食、婚俗等的差异日益减小，相互融合。

水族端节的变与不变

端节是水族最盛大的节日，相当于汉族的春节，水族人一般称为“过端”，即在水历年年终岁首的时候举行，辞旧迎新，庆贺丰收，时间在每年农历的八月到十月上旬，主要以亥日为节期。为了走亲访友，整个水族地区分为七个时间“过端”。依据传统，“过端”时，设素席祭祀祖先，不设荤菜和任何放油的菜，唯独不忌鱼，“鱼包韭菜”是宴席上必备的菜品。祭品中还要摆放农具和祖先的衣服鞋帽，以示对祖先的尊敬。怎雷水族过端节的习俗与其他地方有所不同，在怎雷，水族与苗族同在酉日“过端”，而水族也过苗族的吃新节。另外，据当地村民述说，苗族是从不忌油的，而水族则是忌油的。但长期混居，受苗族影响，如今部分怎雷水族不再忌油，过端节时，猪肉、牛肉等都已成为供桌上的祭品。有意思的是，怎雷的苗族在2011年开始，自发地恢复了苗族过鼓藏节的传统，上一次怎雷苗族过鼓藏节，还要追溯到民国时期。

12　怎雷村村貌。　摄影_饶武军

跟着水族“下聘礼”

早年间的怎雷，水族与苗族之间恪守着不与外族通婚的传统，即便是相隔不远的邻居，如果不是相同族群，也很难结为姻亲。这十几年来，随着现代文明的发展和观念的转变，当地的苗族与水族之间也有了通婚的现象。在这样的交流下，传统的婚俗也发生了变化，例如以前苗族是没有“下聘礼”仪式的，提亲时通常不带礼物，空手前往问话。但在长期与水族的交往过程中，苗族的男子一旦娶了水族的姑娘，也要按照水族的方式“下聘礼”，提着猪肉、糖等礼物去女方家下聘。

安抚赐福的亡灵

怎雷的水族相信，人死之后的灵魂可以为生者赐福，因此安抚亡灵是水族丧葬文化的主要内容。有人过世之后，同一宗族的人要立刻忌荤，但是水产——例如鱼虾——不在禁忌之列。入殓时，在场的人忌讳互相称呼姓名，一般用暗语或者手势表达。在葬礼前要举行盛大的“开控仪式”，杀牛来祭奠逝者，“开控”场面的大小代表了亲人对于逝者的尊敬程度。

13	14
15	16

13　水族特色美食“鱼包韭菜”。　摄影_饶武军
15　怎雷村村民在收割稻子。　摄影_饶武军
14　“端节”赛马。　摄影_饶武军
16　怎雷村鼓藏节。如今，怎雷村的水族村民也会身着水族民族服饰和苗族共同参与鼓藏节的活动。　摄影_卫民

西江千户苗寨

17 西江千户苗寨寨貌。 摄影_廖勇

18 层层叠叠的木质吊脚楼依山而建，呈阶梯状逐级抬升。靠近穿寨而过的河的两岸的多是旅游开发之后的新建筑，吊脚楼主要分布在山上的寨子中，不少历经翻修，保存时间较长的老房子多在高处。 摄影_陆宇堃

黔东南苗族侗族自治州雷山县
西江千户苗寨

最著名的苗寨，贵州村寨旅游的代表

西江苗寨位于黔东南雷山县东北部的雷公山麓，由10余个依山而建的自然村寨相连成片，有超过千户的人家在此居住。常住人口中，苗族占90%以上，“千户苗寨”得名于此，是全世界最大的苗族聚居村寨。西江坐拥丰富自然资源，让它走到了旅游发展浪潮的第一线。2008年贵州省第三届旅游发展大会在西江千户苗寨召开以来，雷山县政府借旅发大会的平台，投入大量的人力物力，把西江打造成为贵州省乡村重点旅游景区。每逢节假日，西江苗寨内人潮汹涌，游客络绎不绝。

苗寨所在地形为典型的河流谷地，寨中有四条溪流，分别汇入西江。白水河穿寨而过，大多数建筑位于河流东北侧的河谷坡地上，水自南而北绕寨脚而过，将寨一分为二：河北面是平寨、东引、羊排；南面是水寨、乌嘎、也好、南贵。千百年来，河水灌溉着沿溪的农田。随着旅游开发的深入，白水河两岸的耕地被征用，改造成了沿河步道，沿着主干道向山上的路两旁，或新建、或改造了各式各样的新式商铺，成了一条长长的服务于游客的步行街；山中地理位置和视野较好的房子，大多都被投资者租下，改造成

19　寨内，身着盛装的苗族青年们吹奏芦笙，跳起舞。　摄影_陆宇堃

了餐厅、“苗家乐”或客栈。目前，西江千户苗寨已有“苗家乐”100余家，旅游商品店铺160余家。

世界最大的苗族吊脚楼群

白水河两岸，西江苗寨的吊脚楼层层叠叠，顺着地形依山而建。靠近河两岸的建筑多是旅游开发之后的新建筑，吊脚楼主要分布在山上的寨子中，因为土地有限，为充分利用，建筑布局非常紧凑。民宅以三层或四层的平地吊脚楼和斜坡吊脚楼最为普遍：第一层用来存放劳动工具；第二层是苗族人家生活起居的堂屋、厨房、卧室，在堂屋外侧则有“美人靠”；第三层则用来存放谷物、饲料等生活物资。

除了民居以外，村里也有许多公共建筑。整个村寨以木结构建筑为主，防火就成了第一要务，西江的各个自然村寨都设有防火塘，以作消防之用；沿河靠近寨脚的地方设有碾米厂，靠近农田又便于取水；在大寨中央设有芦笙场，河沙坝设斗牛场，赶集处有斗鸡场，都有各自不同的集会活动举行。进行旅游开发之后，村中另辟空地建起了大型的芦笙场，村民每天都有固定的时间为游客进行表演。

主要产业转型，旅游业成为支柱

在还没进行旅游开发之前，村寨的主要经济来源是农业生产。2008年之后，随着旅游开发的深入，白水河两岸多数的耕地都被征用，原本先天条件较差的地势低处的土地，几年之间变得寸土寸金。随着游客越来越多，西江古街沿路门面，一年的租金可达十数万，有宅基地的村民们，或是自己经营商铺，或是将门面租给外来的经营者来获得收入。在苗寨内，现在几乎难以找到大面积的耕地，主要的耕地分布在离寨中心脚程半个小时到一个小时的村寨外围。仍有一部分村民以耕地为生，失去土地的自耕农与本地旅游业从业者之间的贫富差距也在变得越来越大。

十三年一次的大鼓藏节

西江的节日众多，这之中每年一度的吃新节、苗年和十三年一次的鼓藏节最为隆重。

吃新节一般在每年农历六月、七月、八月的中上旬举行，是属于苗家的生产节日，相传为古代对谷神的祭祀之沿袭。西江千户苗寨每年过两次吃新节，即“头卯节”和“末卯节”。从“开秧门”满15天后，稻谷孕穗，逢卯日就过。这天各家到自家田里扯三五根“秧包”来挂在神龛上和粮仓里，然后杀鸡、宰鸭、煮糯米饭、烧香、化纸敬祖宗和岩神、桥神、花树神，祈求诸神保佑稻谷丰收。“头卯节”之后逢马（午）场天，就“赶热闹场”，苗语称“游卯”，青年男女借这个机会进行对歌择偶，还有斗牛、斗鸟等活动，但不准吹芦笙。又过50天左右，谷穗渐熟，逢卯日过“末卯节”，人们同样扯三五根“稻谷”来挂在神龛上和粮仓里，煮糯米饭、猪肉来庆祝。

鼓藏节分“大鼓”和“小鼓”，“大鼓”十三年一次，“小鼓”一年一次。鼓藏节的时间和组织要由村里的“鼓藏头”来决定。西江的鼓藏头由羊排村唐氏家族各代排行最小的男子世袭，现在由唐家的小儿子唐守成担任。鼓藏头负责重要的祭鼓仪式，看管着苗族奉若神明的铜鼓或者木鼓。对于迁徙频繁的苗族来说，他们认为鼓里有宗族和祖先的神灵，“鼓藏”一词即得名于此。

黔东南苗族侗族自治州黎平县
龙额镇龙额村

黔桂交界处的侗族村寨

龙额村隶属黔东南黎平县龙额镇，位于贵州与广西交界处。传说，龙额地区为南部侗族方言区萨玛神的发源和祭祀圣地——“萨岁山”所在地。全村有3个自然寨，13个村民组，共480多户人家，2000多人口，基本都为侗族。都柳江的支流归养河、六约河穿村而过，受城镇化建设的影响，大部分村内传统木质吊脚楼民居在早些年被水泥砖房代替，但鼓楼、花桥、戏台等公共空间保存完好。

侗族河歌最著名原生地

龙额是原文化部（现文化和旅游部）命名的“侗族河歌艺术之乡”。河歌又称“江边歌”“侗族河边腔”，侗语称“嘎孖”，是主要流传于都柳江流域，用贵州南部侗族方言演唱的一种曲调独特的侗歌，因多在河边对唱而得名。内容多为情歌，演唱即兴性强。龙额是侗族河歌的原生地之一，河歌曲目的传承较完整。

吃社饭、品社酒、唱河歌

龙额重要的节日有春社河歌节、吃新节等。立春“五戊”为“春社”，立秋“五戊”为“秋社”。“春社”庆祝两天，会举行隆重的祭祀仪式——第一天为“赶社”，进行唱河歌和其他娱乐活动；第二天为“吃社”，村中姚氏家族会邀请大家吃社饭、品社酒。

侗族青年公益团队的8年实践

2010年2月，张传辉与几名外出务工的侗族青年回乡，成立了龙额公益团队，创建初期以对接外界资源帮助龙额镇的学校和学生为主。从2012年开始，团队在村寨开展了“老照片收集整理”“村寨文化纪录片拍摄”“寻根计划”“乡村影像资料库”“村寨自然资源调查记录”等一系列记录活动，期望通过这样的记录和传播，把乡村的知识沉淀与价值重新展现在人们的视野中。在贵州乡土文化社的支持下，这些记录得到一定程度的传播，也促使龙额村民更了解和关注自己的村庄。

2015年，龙额公益团队成立合作社，筹建生态农场——桔园，把本地种植养殖品种恢复、

20　龙额村下寨村貌。　摄影_陆宇堃

乡土教育和深度乡村体验游等功能结合在一起。桔园占地37亩多，种橘子树，另有水稻种植区、养殖区、体验区、民宿等。

从一支团队到全村参与

过去村民经济收入主要来源于种植业、养殖业，年轻人多外出务工获得收入。龙额侗寨公益团队作为探索者和实践者，希望让更多村民参与其中，并逐渐建立村民自治的管理办法和利益分配制度，也希望大家对接市场的能力有所提升。

桔园恢复了多种本地原生稻种的种植，其良性发展成为示范，吸引龙额村和周边村寨共35户村民参与到恢复传统水稻品种的种植中来。2017年，他们与电商平台合作共同销售“水牛毛糯”大米约一万公斤。

相比贵州其他村寨，龙额村村民较早就开始外出务工，村貌变化较大，又缺乏独具特色、得天独厚的自然景观，所以过去龙额村受到外界的关注并不多，几乎不会被作为旅行目的地。现在，运用村寨的自然资源和传统文化资源，以桔园为中心基地开展的农事、手工艺、自然教育类的体验活动，吸引人们到达这里，了解龙额侗族的文化，停留体验，效果良好。2012年，村里20多名年轻的妈妈组成“亮亮队”，初衷主要是跳广场舞。后来，在龙额侗寨公益团队的影响下，逐渐参与到文化记录和深度体验游相关的活动中，主要承担起手工艺展示与教学、侗歌教学、农事体验指导等工作。

受20世纪80年代的“打工潮”的影响，劳动力大量外出，龙额村侗族传统艺术的传承受到冲击，掌握相关技能的年轻人正逐渐减少。龙额的侗戏班也发生了变化。侗戏表演是传统村寨活动和村寨间交流的重要组成部分，侗戏班成员多外出打工，没有机会一起排练，侗戏表演平台和机会日益减少。以戏师石巍为主，侗戏班自发以侗戏本整理、村寨故事收集等抢救性的方式保护着村寨传统文化。2017年初，龙额侗寨公益团队、亮亮队和侗戏班共同举办了一系列活动：三方协作完成修建侗戏台、民间故事收集等工作，并以故事会、放映会、周末剧场、侗歌和侗戏编排学习等形式，进行分享活动，希望借此吸引更多人群参与，为村寨的社区建设和传统文化的传承接力。全村有200多名村民直接参与其中。

龙额侗寨公益团队正在建立“能人库”，梳理村民情况和各自具备的技能，让更多村民有机会共同参与，提高收入的同时建立起对社区传统的认同感，使社区活力得到提升。

21 | 22

21 春社日，村民们手中拿着“社饭”——红鸡蛋和叶子包裹着的糯米饭。 摄影_黄震

22 村民们在看侗戏。 摄影_张传辉

尧上村

23 尧上村村貌。 摄影_陆宇堃

24 郑氏宗祠。尧上村所在石阡县水路发达，曾是过去地区重要交通枢纽，多元文化在这里碰撞与交流。宗祠作为受儒家文化影响较大的传统建筑典型，为汉族移民进入石阡地区后修建。 摄影_陆宇堃

铜仁市石阡县坪山乡
佛顶山村尧上仡佬族文化村

修葺一新的仡佬族村寨

尧上是佛顶山村的一个村民小组，后因旅游发展更名为“尧上仡佬族文化村”，位于佛顶山脚下，全村11个组，村民约1300多人，少数民族人口占83%。

石阡县是国家级贫困县，尧上村是贫困县中的贫困村。2003年时，农民年收入还不足600元。2004年开始发展旅游扶贫后，现在已经成了一个旅游年收入突破4亿元的村寨。在通往佛顶山的村落主干道两旁，建筑修葺一新，多为旅游纪念品、土特产贩售商店，以及各类餐馆、民宿、客栈，停满了村民购置的自行车。

文化交融之地

从地理位置上来说，石阡县位于苗、侗、布依、水等少数民族聚居地交会地带，其东面又与汉文化区相接。同时，石阡县水路发达，流经石阡县的龙川河将沅江水系和乌江水系连接起来，水路汇合形成重要的交通枢纽。多元文化在石阡县发生碰撞与交流，也加速了当地仡佬族汉化的进程。

因地而异的仡佬族民居

尧上村的建筑以民居为主，大多数建筑在这

25　尧上村“敬雀节”，身着红袍的主祭师环绕在神龛前，伴随着低沉的牛角号声焚香，准备念诵祭词。　摄影_崔卿

几十年间建成。传统仡佬族的民居多为干栏式建筑，但因为仡佬族支系很多，在贵州不同地区，建筑在地理因素、其他民族文化的影响下差异很大。安顺、普定、六枝一带的仡佬族，喜欢修建石碉楼；黔西、毕节一带的仡佬族民居则多为茅草屋顶、沙土夯墙；黔东北部思南和石阡一带的仡佬族，则喜欢修建干栏式吊脚楼，飞檐翘角，小巧玲珑。仡佬文化从尧上村中历史较为悠久的房屋可窥见一斑。

崇鸟的民族

仡佬族崇鸟，村落广场中心矗立着一尊葫芦鹰雕像，传说是它衔来灵芝拯救了仡佬族先民。每年农历二月初一的“敬雀节”是仡佬族最重要的节日，对于刀耕火种的仡佬族先民来说，年景的好坏、庄稼的荣枯、收成的丰歉都与神明的庇佑密切相关。仡佬族祭拜鸟神，希望鸟雀百兽不侵庄稼，来年能有个好收成。过节这天，全村人都不能下地干活，出嫁的女儿也回娘家，和家人一起杀猪宰羊、打糯米糍粑、焚香烧纸来敬奉鸟神。祭祀的时候，他们会将糍粑分成小块，放到屋顶和田地周边的树上让鸟来吃。如果是望族大姓，还要在家族的祠堂里设置祭坛，将祭祀的中心从家庭延伸至整个宗族。

如今，尧上的敬雀节已经旅游节庆化，每年二月初一村中都举行隆重的庆典仪式，堪称农村节俗和仡佬族民俗的大杂烩，既有打糍粑、拔河、打陀螺、踩高跷等活动，也会表演仡佬婚俗、跳茶灯、放鸡、“六和三角宴”等。

26 村民正在制作“叶粽”，主要售卖给游客，旺季时一天可以卖掉一千个左右。 摄影_陆宇堃

歌声如诉，苗侗音乐故事

風 撰文/霍亮子 摄影/冯大伟 等

在苗族和侗族的传统概念里，都没有“音乐”的对应词汇，意思最相近的是“歌”——“歌”与苗侗人的信仰、劳作、战斗、繁衍、生死息息相关。

在当代，黔地群山进入了前所未有的开放时期，在乡土变迁过程中，族群文化特色渐渐消失、传统社会结构逐渐瓦解等情况似乎不可避免。随着与之关联的制度与仪式逐渐隐没，“歌”可能剥离开来作为音乐独立发展吗？“歌”还能够完成文化的交流传承，唤起族人的集体认同，传达族人的喜悦与忧愁吗？

带着这样的疑问进入黔地，我们目睹“歌”不但面临着所有民族民间音乐在当代发展中的共同问题，也有各自传承与改革中的困境。然而，扎根于山地的“歌”，自有其包容与韧性，从学界、政府到民间，爱歌者孜孜不倦地进行着探索，相互作用，推动着“歌“的成长。歌声如诉，苗侗人依然用“歌”述说他们的当代故事，并试图让世界聆听到他们更真实的声音。

苗人们持笙而歌，踏上不同的前路

在贵州大学见到杨昌杰的时候，他正带领着学生参加元旦跨年晚会的排练，表演苗族芦笙曲《丰收的喜悦》。1986年出生的他是黔东南雷山县人，从小跟随家人学习芦笙，2007年考入贵州大学少数民族音乐专业，现在是贵州大学艺术学院音乐学系民族音乐方向的外聘教师，主教芦笙，学生们来自贵州各地。

芦笙一向被认为是苗族的标志性乐器之一。杨昌杰说，苗族的芦笙曲不仅是用来吹奏的，还是用来跳舞的。芦笙曲都有芦笙词，只是有些歌词失传了，让曲子无法解读。苗族方言的发音与芦笙的音阶吻合，吹奏就成了唱歌，有具体含义的表达。他开始吹奏《讨花带》，“如果直译过来就是：老表啊，送我一根花带系在芦笙上。它很含蓄，不会直接说喜欢你。在我们这个苗族方言区，凡是吹这个曲子，就是谈恋爱的一种暗示”。

《讨花带》是黔东南雷山地区苗族流行的求爱曲目，一般出现在芦笙会等大型的聚会场合，男青年用以向心仪的对象表白，如果姑娘也爱慕青年，会把织好的花带系在芦笙上。杨昌杰说：老人们讲，芦笙吹得好，发音要准确清晰，就像人说话要清楚。除了用于恋爱，芦笙还在苗族人的祭祀和庆祝仪式中担任关键角色，关联着信仰、农作、战斗、生死。“如果会吹芦笙，会被人们当英雄一样崇拜。”杨昌杰告诉我们，芦笙的使用有诸多禁忌，比如，依据传统，只有秋冬农闲时节到春节这段时间才能吹奏芦笙，由本村寨的巫师断定天候与日期，率先吹奏，之后其他人才能吹奏。如今，芦笙被吹奏起的场合延伸至舞台，这些与之关联的制度与仪式也随之隐没了。芦笙逐渐祛除了神秘感，成为一件单纯的乐器。

1　歌师吴永宏在弹奏琵琶。

吹奏《讨花带》时，杨昌杰使用的是传统的六管芦笙，手持轻巧，但不能变调。表演《丰收的喜悦》使用的是十八管的改良芦笙，出现于20世纪五六十年代，增加了音阶，可以实现转调，表现能力更丰富，使它适应于舞台表演，也适应于更多乐曲的演奏。

虽然改良芦笙有种种优点，有学者对其持保留态度，民族音乐学者杨方刚认为，定音的标准化使其丢失了苗族特色的声音（“各种变异式五声音阶中所具有的微降la、mi，微升fa、sol诸音”），另外芦笙变得沉重也妨碍了芦笙舞的表现。杨昌杰认为演奏民间音乐就使用六管芦笙，改良芦笙用来演奏芦笙的创作曲目，如果要作为伴奏乐器有更丰富的表现，可以使用改良的汉笙，即36簧加键笙，“再改，就不是芦笙了”。

和改良芦笙出现的年代相仿，《丰收的喜悦》是苗族音乐家杨昌树创作于1964年的芦笙合奏乐曲，20世纪五六十年代，少数民族音乐经历了新中国成立之后的第一次系统调查，也是专业音乐家大量采用民族元素，创作出新民乐、新民歌的时代，《丰收的喜悦》就诞生于这一背景下。杨昌树1945年出生于贵州黔东南黄平，因为擅长芦笙演奏，12岁考入黔东南州歌舞团，曾经任教于贵州省艺术专科学校、贵州民族学院、贵州大学，是苗族芦笙重要的作曲家、演奏家和教育家。

苗族音乐家杨胜文提到《丰收的喜悦》时感慨地说，很难想象一个小学文化程度、没有学过作曲的人，居然可以用五声音阶写出这么好的曲子。杨胜文是杨昌树的侄子，1982年贵州艺术专科学校面向苗族地区为首届芦笙班招生时，他就是学生之一。芦笙班是现在贵州大学民族音乐学科的前身，也是中国的高等教育将民族音乐纳入学院教学的实践开端，影响深远。这种影响不仅是音乐教育实践、对苗族音乐文化的塑造，更直接改变的是很多人的命运，出身农家的杨胜文、杨昌杰都是受益者。杨昌杰是寨子里的第一个大学生，他说：“我跟芦笙的关系就是它给我一条生路，我用一生去还它。”

杨胜文的经历更曲折些，他后来从芦笙班被调去学习贝斯，又因师资不足，改学手风琴。此后他辗转深造，曾在中央民族大学学习芦笙、声乐和作曲理论，现在供职于中央民族乐团。这段阴差阳错、柳暗花明的经历，让他既经受过民间音乐熏陶，又受过西方音乐的学院派体系训练。

杨胜文生于1966年，70年代以后，民间音乐回潮，他跟随大人四处参加芦笙会，“16岁的时候，游方刚刚恢复几年，初一到十五去另外一个寨子游方，所有的小伙子集中在一起，大概一二百人走在山路上，到了游方坡，男的站在一边，女的在一边，然后就互相对歌，像刘三姐的那种生活，现在已经没了”。80年代末流行交谊舞，“我们做乐队在后面伴奏”。2002年的时候，他与两个弟弟组成“苗山人”组合，后来成功推出了歌手阿幼朵。杨胜文作为主创，在将苗族音乐与电子流行音乐的结合上做出尝试，大致形成民族风的流行音乐路线，但并没有走很远，演出邀约逐渐减少，组合解散。“苗山人”之后，杨胜文到苗族的西部方言区学习、体验，最终促成他现在的音乐观念的形成。苗族三大方言区以西部方言区分布范围最为广阔，“从（贵州的）花溪、六盘水、安顺到广西的龙脊，云南的文山、红河，泰国、老挝、越南，包括大部分现居美国的苗族人都属于西部方言区……现在一提到苗族音乐，就是黔东南、飞歌，其实苗族西部方言区有大量的音乐还没有被关注”。后来，他去东南亚，跟着老挝的苗族乐队一起流浪，卡车拖车打开就是舞台，随手揪来树叶吹出曲子，月亮就挂在头顶，“感觉太好了”。到美国参加苗族花山节跨年——10月到12月，各苗寨轮流过，一个寨子过几天——他搭朋友的车跟随花山节转场，朋友卖书，他卖CD，弄来麦克风和音响，现唱现卖，一张CD10美元。杨胜文在美国一共出版了3张CD，“现在我在美国西部苗族地区比在贵州还有名”。

2015年，杨胜文成立“金竹乐队”，开始了苗族现代音乐的进一步实验。他深感芦笙无法适应现代音乐的演奏需求，开始了自己的改造乐器之路，“改变了笙苗的排列方式，变为三角形，去掉了共鸣管，降低了音量，以前的芦笙声音大、刺耳，比如跟声乐合作就会抢”。他还把笙斗换成铜质，让它不会在冬天吹奏的时候因为里外温差积水，造成发音不准等问题。金竹乐队的作品有爵士乐的风貌，可归于世界音乐一类，是目前国内苗族音乐里的先锋。

杨胜文也在中央民族大学教授芦笙，他说杨昌树作曲的精华往往被现在的演奏者丢掉了，比如《丰收的喜悦》要用到“软吐”的技巧（舌尖放在口腔中间，呼气或吸气时喉结和下颚有节奏地颤动，奏出二胡或小提琴等弦乐颤弓的效果）。不懂得“软吐”，吹奏出的乐曲就变得僵化和平庸。在一次与苗族艺术家叠贵的对话中，杨胜文指出，苗族语言有8个声调，前5个声调与五声音阶一致，语言本身就有音乐性；苗族传统音乐节奏丰富，这都让其有开阔的发展空间。但是到目前为止，苗族音乐还没有走出自己的道路，“目前市场上的苗族音乐，很多歌曲不一定根据苗族音乐的骨架来创作，而是用剪接的方式，做一个背景、前奏，或者色彩来使用……如果一个民族想创造出自己的东西，就需要建立属于自己的编制、配置、节奏、结构”。

跟杨胜文在音乐性上的探索不同，叠贵更多从人文的角度切入音乐。他说：“漫长的迁徙，让苗人远离了祖先，远离了东方家园，所以他们必须记住迁徙的路线，他们的灵魂才能找到回家的路——苗族古歌*Hxak Nangx Eb Jit Bil*、*Hxak Zab Gangx Nal*讲了迁徙史，而丧葬歌*Hxak Pid Qub*、*Hxak Lul Naix Lul*是为指引亡魂回到祖先相聚之地而唱的。现代人，包括苗人，都常常流动离散、失魂落魄，大家都面临着这个问题。”

叠贵想用日常化的苗语创作，让现在的年轻人也可以表达，因为他观察到：“苗族人是融入整个集体的，个人的情感和痛苦微不足道。你只有一个人在山坡上干活的时候才会想起一些忧伤的事情，日常没有办法去跟人说你痛苦你难受。苗族集体意识非常强，个人的情感很容易被忽略。”

丢歌不唱真可惜，侗歌中的“我”与“我们”

2018年元旦，我们在黔东南黎平县参加县委宣传部主办的新年晚会，晚会的主题是“让世界听见黎平”。当晚也是“万人侗族大歌赛”的颁奖礼——2017年黎平县组织的万人侗族大歌赛，共256支歌队7112人参加预赛，考虑到黎平全县的常住人口还不到39万人，这样的动员能力相当可观。被列入世界非物质文化遗产的侗族大歌是黎平县的名片，县非物质文化遗产办公室主任吴再锋告诉我，比赛与机关单位的绩效直接挂钩，是必须完成的任务，“政府就是这么重视”。

除了自选一首侗族大歌，必唱曲目是《丢歌不唱真可惜》。12月18日晚，在中国侗年开幕式上，由10位歌师领唱，10288名歌手齐唱《丢歌不唱真可惜》，声音摇撼天地，创下一项吉尼斯世界纪录。吴再锋推测，《丢歌不唱真可惜》

最早可能主要传唱于黎平县双江镇的岩洞、黄岗等地区。20世纪50年代，随工作队下乡参加土改的大学生萧家驹意外发现了侗族存在无伴奏的多声部合唱，此后他返回黎平、从江进行调查，并于1958年出版了《侗族大歌》歌集，其中就收录了这首歌。音乐学者张应华告诉我们，侗族大歌主要流传于侗族的南部方言区，即便在南部方言区也不是各村寨都有，有大歌传统的村寨所演唱的曲目也各自不同。现在由于“非遗”带来的品牌效应，侗族大歌成为侗族音乐的代言，而《丢歌不唱真可惜》因为演唱起来气势宏伟，有很好的表演效果，俨然成了全县的县歌。

吴再锋来自黎平县的尚重镇，方言就与双江镇大不相同。侗族学员学歌需要克服的最大困难是方言上的差异，参赛的歌手还有很多是苗族、汉族、布依族、瑶族……这样一起学侗歌的场面，恐怕在历史上也前所未有，客观上大赛确实促成了侗族文化的传播。

吴前春是当天颁奖晚会的大赢家，他所带领的地扪青年队获得了成人组一等奖，他自己获得“优秀歌师”奖。

地扪距离黎平县城40多公里，隶属于茅贡乡，是一座有着700多年历史的古村落，村寨规模很大，面貌保存完整。吴前春是1984年生人，已经是县级的非遗传承人。高中毕业之后，他是周围少数没有外出打工的年轻人，曾经在肇兴侗寨做过演员，为游客表演歌舞，后来回到村内的生态博物馆工作。他对侗族文化发自本心的热爱，就像传统的歌师一样，他组织村里的年轻人学侗歌、唱侗戏，希望留住他们不要外出打工。

2　叠贵（左三）和乐队成员们。2018年4月，他们开始为新的苗语诗剧项目排练。

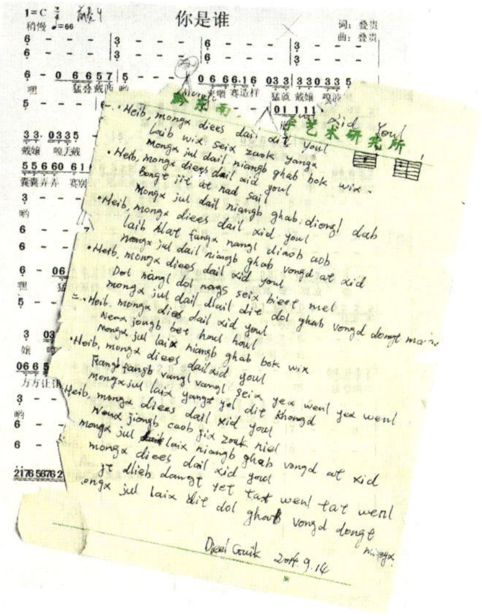

侗族有丰富的音乐传统，也有着复杂的歌谣体系。南侗地区不同村寨的大型联谊称为“为也”（做客），在学者杨晓的记录中，一次典型的“为也”中使用到的音乐形式包括祭萨、笙乐、拦路歌、餐饮时的酒歌、夜间的鼓楼对歌、侗戏、牛腿歌、琵琶歌等。不同的“歌”在不同场合用于不同人群，有着不同的功用，与南侗地区的风俗传统、生活劳作以及社会组织形式交织在一起，密不可分。大歌在侗族社会无论是学习还是演唱，都是一种集体性的活动，而牛腿歌和琵琶歌则因为个体性，有更自由表达的可能。

我们在黎平县城见到杨月艳时，她刚刚被评为侗族琵琶歌的国家级传承人。1967年出生的杨月艳是黎平尚重镇人，10岁开始跟着村里的歌师赵学开学习琵琶歌。她天资聪颖又肯用功，1981

3　叠贵创建的“夜郎无闲草”平台集合了一批年轻的艺术家与音乐人，音乐创作的同时跨界绘本、童话创作等，尝试将苗族文化带入当下的生活。

你是谁　　作词　叠贵

Heib,mongx diees dail xid yol
嘿，你是谁呢
Nenx jongb bet houl houl
人世繁华
Mongx jus dal niangb ghab bok wix
你还在那高山上
Heib,mongx diees dail xid yol
嘿，你是谁呢
Nenx jongb caob git zouk niel
人们吹笙踩鼓
Mongx jul dal niangb ghab diongl daib
你却在那深谷中
Heib,mongx diees dail xid yol
嘿，你是谁呢
Fangb fangb vangl vangl seix yex wenl yex wenl
村村寨寨热闹着
Mongx jus dail yangt yit dit diongb khongd
你还飘荡在天空中
Heib,mongx diees dail xid yol
嘿，你是谁呢
Dangt dlieb dangt yet tat wenl tat wenl
人潮汹涌啊
Mongx jus laix dail niangb ghab vongt at xid
你还一个人在森林里

年就跟随老师第一次“出堂”唱歌。后来杨月艳跟随尚重地区最出名的歌师吴世恒学习，成为他的得意门生。琵琶歌有固定的旋律，能展现歌师能力的不仅是歌唱的水平，还有掌握传统歌曲的数量，以及即兴编词填词的能力。尚重的琵琶歌属于四十八寨琵琶歌的范畴，由一男或一女自弹自唱，使用真声和大型琵琶，内容涵盖了历史、神话、情爱、教化、规制等。杨月艳说自己偏好唱哀婉的情歌，会仔细琢磨每一句歌词的意涵，找到表达的方式。她的唱腔委婉曲折，非常动人。见她时是1月初，离春节还有些时日，请她唱歌的邀约从初一到十五都早早排满。她说除了孩子年纪小的那几年，新年都是在外面度过。侗族人给歌师极高的礼遇，车接车送，鸣炮迎接。待到歌师在鼓楼开唱，人群水泄不通，央求歌师一首接一首，可以从白天唱到深夜，夜里唱到天亮。

现在有不少人要跟她学歌，她指出最难的是弄懂歌词含义，琵琶歌的文字就是诗歌，有着复杂的韵脚，一些表达年轻人已经不明白，更不要说用歌声准确进行表达。黎平非遗办牵头整理的《六洞十洞琵琶歌》即将出版，随手翻开便有这样的汉译歌词：“这条路远，我想约你，使其近；这山冲深，我想约你，使其平；此路不平，我想约你，找块石头垫；路不好走，我想约你，找根树架桥；找树架桥，后也朽，我想约你，修座石桥，才经千年万代，让给地方看。” 还有“丢久不见，今晚试来探，犹如百合开花，在那大融河，百合开花，在那大融河，你在骗我，总等总单，像秋风禾蕙”。文学性非常高，汉译歌词尚且如此，原版的侗语更美妙。从这一点上说，歌师便是本文化的博学者，充任的又是知识精英的角色。

除了承接传统，琵琶歌因为曲式固定，最重要的变化在于歌词，所以也有应对时事的能力。吴世恒曾经在不同的时代写过《戒大烟歌》《征兵歌》《婚姻自由歌》《黎平飞机通航歌》等。洪州镇赏方村的吴良锋1985年出生，因为编歌能力强，20岁出头就在歌会上被赞为“侗族小歌王”。

我们到访的那天，走近房子就听到歌声——吴良锋生活在一个大家庭，他正带着兄弟姊妹一起围着火塘唱琵琶歌。洪州琵琶歌使用小型琵琶，男弹男唱，或者男弹女唱，最大的特色是男女都用假声，如惊鸿，如游龙，十分俏丽。那天他为我们演唱了一首自编的歌曲是关于牙齿痛的，也有教化的意思。牙痛应该看医生，按时刷牙，“有些老人家真的会按照歌词里写的做”。歌词一定要写得幽默，虽然我们听不懂，但满屋的人都笑了。

吴良锋高中毕业那年生了一场大病，耽误了高考，也让家里欠下债务，他便与兄弟姊妹一起压制了琵琶歌的VCD，在广西、湖南边走唱边出售，居然卖出一两万张。这样走村串寨如同以前流浪艺人的谋生方式一直持续了几年。2012年，他聚集了一群人在QQ群里对唱情歌，后来又转移到微信，现在这样以唱歌、对歌为主的微信群在侗族地区非常多，用手机替代“行歌坐月”真是意料之外、情理之中。从VCD到微信群聊，侗歌传播介质的变化也与时俱进。

研究侗族音乐的学者杨晓总结：“在以‘口传’为根基的无文字南侗传统中，制度化的歌唱传承与仪式化（中）的歌唱展演或多或少取代了文字的位置，以身体、言说、歌唱完成文化的交流传承，不断唤起并强化侗人的集体认同与记忆，由此稳定传统社会结构，并实现人与物之生生不息的生产与再生产循环。”而现在，“族群文化”松动，传统的社会结构逐渐瓦解。与此同时，无论是政府的行政干预，还是人口流动、传播介质多样化、侗歌传统功能的改变，都让侗歌

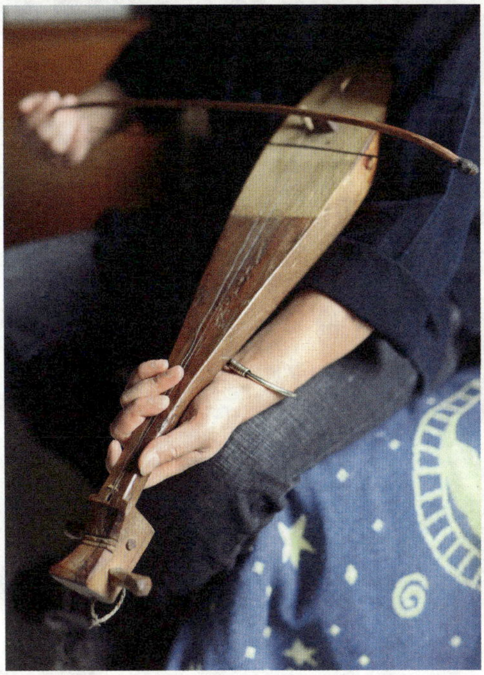

4	5
6	7

4　六管芦笙。　5　杨胜文制作的捂笙。
6　侗族牛腿琴。　7　吴前春制作的琵琶。

8 正月初四，黔东南从江县西山镇顶洞侗族人举行盛大的“踩歌堂”活动，人们一边唱踩堂歌，一边舞蹈。作为侗族“祭萨”的重要环节，“踩歌堂”过去主要的功能是祭祀性的，随着时代发展，“踩歌堂”逐渐成为跨民族、跨地区的具有娱乐、社交功能的歌舞形式，同时依然是侗族祭祀、节庆的重要组成部分。 摄影_尹忠跨过血缘、亲缘和地缘，产生出新的面貌。2000年以来非遗制度的建立和深化，以及由此带来的财政支持，整个社会对于传统文化的保护意识在增强，还有电视、网络传媒的急剧扩张，对于多样化内容的需求，都对传统音乐和民间音乐起到促进作用。这在侗歌中体现得非常突出——杨月艳、吴良锋和吴前春都有很多外出表演的机会，加上各种大赛和来自政府的嘉奖，像吴良锋和吴前春这样的年轻人，文化自信和主体意识都很强烈。

但问题也是存在的。比如，留在乡村自觉传承文化的年轻人毕竟是少数，对大多数人来说，出门打工仍然是谋生的主要方式，农耕文明和乡村生活的解体，是对传统音乐致命的打击，这种状况目前还没有非常有效的解决方案。传统上，歌师除了出堂唱歌，教歌与唱歌都是兴趣和义务，音乐并不足以成为谋生手段。吴前春的妻子一边埋怨丈夫只顾唱歌不顾经济，一边陪他唱侗歌、侗戏，同时寻思着是否买台织布机开始学做侗布出售；吴良锋刚刚注册了公司，经营范围涉及“侗族文化传承传播，文化创意，文艺表演，文化产业开发，乡村旅游接待”等。也许国家正在提倡的“乡村振兴”计划会给侗族文化带来更好的宏观前景。

吴培安在贵州大学艺术学院负责民族音乐的教学。继开办芦笙班之后，1988年，贵州省艺术学校招收了首届侗歌班的学员，侗歌班和芦笙班后来共同成为贵州大学艺术学院民族音乐学的前身。侗歌班和芦笙班当时实施相对封闭的管理，教学上以民族民间音乐为主，辅以西方音乐理论、视唱练耳等训练，邀请掌握多个地域不同风格、掌握不同性别歌曲的民间歌师来教学。少数民族经常被形容成“会说话就会唱歌”“会走路就会跳舞”。吴培安不赞同：“现在的侗家小孩，每天跟都市里的同龄人一样被关在学校里，如果没有人教，如果没有耳濡目染的学习，怎么可能会侗歌？”在吴培安看来，现在民间的音乐传承随着生活方式的改变在大幅缩水，学校体系里的传承就更显得重要。“民族音乐进课堂”在贵州中小学经过试点，2002年之后较大规模展开。但无论是在中小学还是在高等学校的专业教育层面，可能都存在系统性的缺失。倘若传承民族文化是教学目标，应该“立体”式地将音乐作为一种体系进行学习。但目前无论是师资、制度还是资源显然都无法企及这样的目标。如今，贵大艺术学院的民族音乐不再仅限于芦笙和侗歌，打破了封闭式的管理，却因为需要追随统一的教学构架，有关的教学时长反而缩短了。更大的桎梏是音乐训练的体系仍然是以西方音乐作为标尺，这也是民族民间音乐专业教育在中国面临的普遍困境。“我总结四十八寨琵琶歌，就是在3度里面跳，你怎么记？”吴培安告诉我们，很多时候他会跟学生说：“不要按着谱子唱。”

采访之前，我们曾有疑问，为什么同样拥有丰富的音乐传统，西南地区的少数民族音乐，没有像新疆、内蒙古那样走出超越民族界限、具备文化反思能力、造成广泛影响力的音乐人和乐队。在采访的过程中这个问题自然瓦解了，我们眼见多方角力，即将催生出新的力量，一切需要的只是时间。

我在贵州赶集

風 撰文/袁銮

贵州赶集初体验

黔东南从江县洛香镇

洛香市集，是我贵州赶集的初体验。

2009年春节，我正在距离洛香镇7公里外的肇兴侗寨经营青年旅馆。肇兴有自己的市集，但不少肇兴人却喜欢去洛香赶集。彼时交通还不便，肇兴前往洛香，要穿过一个叫归玛的小寨子，翻过两个小山坡。山下即将迎来春天的坝子中，油菜花怒放，金黄色覆盖大地，坝子边一条长街，就是洛香镇。

年关赶集日，洛香热闹非凡。徒步了一个多小时到达，饥饿感袭来。露天的生禽、肉类市场周边，散布着几个烧烤摊——由几张矮凳、一张烧烤网、一盘炭火和装满蒸熟的香禾糯米的大木桶组成。烧烤摊主从猪肉摊买来五花肉，切成厚厚一大片，现烤现卖。两块钱，就能买到一团糯米饭，一大片肉放在饭上，配以大头菜和糟辣椒。将它们捏成一卷，荤素、咸淡和肥瘦相宜，味道极好。糯米烤肉的搭配，是洛香河流域侗人最寻常的食物——是每天的早餐，是外出劳作时的口粮，是跋山涉水充饥的储备食物。

当地人去赶集，总是带着几分仪式感。洛香河流域的侗族女人习惯将头发往左侧倾斜，卷好盘起，用梳子和银簪作为固定物。她们常年如此装扮，但到了赶集日，会再细心涂上茶油，使得发型更稳固、更光彩；往日不常穿戴的银饰，通通用上，走起路来叮当响。和节日或者表演场上“有意为之”的盛装不同，集市上的民族盛装既有仪式感，与这乡间市景又浑然一体。

流通于20世纪80年代末到21世纪初的中国第四套人民币的一元纸币上，有一个侗族妇女的肖像。这个肖像的原型石奶引，据说就是创作者在洛香的市集上邂逅的。石奶引生活在距离洛香十多公里外的庆云乡。如今的洛香，随着高速公路的通达和高铁在附近设站而格局大变，但市集的传统，却一直在延续，在赶集日，你甚至可能偶遇已经是奶奶级的石奶引。

侗寨的幸福，从集市上这场“斗牛”开始

黔东南从江县高增乡岜扒村

我赶到黔东南从江县高增乡岜扒村，来参加“斗牛市集”。

贵州“十里不同风，百里不同俗”，侗族地区也不例外。岜扒和洛香同是侗族聚居地，相距不过几十里，在洛香地区，人们对斗牛兴趣寥寥，但岜扒及周边地区的侗族乡民对斗牛活动却

1 丙安古镇赶集过后，乡民们背着采购的物品涉赤水河回家。丙安过去是赤水河边的重要码头，彼时每年都会有数百万斤川盐运送至此，后经人扛马驮送往缺盐的贵州各地区。 摄影_卢现艺

是疯狂地热爱。

按照侗族人传统观念中的地域划分，洛香处在“六洞“地区（六个相邻田坝周边的地区），当地侗族人擅长六洞琵琶歌；岜扒属于“二千九”地区（范围是周边几个寨子，加起来一共约两千九百户人家），是原汁原味的侗族大歌的传唱地。侗族大歌是侗族最受瞩目的文化名片之一，研究大歌的人不少，但很少有人注意到，和大歌传统相关的部分“秘密“，就是在这斗牛市集上悄然萌发的。

市集前一天，我来到高增村——这个区域的乡政府所在地。高增村是这附近最大的寨子，是几个自然寨联合形成的格局。摄影师杨通荣的家在高增上寨，拍了数十年附近的民俗文化，对斗牛再熟悉不过。不过，现在每逢斗牛活动，他还是会赶去拍视频，满足老父亲看斗牛的需求——杨父年事已高，去不了斗牛现场。寨子要凑十万块买一头斗牛，杨父捐了一万块钱，说是因为爱。

斗牛正式开始的时间是赶集日的中午11点，高增到斗牛场的路程，不足20分钟，但凌晨四五点，高增的村民就集中在一起——祭祀、敲鼓、吹芦笙、放鞭炮，然后将斗牛从鼓楼边请出来，送上运输它的货车里。完成这个过程，天已经大亮。

他们并不是最早为斗牛日做准备的人，赶集

2　黔东南岜扒“斗牛市集”。斗牛开始前，各寨斗牛会在场中轮番亮相。举着旗子的年轻人围着本村寨的斗牛一哄而入，鞭炮齐鸣。　摄影_杨通荣

摆摊做生意的人为了占得尽量靠近斗牛场的黄金位置，会在斗牛日的前一天就去占地盘。黔东南的冬夜阴冷难熬，他们在露天的户外支个帐篷，生火烤火，守住他们占得的好位置。

早上8点，太阳爬上山头，四面八方的乡民开始往斗牛场聚集。早到的主要目的，同样是抢占佳位——斗牛场的“观众席”。看斗牛，人们只能依着山势，站在斗牛场周边狭窄的山埂上。斗牛开始前，围绕着斗牛场的山，会被人潮覆盖，到得晚的人甚至寻不着站立的一席之地。在旗子、芦笙的引导下，各寨的斗牛开始渐次到来。斗牛被精心装扮——头上插上长长的羽毛，身上披着绣有名字的红布。年轻人围着斗牛，威风凛凛。离斗牛开始的时间还早，围绕着斗牛场一公里多的道路，一个热闹非凡的市集渐成。

市集里，牛肉摊档最多。人们通常不会买牛肉带回家，而是在集市上直接享用。牛肉摊档同时是临时的厨房，支上灶头，刚秋收完的稻田上摆放着简易桌椅，成为临时的饭厅。侗族人吃牛肉，离不开牛瘪。杀牛人将牛吃草后胃中的半消化物小心翼翼地取出来，挤压、过滤，留下青绿色的液体，便是牛瘪，以此作为锅底主料，配以各种山间作物辅料，煮上集市上买来的新鲜食材，大快朵颐。

酒足饭饱之后，斗牛就要开始了。斗牛们轮

3　斗牛开始，人群一阵欢呼，两头牛疯狂地向对方冲去，缠斗起来。　摄影_杨通荣

4

5

4　三洞乡赶集日，随处可见马尾绣的影子。有各种马尾绣绣片、制品出售，绣娘们亦会互相讨教绣法、绣技，有的甚至当场指导起赶集人。　摄影_陆宇堃

5　马尾绣的独特之处不在于绣法，在于用马尾刺绣。用丝线裹马尾的制作工艺主要考虑的是马尾质地较硬，能更好地保持图案不变形，另外更不易腐坏。　摄影_陆宇堃

流在斗牛场亮相：穿着侗族服饰的年轻人围着斗牛，一哄而入，烟花鞭炮齐鸣；女孩买来毛毯和鸭子，毛毯披在牛身上，鸭子挂在牛角上。斗牛是这片山地仪礼的“秘密”开始——与其说是姑娘喜欢斗牛，不如说是她们喜欢围着斗牛的某个年轻男孩。

高增上寨的“万吨推土机”今天排在第二场，第一场比赛完毕，“万吨推土机”卸下所有的装饰，冲进了斗牛场，面对它的对手——来自宰略侗寨的斗牛。人群一阵欢呼，两牛相见后疯狂地向对方冲去……这是一场难解难分的持久战，15分钟的争斗之后，“万吨推土机”已遍体鳞伤，但依然在不屈不挠地缠斗。众人商议，用绳子套住两头牛的牛腿，将它们分开，判定为一场平局。

这个下午，17对斗牛在这里厮杀，人们随着场中战况欢呼、嘶吼、助威、惋惜……

斗牛完毕，人群逐渐散去，群山披上了一层温柔的金光。四周逐渐安静，好像什么都没有发生过，然而，源自斗牛的联系，并没有结束。斗牛的两个寨子在这里获得了友谊，演变成两个寨子之间的联谊，于是有了这个区域“吃相思”的习俗——寨子间轮流互访。在“吃相思”的过程中，人们会在鼓楼之下唱起侗歌，在歌声中，青年男女们可能找到自己心仪的对象，于是某个冬日，将举行盛大的集体婚礼。

满集皆是马尾绣

◎ 黔南三都水族自治县三洞地区

黔南三都水族自治县，全国超过60%的水族人居住在这里。水族最让外界所知的是“水书”以及有着悠久历史的马尾绣。从2000年开始，马尾绣逐渐得到旅游商品供应商的青睐，不少水族妇女靠绣马尾绣获得收入。

2017年，三都县的三洞撤乡，行政意义上的三洞乡不复存在，但对赶集毫无影响，每隔六天，附近的人们还是会向三洞赶来。别处为照顾山上居民往返，总是早早开市，三洞人居住集中，集市直到中午才会逐渐热闹起来。不少赶早摆好摊的摊主，趁着顾客未到的空当，晒着太阳绣起马尾绣。

市集中央的街道是个斜坡，各种摊位沿街而上。有一次，我在三洞赶集，突降暴雨，斜街没有排水渠，雨水倾斜而下，各种货物飘了一地。马尾绣摊主潘小爱的摊位位于斜街的街口，雨水到了，人群四散，她却惬意地嗑着瓜子，摊位安然无恙。

潘小爱身穿对襟蓝衣，头戴白色头巾，是这里水族妇女的普遍衣着。她的摊位卖马尾、针线、马尾绣绣片和绣品，也卖一些价格不高的“老”玩意儿，买的人也不过图个喜庆。她是马尾绣非物质文化传承人，和丈夫痴迷马尾绣，十年间收藏了一屋子的马尾绣老绣片。这项工程耗资巨大，乃至她家所在的板告村几乎家家都建起了砖房，他们还住在老旧的木房子里。木房子犹如一个小型的“文化展览馆”，有人会慕名上门参观。然而，数年间我几次想去她家拜访，却寻之不遇，最后听闻她在三洞的集市上，才得以相见。

小摊位的生意维持不了潘小爱的生计，她之所以在这里设摊，主要是为了向绣娘们分发马尾绣制作的任务和接收她们做好的马尾绣绣片。因为她的身份和知名度，潘小爱接到的马尾绣商业订单络绎不绝。和有严格的纹样和样式传承的传统马尾绣不同，商业订单需要满足收购者的需求。潘小爱带着画好的样本到集市上分发给绣娘们，让她们按照提供的纹样回去制作；绣好绣片

6 贯穿丙安南北城门的主街。丙安作为“要塞”的地位随着现代交通日益通达而下降，平日里，这里是安然悠闲的小城，到了赶集日，周边的居民从江边和山上赶来，丙安热闹非凡，让人窥见了旧日作为重要商贸集散地的繁华。 摄影_陆宇堃

的绣娘，则到集市上向潘小爱交货、收钱，并取上新的图案纸本样。

马尾绣的基础工艺并不算复杂，用细线缠绕马尾，使之成为一条粗线，用这条粗线，将图案外围勾勒出来，图案形成之后，只需在轮廓内平绣填充即可。看似简单，实际上绣马尾绣十分耗时。农忙时，绣娘们困于田地，忙里偷闲做马尾绣，现在是农闲时节，不少绣娘们外出做零工。今日潘小爱的摊档没有平日热闹，但也渐渐聚起不少人，既有村里来赶集的人，将绣片等“宝贝”放在随身的布袋里，到这里询问、出售，也有收藏者和爱好者，来这里收购、交易。绣娘们用手艺换来的钱，到市集上购买日常用度，放进布袋子里，准备回家。

在另外一个像潘小爱这样的马尾绣摊档旁，我遇到了一个慌张的老绣娘，她正拿着自己绣的马尾绣绣片询问摊主。或许老绣娘是按照传统纹样绣出的，尽管手工还不错，但不符合客户需求，绣片并没有被收下。老人家转而求助于我，绣片的价格低廉，手工好，我正求之不得，欣然买下。老绣娘拿到绣片换来的钱，虚惊方定。然而，下次她未必会这么“幸运”，不是根据客户需求绣的绣片，在集市上很难流通起来。

韦应丽是三洞另外一个马尾绣非物质文化遗产传承人，还是三都县的妇女代表。她将自己村里几百个妇女组织起来，成立了马尾绣合作社。政府赞赏她这种行动，在集市所在街道上给了她三个门面，用于马尾绣的展销和技术培训。眼下，韦应丽正头疼如何响应号召——做电商。她对移动互联网的了解，仅限于用微信聊天；喊来儿子帮忙，但儿子也需要花工夫，从头学习如何在互联网上经营马尾绣店铺。

就这样，在市集上，古老的马尾绣以商品的形式，焕发出新的生命力。或许有一天，这个市集上的马尾绣会通过互联网，到达更广阔的世界。三洞市集，只是一个开始而已。

赤水河畔做了20年的豆花饭

◎ 遵义赤水市丙安古镇

赶集日前夕，饭馆老板王雪辉一如既往适时逐客，说明天要起早做豆花，赶集的人爱吃。

丙安古镇不大，主街不过一里，夜晚游客散去，十分安静。被王雪辉做的风味十足的腊排骨吸引，我成了这里的常客。雪辉在丙安开饭馆开了二十多年，名字叫作王记白水鱼。近些年赤水河的鱼日益稀少，白水煮鱼一鱼难求，招牌成了历史名词。

丙安处丹霞地貌之中，八山一水一分田，远系川盐入黔的中转地，近是红军四渡赤水的桥头堡，是方圆十里的中心地。徒步数小时来丙安赶集，是山民的常态。要照顾他们的返程，丙安的市集早上7点起，就热闹起来。小小的丙安，挤满了人。

早上8点，穿过人群，去享用雪辉给我留的头道豆浆。为了做一锅豆浆，雪辉夫妇需要凌晨4点起床，研磨黄豆，大锅烧煮，细心压制，忙活到天亮。从豆花里挤出来的浓烈却温柔的豆浆就着新鲜出炉的炸油条，是慰藉最早抵达的赶集人心的早餐。二十多年来，雪辉夫妇见过2400多次古镇凌晨4点的模样。

街上行人渐多，最好的闹中取静之地，是南门的茶馆。茶馆平日大门紧闭，只有赶集日才会敞开，摆起八仙桌，铜壶煮四方。老板余正华已古稀之年，是旁边三佛村的村民，十几年前，他在丙安买了房子，开了这个茶馆，这里就成了三佛村的丙安聚头地。除了喝茶聊天，三佛村婚丧

嫁娶的信息，也会在这里传出，转达给三佛村分居各处的亲朋。余正华年事已高，但热情饱满，恨不得和每个人都聊上几句。卖草药和卖刀具的走贩也图这里阔落，干脆在他家摆卖，茶馆像是个多功能商店。

主街热闹，是饭馆、茶馆和百货摊的聚集地；维系一日三餐用度的菜市场，藏在主街后的横巷里，活禽鲜肉，一字排开。菜市场人们议论着，这里的前景有些让人忧虑——往日的热闹正一点点地消失。越来越多的山里居民搬迁到赤水河两岸，交通的便利使得居民无须在赶集日才集中采购食材。尽管如此，年前的猪肉销量依然会大增。人们背着大背篓，娴熟地将猪肉分块背回家——丙安比贵州大部分地区更早地接触到盐，制作腊味在这里有悠久传统。

雪辉家将压好的豆花切块，赶集的人在这里吃完中午饭——一碗白米饭、一块豆花，再用干辣椒捣碎配以油盐作为蘸水，这是一顿赶集日才可以吃上的美味午餐。到了下午1点左右，只剩一锅清水，赶集的人群也散去了。

古镇恢复了轻车慢马的样子。午后得闲，雪辉会去钓鱼，如果侥幸钓到鱼，就做一锅白水鱼，约三两个好友品尝，小酌几杯。

7　丙安市集上行走售卖各类生活用品的小商贩。相比过去，集中购买维持基本生活必需物资的市场正日益萎缩，性价比高的现代工业制品更有市场。　摄影_陆宇堃

【赶集，远比物资交流丰富得多】

贵州号称“山地王国”，长久以来，人们散居在山麓之上和坝子之中，交通的不便曾经大大制约了人们的活动可达范围，所以集市不仅仅是贵州山民们最重要的物资交换的平台，同时也是集社交、娱乐、信息分享等众多功能于一体的热闹日子。

赶集是因物资交流而起，但又可能因为当代的物资充盈而萎缩。现代物流的通达、娱乐方式的多样性，都会使市集发生变化，眼下发生的一切，可能瞬间成为历史，还是那句话——要来趁早。

◎ 跋山涉水而来

在依靠步行出山的年代，四五个小时的赶集路并不罕见，即便在现在，徒步赶集的人也不在少数。也有坐船赶集的——如黔东南台江施洞的苗人、到都柳江边的从江县停洞镇赶集的苗人，需要跋山涉水，过河的渡船一票难求。　摄影_熊亚平

◎ 最地道，最新鲜

市集上少不了物资交换，和很多地区一样，赶集的人会带来自己所在地区的特产和自家养的家禽家畜，随街摆卖。市集上自然少不了各种饮食摊位，虽然条件相对简陋，但食材最为新鲜，做法最为地道，是集中了解、品尝地方美食的好机会。　摄影_陆宇堃

◎ 来集市上斗一斗

前些年广受欢迎的街头杂耍如今在集市上已很少见，但集市上从不缺少娱乐活动，比如黔东南施洞镇集市，男人们喜欢带着自家的画眉鸟，互相品赏，甚至斗起鸟来。　摄影_磨桂宾

◎ 最佳服饰观赏地

想欣赏和了解贵州各个民族（族群）的服饰，市集是最好的“窗口”。施洞市集上，妇女们最热衷的，是围在苗绣纹样模板纸的摊档周围——施洞以破线绣而著名，当下流行的破线绣纹样，通常是由市集摆卖的这些模板决定。在安顺镇宁扁担乡、紫云的火花乡上会有较罕见的布料——红色植物染的布匹。这种布依族的布匹，只在一年中的特定时段能够生产。　摄影_陆宇堃

【赶集，算好日子别错过】

在贵州旅行，遇到赶集日的概率并不低，但如果是冲着某个具体的集市而去，需要提前确认好时间。

在贵州，有很多乡镇地名直接以十二生肖的动物命名，如狗场、猴场、马场等。这种地名的命名多源自当地人用老历法——生肖日——来计算赶集的日子。现在贵州仍有地区用这种较冷门的历法计算赶集日，例如黔东南台江施洞镇、黔南三都都江镇、黔西南晴隆的老中营等。除此之外，不同地区的赶集日算法也不尽相同，主要有按农历日期尾数赶集，以及临近的几个乡镇按次序轮流赶集等。对于外地人来说，最好记的便是星期天集市，每个星期天，凯里的老街、安顺地区的宁谷和双堡都是赶集日。

【赶集，这些地方别错过】

摄影_张琪

贵州

黔味之道

如何定义“贵州味道”，是个难题，因为它远不止大家熟知的“酸”和“辣”。

从地理上看，贵州在历史上很长一段时间是与中央政权遥遥相对的“化外之地”，这里世居的也多是非汉族群，所以把黔味道的底色说成是少数民族风味，并不为过。因为缺乏复杂的烹饪方式和调料加工，民族风味的菜色多简单天然，比如火锅，这种器具简单、食用方便又易于操作的烹调食物的方法，遍布贵州各个区域。清汤难免寡淡，配上黔地盛产的辣椒蘸水，便成就了千变万化的美味。汤锅、烙锅、干锅等火锅类型丰富多样，将贵州称作“火锅大省”，也不会有人提出异议。

贵州味道丰富又独特，却并未以“黔菜”扬名，除了它的菜色深受周边省份的影响，更是因为贵州菜没有发展出独一无二的烹饪技艺。“菜系”的核心和灵魂，是处理食材的烹饪方式。位于西南边陲之地的贵州，虽然本是烹调之技贫乏的地方，却恰被几个菜系大省环绕，川菜的麻辣鲜香、湘菜的烧腊劲爽、粤菜的清烹淡调，随着阡陌交通在黔地形成了口味的交汇。同时，贵州作为移民大省，不同时期的移民潮相互作用，从根本上造就了“黔菜”的特质——融合，这是一种美味不问出处、口味海纳百川的特质。

“黔菜”作为一个菜系，并非水到渠成地自然生就，而是在省内文化内生力越来越强的当代贵州，由一批有文化自觉的各界精英倡导和行动而来。第一代筵席黔菜大师出现在抗日战争时期，他们培养出来的徒弟，如今分散全省，在厨房里、餐桌上亲身试验和定义“黔菜”。

“黔菜”的内容既包括来自山野最原生态的民族风味，也包括博众菜系之长的筵席菜色，同时也囊括了每个城市最有市井活力的小吃。“黔味道”一如贵州本身的复杂，包容又引人入胜。

1 贵州味道里融汇了很多有独特风味的香料，比如折耳根、木姜子、薄荷、茴香、花椒等。其中评价最为两极的是折耳根，又名鱼腥草，因嚼起来有股鱼的腥味而得名，常用作辣凉拌菜，或者蘸水的配料。喜爱之人吃起来觉得非常过瘾，讨厌的人可能一辈子也无法接受。 摄影_陆宇堃

酸藏香辣：有种美味在深山

撰文/吴茂钊

说起“宫保鸡丁”，怕是无人不知。它是世界上最知名的中餐之一，有人说它是鲁菜，有人说是川菜，但鲜少人知道，“宫保鸡丁”之名得自丁宝桢，他可是个贵州人，老家在今织金县。丁宝桢到四川做官时，官至四川总督，赠太子少保（即宫保），因此时人把他最喜爱的鸡肉菜品命名为“宫保鸡丁”。很少人把宫保鸡丁看成是贵州菜，一个重要原因是，“黔菜”不够知名。

黔味，是辣中带酸，也是野趣本真，这都是贵州深山造就的。在这个质朴的本色之上，又沉积了历史上各个移民潮带来的口味交汇，让广义的黔菜有了最鲜明的特征——融合。

“贵州人怕不辣”

有个流传甚广的俗语说“四川人不怕辣，湖南人辣不怕，贵州人怕不辣”。15世纪末，哥伦布的海船把南美洲的辣椒带到了欧洲，一百多年后，这种能散发出奇异气味的植物辗转到了中国。“四川太阳云南风，贵州落雨如过冬。”贵州气候潮湿，多阴雨，正需要辣椒的刚猛热烈。辣椒中含有的辣椒素，可以散寒除湿，也是缺油少盐时，最容易送饭入口的调料之一。黔辣之纯粹，表现在贵州栽培的辣椒品种和食用辣椒的方法不计其数，民间家常菜几乎无菜不辣。

贵州虽然多高原山地，但土壤却恰好适宜辣椒生长，全省内北有虾子、南有关岭、中有花溪、西有毕节、东有天柱，皆为著名的辣椒产地。贵阳小河辣椒、遵义牛角椒、虾子朝天椒、绥阳小米辣、大方皱皮椒、乌当线椒、独山基场皱椒、毕节山辣椒、党武辣椒、大方鸡爪辣椒等地方名椒，俯拾皆是。

再加上制辣方式的不同，加工成不同的“辣味”——糍粑辣椒、烧辣椒、擂辣椒、煳辣椒、油辣椒、糟辣椒、泡辣椒、阴辣椒、面辣椒、鲊辣椒、香辣脆等，有的辣得令人张口咂舌，大汗淋漓；有的辣而香；有的香而不辣；有的辣得干香浓郁；有的辣得回味无穷……辣的口味也因此变得更加丰满。多少中国人舌尖上的乡愁是一瓶叫“老干妈”的辣椒酱，它就是贵州出品。

辣，虽然被列为“五味”之一，但其实并不算味觉，而是口腔的一种焦灼感。在祛湿御寒的手段变得愈加现代多样的当下，吃辣更多的是一种口味的传承，爽快的辣味就似贵州人的性格，率真泼辣，风风火火。

“三天不吃酸，走路打蹿蹿”

其实，辣椒除了下饭，还能补充人体所必需的盐分，后者以钠离子和氯离子的形式维持着人体内的水分平衡。但黔地素不产盐，《续黔书》有载：“黔介滇蜀之中，独不产盐，惟仰给于蜀，来远而价昂。”在盐尚未惠及贵州的深山之前，除了辣椒，食物发酵出来的酸也能帮助减

1
2

1　贵州作为知名的辣椒大省，不仅种植的辣椒种类多样，也因为处理方式不同而衍生出了不同层次的辣味，辣得丰富多彩。　摄影_彭凯剑（左）、夏功文（右上、右下）

2　黔东南的各个寨子里，家家户户都备有酸汤坛子，很多时候配方的锦上添花只是出于不可复制的灵光乍现。　摄影_陆宇堃（左、右上）、夏功文（右下）

3

4

3 烤鱼这种乡野美食，最简单的处理方式莫过于就地生火、串鱼烧烤，再配上青红辣椒蘸水，就能让乡人偷得浮生半日闲。 摄影_杨通荣（左、右下）、陆进平（右上）

4 糯稻除了是食物，对侗族人而言，也是盖房建屋、走亲访友、生丧嫁娶等人生仪式离不开的物质象征。
摄影_陆进平（左）、陆宇堃（右上）、杨通荣（右下）

缓钠离子的流失。黔东南俗语“三天不吃酸，走路打蹿蹿”就说明了这个道理。

贵州的酸是主角，不是醋的酸味，而是食物自然发酵出来的味道。

贵州家家腌制酸菜，人人喜食，方便贮存又给烹调增加了多重口感。黔南独山县特产盐酸菜就是其一，它属青菜渍品，又可细分为原味盐酸菜、冰糖盐酸菜和白糖盐酸菜三大类。以青菜为主料，加甜酒、大蒜、辣椒、冰糖等调料，腌渍而成。作为调味料，可配荤食，亦能搭素菜。甜、酸、辣味齐俱，开胃健脾助消化。

泡菜和腌菜的差别在于，一个用水泡，爽脆，一个用盐腌，醇厚，都是操作简单，又能提升幸福感的调味料。制作泡菜，先将白萝卜、胡萝卜、莲花白、甜椒等新鲜蔬菜洗净晾干，和精盐、冰糖、少许白酒一起投入凉开水中密封，等待自然发酵；腌菜的取料更广泛，除了萝卜、青菜之外，茄子也可做原料，洗净、晒干、搓盐，再次晾干后装入土坛中密封，坛盖沿上注满清水，以隔绝空气。酸坛要放在干燥通风处，只要保存得当，经年不坏，越陈越香。

另一种酸味来自酸汤。酸汤鱼，算是最广为人知的贵州美食。它的底汤多为红汤，以黔东南毛辣角为基础原料，加入仔姜、大蒜、红辣椒、精盐及白酒，置于土坛子里，密封静置半个月，等待时间带来的味道转化。毛辣角酸得醇厚，酵出来的红汤通透爽朗，不着荤腥地吃也不寡肠胃，再加上木姜子的特殊辣味，让人胃口大开。

除了红酸汤之外，还有各式各样的酸汤：若以汤质来分，有高酸汤、上酸汤、二酸汤、半清酸汤、浓酸汤、半浓酸汤等；以味道区分，则可分为甜酸汤、咸酸汤、辣酸汤、麻辣酸汤、酸辣酸汤、甜咸酸汤等。

酸的味觉门槛很低，可能也正因此，酸汤鱼能行销全国。

野味和野趣

“野”，是说黔味道大多来自乡野。《水城厅志》记载，清康熙三年（1664），平西王吴三桂率军入水城境内，镇压水西彝族土司，官兵到达水西后发现粮草严重不足，遂取来屋顶瓦片和腌窖食物的陶器土坛，架在火上烤烙猎获的野味和就地采摘的野菜充饥。不料这无奈之举竟发明了现今风靡贵州的烙锅。

贵州食物“野”，还在于它的味道“狂野”。黔东南侗族地区有种被认为是“暗黑料理”的食物——牛瘪，当地称“百草汤”，又被称为“侗香”。当地人将牛宰杀后，把牛胃及小肠里未完全消化的食料取出来，挤出其中的液体，加入牛胆汁及佐料放入锅内文火慢熬，煮沸后，再过滤掉液体表面的泡沫，方可食用。可做成干锅或汤锅，也可用作调料，食之苦涩、回甘又带有草香。牛瘪如今已是黔东南的特色名菜，甚至被视为待客上品，猎奇游客尤爱一尝。

深居大山中的民族，如苗族、侗族、布依族、毛南族还喜食各种虫类，这是没有年节大鱼大肉时调剂胃口的小吃，也是补充蛋白质的一个来源。黔西南望谟县、册亨县餐厅几乎桌桌虾爬虫，黔东南凯里市、台江县、黎平县等地也喜吃蚂蚱、稻蝗虫、草蝗虫、米蝗虫、马蜂蛹、九香虫、竹虫、柴虫等。虫类菜肴制作简便，大多油炸后根据当地特色调味，多为香脆口感，以香辣味避腥荤。

香糯和软滑

水稻是南方最主要的主食，可以分成糯性和

5 水煮火锅是贵州各民族地区最常见的食材处理方式，人们围炉而坐，肉、菜用热水焯熟，再就着辣椒蘸水下肚。这种原生态的火锅吃法一方面源于就地取材的创造，另一方面也是因为缺少烹饪方式和复杂调料的辅助。但恰是这种最质朴的吃法才能体现黔地物产的本真和蘸水锦上添花的神奇。 供图_视觉中国

非糯性两类，在贵州都很常见。

糯稻虽然产量不高，但耐寒、肥料要求低；糯米饭的油脂丰富，结实耐饿，是庄稼人最值得依赖的食物。糯米在贵州是粽子、糍粑、米酒、油茶等食物的基础食材，也是腌制鱼、肉的辅助材料。城里人把糯饭、糍粑当早点，乡村地区则将烹制糯食化作生活富足的象征符号，带着更多的郑重和讲究。食糯最具代表性的地区当属黔东南，高山梯田里，连绵着成片的原始糯稻，在千百年的育种演化下，培植出了红糯、黑糯、白糯、长须糯、秃壳糯、香禾糯、野猪糯等糯稻品类。

糯米制品可用蒸、煎、炸、煮等不同烹制方式加工，其香不同，回味各异。糍粑，源于战事，当时为保战中食粮，事先将米蒸熟，筑成块，堆成墙，战中取食，蒸煮、直接食用均可，后逐渐流行开来。细分有糯米蒸制九成熟舂茸而成粑粑，香醇软糯的糍粑、饵块粑、土豆糍粑、糯玉米糍粑、糯高粱糍粑、糯小米糍粑等，都是在最基础的糯饭中加入其他主食调和味道。黄糕粑、泡粑、炸糕粑、粽粑、褡裢粑、棉菜粑、清明粑等，则是在糍粑制品上再做创意发挥。

作为米粉大省的贵州，也擅用大米为原料，经浸泡、蒸煮等工序后加工制成湿状或干状的米粉、粉丝、圆粉、扁粉、卷粉、剪粉、绿豆粉、锅巴粉、米皮等不同的形态。米粉质地柔韧，富有弹性，水煮不煳汤，干炒不易断，配以各种菜码或汤料进行汤煮或干炒，爽滑入味，是贵州早餐、夜宵的“主力军”。

6　台江施洞地区苗族的“多彩姊妹饭”是姊妹节的美食。姑娘们将植物蒸煮出液，把糯米饭染成五种颜色，它也是姊妹节中年轻人互道好感的媒介。　摄影_杨秀勇

几乎每个地区都有标志性的知名米粉，如花溪牛肉粉、安顺羊肉粉、遵义羊肉粉、兴义羊肉粉、水城羊肉粉、铜仁锅巴粉、思南绿豆粉、榕江炒粉、三都炒粉、安顺裹卷、独山细粉、荔波切粉、台江羊瘪粉、雷山红粉、岑巩菜粉、天柱土豆粉、正安米皮、瓮安剪粉等，数不清，道不完。

“黔”味渐成

辣、酸、野的味觉刺激和以糯米、大米为主食，只是贵州味道最基础的底色，那是久居深山，自然馈赠的最原初的味道。对物产、食材的加工和烹制，变成菜肴，则需要“烹饪方式”的照拂。而贵州菜最突出的特点——融合，得益于不断迁入的移民，和他们带来的味道。

贵州历史上最早的一次大规模移民源于明朝的“调北填南”政策，调集了大批人口到贵州戍边垦殖。当时来军屯和民屯的多系江南汉人，他们把生产技术、生活习俗、饮食物料从江南带到了西南。明清时期，大量移民陆陆续续地迁进贵州，他们来自四川、广东、广西、江西、江苏、湖南、湖北等地。曾经人烟稀少、万山重叠、运输全靠人挑马驮的贵州很快繁荣起来。贵阳、安顺、遵义、茅台、青岩、镇远等地逐渐商贾云集，政治、经济、文化也开始繁盛，移民和商人不仅带来了各地的货品，还带来了烹饪方式和南北佳肴，本地厨师在提升本民族菜肴的同时，取长补短结合当地原材料、调辅料和民族禁忌，对民族菜进行了改良和丰富。

贵州历史上第二次大规模的口味融合，发生在近代。抗日战争开始，南京失陷后，重庆成为战时陪都，贵州是大后方。当时很多沿海难民、大学生、工商人士、军政人员纷纷迁筑贵州躲避战事，就业定居，随之迁入的还有一大批名厨，遵义、贵阳的餐饮业由此迎来了一个高度繁荣的时期。以贵阳为例，当时全市汇聚了北方菜系天津馆、燕市酒家，江浙菜系苏州茶室、南京酒家，还有杏花村、西湖饭店、迎宾楼、松鹤楼等，名店林立。大厨名家们入乡随俗、就地取材，用原菜系的烹饪技法解读新食材、调和新口味。很多第一代黔菜大师都有师从浙、粤、鲁、川、湘等菜系名厨的经历，他们吸收了各大菜系的长处，自成新一派。在街头巷尾的民间传说中，甚至出现了好几个黔菜“门派”。这一批烹饪大师和他们的徒弟，正身体力行地在筵席厅堂上定义“黔菜”。

新中国成立后，餐饮市场也复苏了，战时入黔厨师显山露水，纷纷成名，餐饮江湖风生水起。之后，南下干部和“三线建设”进驻贵州，大批江浙沪和东北人入黔，带来了新的口味融合和菜肴更新。改革开放后，黔味逐渐从民间走向市场，在保留民族特色的基础上融合各大菜系风格，官方菜系“黔菜”逐渐成形。

贵州是个名副其实的移民大省，黔菜是山地、江河、民族饮食的融合，在最简单的烧炙、腌渍、烙、酿、煮的基础之上，博各菜系烹饪术之特长。或许黔菜能因此另辟蹊径，创造融合菜的新标杆，成为第九大菜系，让黔菜早日出山。

7 这满桌的凉拌茄子是为接下来龙舟赛庆功长桌宴准备的。黔东南施秉县苗族每年端午节都会举行独木龙舟赛，赛事的顺利进行被视为丰年的开端，因此格外受重视。每次赛事结束，全村会宰杀最肥的猪，大摆酒席，用以酬谢全村对龙舟节的支持，也祈愿风调雨顺。 摄影_冯四方

在小吃摊上消化一座城市

撰文/詹忆梦　摄影/李立洪

当我们正处于安顺最繁华的东街时，平安夜的黔中小城，被黄金般的灯光照得温暖明亮，灯下人头攒动，异常热闹。顺着人流行走，不远处是遥立山巅的安顺白塔，通身宛如琉璃，另一部分人流涌进了另一侧的小路，那里坐落着安顺当地的天主教堂。过去安顺的繁华，远胜于今日，安顺曾是西南举足轻重的商业、轻工业和手工业城市。东街一带曾集中了安顺所有的大商号，马帮晨出暮归，新式汽车在马路上开过，马蹄声混合着喇叭声川流不息，大量的兽皮、猪鬃、漆蜡，从各个州县集中流转到这里，又在这里流出去。

我们散步到顾府老街上，这是安顺的食魂所在，聚集了当地出名的老字号小吃。安顺人喜吃夜宵，人声、油炸声、拌辣椒声，五感的气息被催开，没有人能拒绝一尝而后快。

据说安顺人不喜大菜，这一溜的街头小吃，锁住了行色匆匆的安顺人，让日子也变得天长地久，一座城的闲趣就这么慢慢培养出来，和街头做粉的婆婆、炸鸡蛋糕的大爷说上几句话，谁家大办婚宴，谁家建起小楼，闲谈之间，一个小城的情味也就说尽了。

“贵州的穿着，安顺的吃喝”

安顺小吃之密集，连省会贵阳都要礼让三分。顾府街头看似低调的几家粉面摊，说起来个个都有几代人的传承，每一家都算是老字号。

走遍安顺城的最好方式就是：吃过去。当然，这不是我一个人的想法，每个来到安顺旧城的游人，都想试试“过街调”，从街这头吃到街那头，从这条街吃到那条街，逍遥又自由。

裹卷是安顺的经典冷食小吃，食客可自选四种秘制辣椒酱。我先要了一份番茄肉末酱的，入口时，先是粉皮爽口的凉，继而是馅，被裹起来的酸萝卜、绿豆芽、酥黄豆都是极为爽脆的食材，甜辣里还有一点酸，唇齿之间都觉得轻松爽快。我又要了更辣几分的泡椒风味裹卷，整体口味延续了清爽的味道，辣椒酱浓郁的香辣略带霸道地转悠了一圈，又惹得我接连吃了好几个。

在路边一个不起眼的角落，一汪油锅烧得正沸腾，鸡蛋糕被炸得个个金黄酥脆。我见着好奇，拿起一个热气腾腾的糕，就想往嘴里送，老板努努嘴，示意我别急。原来我手中的油炸鸡蛋糕要先压扁，再淋上辣酱和折耳根食用，才算是吃对了。

油炸鸡蛋糕原产于镇宁，看起来像是“三明治”：先是用大米、黄豆涨发后掺入米饭、粉丝末，然后捣磨成浆，装入金属六边形模具，填入馅，再装浆，炸至金黄后取出，脆壳金黄，内瓤雪白。

安顺小吃一贯走的是富油重辣的路数，却毫无上火、粘牙之气。由于受东南季风的影响，即便是最冷的1月，安顺最低温也维持在4℃。冬无严冬、夏无酷暑的环境，塑造了安顺小吃冷、热兼具的格局，热食聚而食之，大汗淋漓，冷食鲜腴爽口，痛快至极。

1 小锅凉粉之所以“小”，因为它的出现是为了服务放学后馋嘴的小学生们。小小的一个砂锅，用腐乳做最提味的调配，煮的是火腿肠、米豆腐、苕粉等口感平易近人的食材，既解了馋，还能留着肚子回家吃饭。所以，说到安顺最地道的小锅凉粉，若是以哪家小学来定位，就说明找对了地方。

米和辣的花样结合

安顺小吃有两大灵魂——辣椒与米。

在外地无法复制安顺小吃的原味，有一大原因是辣椒的新鲜度受损。何记裹卷的何师傅告诉我，若是辣椒做不好，小吃牌子也立不牢。何记裹卷的招牌，是从母亲这一代传下来的，母亲上了年纪之后，他就接手了生意。家族的辣椒酱配方，也就传到了他的手中。靠着自家的辣椒酱和勤劳的好手艺，何记裹卷的招牌越来越亮。

以辣椒为食材衍生的各种佐餐调料，是安顺小吃的灵魂所在。可以说，每一家老字号的辣椒酱都是独家秘方，味道各有千秋。自酿辣椒，对于安顺人来说并不是难事。每年八九月份，赶上朝天椒、野青椒上市，城内家家户户就开始用最传统的方法制作糟辣椒。糟辣椒，是贵州剁椒的叫法，取来新鲜辣椒，加生姜、蒜瓣、生花椒等辅料手工剁碎，再放入盐、糖、白酒调味，放入坛子里腌制。经过半年的静置发酵，到了年底，坛子内的糟辣椒释放出了一丝酸辣的香气，就算是成功了。

安顺人对面食的兴趣总是差了几分，研究各种米食倒是兴致勃勃。无论是米浆，还是米粉，讲求的都是一个新鲜，当地历来发达的食品轻工业，昼夜不息地运转，为城内每一张挑剔的嘴源源不断地供应食材。安顺有碾米业、米粉业、豆粉业、豆腐业等数十种轻工业，碾米业使用礌石把稻谷碾制成米，或借助水力碾米，养活了全城千余米工。米粉业以米磨制成米粉，所制的粉条细匀精洁，最适合小食。

2	3

2、3　油炸鸡蛋糕，是很多安顺人的首选早餐，油炸后外酥里嫩的口感，再加上辣椒水和折耳根调味，配合鲜磨豆浆，就能让人美满地开启新的一天。另一类常见的早餐是剪粉，顾名思义，这种米制品是剪出来的——在装碗的时候，用剪刀把一整张面皮剪短、剪碎，再搭配佐料。可凉吃，亦可热吃，当正餐能果腹，做夜宵可解馋。

糍粑是贵州最常见的食物，原料都是糯米，大致可以分为现吃、火烤、油炸三类。现吃，就是把糯米饭舂成糍粑后，放在带温度的铁锅里，揪成小团，包上甜咸馅，一边揪一边吃。火烤的有白片糍粑，不包馅，切片后烤熟，敷上黄豆面即可食用；豆沙粑，顾名思义，内包豆沙馅儿，呈扁圆形。油炸的糍粑，有片糍粑、片糕粑、豆沙粑。

清明粑是当地人对清明草和米面的高级发挥，用糯米面和粳稻米面，加上清明草、水开始和面。两种米的结合，中和了过度糯黏，又带着一丝女子的温柔。我吃的是豆沙馅，咬下去半口，豆沙的气味飘出来，吃得急了，香气蔓延到鼻腔，直直地甜到人心底，是一种平实又带着点活泼的甜味。西南人更喜咸馅，用糟辣椒搭配肉末豆腐干。

还有一道富有创意的晨间小吃，叫作“油炸粑稀饭”，将米和油艺术性地混煮，再加上一勺黔中特产“引子”——黏稠浓郁的稀饭与掺了米香味的热油。

阡陌交通带来的安顺小吃

繁复多样的安顺小吃的出现，与安顺发达的商贸密不可分。

安顺建城于明朝，地理位置“扼锁滇黔”，是滇黔主要通道的要塞之地，安顺逐渐成为贵州全省的重要商埠，被称为“贸易之冠”。清人许缵曾在《滇行纪程》中描绘了当年的图景：“安顺府……城围九里……估人云集，远胜贵阳。”

4　小锅凉粉店经常开在街角巷尾，是饮食男女相约结伴、聚餐叙旧的好地方。小店不需要太过整洁的环境，重要的是美食和一起吃饭的人。

等到民国，贵州开放烟禁，倡种鸦片，为此，川、湘、粤、桂等贩烟大商云集安顺，安顺一跃成为大型物资集散地。据《续修安顺府志》记载："四通八达，商货辐辏；纱罗绸缎，光怪陆离；洋货匹头，争奇斗异。商业之盛，甲于全省。"

商业的活跃推动了安顺商圈格局的形成，"自城门至大十字钟鼓楼，街长里余……宽三丈余"，往北三处，"一通蔡衙街，一通望春台，一通儒林街"，往南四口，"一通曹家街，一通碧漾湾，一通顾府街，一通同知巷"。安顺小吃就在商圈内生发、兴盛和传播，这些小吃点心，其实是食客无数张挑剔的嘴试验出来的。

带我们寻遍街市小巷的安顺民俗学家潘玉陶，出生于当地一个商贸大户。20世纪40年代，潘家经营猪鬃、兽皮等山货交易，生意做得风生水起，一跃成为殷实户，和当地颇有地位的巨商们来往密切。主妇的巧手为商人之间的商谈添上了一抹温馨的回忆。潘玉陶回忆，在祖父生意做大的日子里，祖母依旧在饮食操办上亲力亲为。在林立于市的商号里，每逢接待外地客商，招待首选不外乎吃喝二字。不论天大的难事儿，也能在几味小食之间和和气气地解决了。祖母的美食也成了很多人多年惦念的回忆。潘玉陶懂事后，逐渐领悟到，当年商人们在饭桌上，吃的都是一个"和"字。

形形色色的集市贸易以农历甲子顺序的子丑寅卯推算轮流开市，用于交易的货物，大多是手工制作的货品，也有一些低档工业品。到1949年，安顺城内就有铺面商户2127户，摊贩662户，批购零售坐商274户，流动商户更是数不胜数。

市井生活，凡人食趣

消费生活让安顺的食物一点一点金贵起来，也养出了安顺人食不厌精、脍不厌细的生活热情。清末民初时，安顺的餐饮业开始飞速发展，《续修安顺府志》载："市场繁荣，大异往昔。商人获利既丰，生活日趋奢靡；以筵席论，过去不过盘盘菜、八大碗、蹄筋头，今则为海参席、鱼翅席、烧烤席。"

不论哪个阶层，但凡愿意讲究的人家，女主人都有一身好厨艺。潘玉陶至今怀念祖母做的米粉，祖母尤其注意佐料的搭配，酥脆的食材一味都少不了，有炸花生、酥黄豆、炸慈姑，还要加上特色飞酱来提味。一年四季，皆制应节小食，三月三做清明粑，四月八吃糯米饭，九月重阳打糍粑，腊月初八又该熬腊八粥，食之有味，清欢无限。

戴明贤曾在《一个人的安顺》中提到安顺小城的市井之声，"三更前后，市声俱寂，独有'炒米糖开——'的叫卖声"，此外也有零星的几家面馆营业，在长夜中安静地吐露出白汽，等到天稍亮一些，"卖甜酒——""印拓粑混糖粑！""热——糕粑——啦！"伴随着一声声叫卖，天际变成青白色，日光逐渐晃眼，安顺旧城越发热闹起来，溜达到东大街一带，寻着声和味，便可找到绝好的早餐馆子。

安顺人还有一套逗趣儿的早餐"行话"，多放食油称"漫子足"，不要辣、葱叫"免红""免青"，汤多叫"汤宽"，连汤匙和筷子都有别称——"鸭子"和"蒿杆"。

早晨7点，我们来到儒林路"过早"，在温暖而明亮的阳光下，一位老师傅正做剪粉，雪白的米浆在铁板上蔓延，热气升腾，加腐乳水，撒滚圆的黄豆，一瓢辣椒，一勺麻油，世俗生活的面貌似乎从未改变。老街上的青石路面，被时间磨得圆滑可鉴。只要有琳琅小吃的日子，小城就永远保持着气定神闲、古朴平和的姿态，一如岁月本身。

5 冲冲糕，是典型的糯米甜点。特制的大锡壶一边煮水，一边在壶盖上蒸糯米糕。备好的碗里放上荸荠粉，用冷热水交替冲开成糊，把蒸好的米糕放进去，再浇次开水，放上玫瑰红糖、花生米、芝麻，细细拌匀就可以开吃了！

无火锅不贵州

撰文/吴茂钊　绘画/林曦

【酸汤鱼】

说到火锅，人们会津津乐道地谈及在火热的夏天光着膀子吃的重庆毛肚火锅、近年来颇为火爆的四川鱼头火锅、北方的御寒圣品涮羊肉、堪称无所不吃的广东打边炉，或者异军突起以概念取胜的各种冷锅……殊不知，贵州火锅与它们相比，丝毫不遑多让。贵州形态多样的各种火锅质朴又粗犷，漫溢着的是乡间野趣。

过年，是儿时的我最盼望的高兴事，可以不上学、可以撒娇，最重要的是可以整天围着火炉吃吃吃。每次杀年猪，开膛的猪半边还被吊着，另半边被搁在案板上，杀猪师傅迅速地在猪后腿处找到“黄瓜条”，利落地取下那条精瘦的肉，切成几块，分给一直守着的孩子们。我们自行备好竹签，去煤炉盖上烙烤、柴火烟上熏烤，或放入柴火炭灰中用白菜叶包烧。猪肉被我们或焦、或嫩、或半生不熟地吞进肚中，好多时候还没来得及找到口感就吃没了，只能急着去守下一块肉。这时，大厨把正处于僵直期的猪肉切片，捡出瘦肉用糟辣椒混炒，撒上一把蒜苗，装入火锅，墩在炭火盆上；同时将肥肉、内脏和猪血，倒入在煤火炉上早已烧得咕噜翻腾的白开水中，一家老小、邻里乡亲们便就着一碗煳辣椒素蘸水或者辣椒酱蘸水开吃了，杀猪师傅也暂停工作，先吃上几口。主妇们通常吃得快些，还要赶着炼猪油、除油渣和腌腊肉、做血豆腐。接下来几天，家里最让人回味的美食就是白水煮菜配油渣了。

待我系统学习烹饪后才明白，这可是烧烤、烙锅、干锅、火锅一次性齐整了。工作后，我经常去贵州各民族地区走村串寨，在很多地方都发现了类似的吃法。尤其是黔东南北部侗区——每年各个侗寨的清明节比春节热闹，家家户户比赛似的炒菜、打粑粑，菜做好后挑到山上祭祖，之后随地搭个灶，支一口大铁锅，各家菜挨个往里倒，混合翻炒，变成一锅百味火锅，吃得差不多了还可以再加汤，变成汤煮火锅。这种最简单、家常的食物烹制方式，虽然没有太过精细的烹饪技巧，但胜在对自然物产最本真特质的巧用，便捷又不失口感。

贵州火锅类别繁多，可谓占据了黔味饮食文化的半壁河山。从类别上来看，贵州火锅兼有汤锅、干锅、烙锅等形态；口味上，也是清汤、酸汤和麻辣味并存。贵州占尽物产丰盈的优势，用药膳或香料调配出来的清汤，白煮牛羊狗肉也别有风味；酸汤火锅的灵感汲取于酸汤鱼中，尔后发展出了酸汤牛肉、酸笋鱼、酸辣烫火锅等类别，已经扬名全国；麻辣火锅则多表现在香辣上，稍有青花椒之麻味，辣出了与重庆火锅不一样的风格，惯常混用遵义辣椒、花溪辣椒和大方皱皮椒，制成糍粑辣椒后作为火锅底料，加上配菜后演化出毛肚、辣子鸡、糟辣鱼等火锅品类。另外，还有不少不能

归于以上类型但同样别具一格的特色火锅，比如黔东南的牛瘪羊瘪、腌汤火锅，黔南的臭酸、虾酸系列火锅，以及毕节和遵义的豆花火锅，爱之和恨之的人都不少。

贵州作为移民大省，不同时期从各地迁徙而来的移民也带了不同的饮食文化，与本土食材和食俗融合后，贵州的火锅种类变得更加精彩纷呈——酸汤鱼、乌江鱼、花江狗肉、盘江狗肉、花溪鹅、青椒童子鸡、阳朗鸡、辣子鸡、老猪脚、鸡丝豆花、圆子连渣闹、油渣、一锅香、牛羊肉杂、牛背筋等，数不胜数。

贵州火锅，还有一个不得不提的特色——辣椒蘸水。蘸水这种滇黔地区的特色调味方式，讲求的是不同吃食配不同蘸碟，每样都是独一份的绝配。不论烙锅、干锅还是汤锅，大多是干、湿双蘸水上桌。从原料上划分，有素辣椒、油辣椒、辣椒酱、糟辣椒、烧青椒、水豆豉等典型蘸水；也能以菜色分类，配搭酸汤鱼、花江狗肉、金钩挂玉牌、酸菜蹄髈、水城烙锅、恋爱豆腐果等名菜的特色蘸水也各有各的讲究，不能随便对付。例如，贵州代表菜之一的酸汤鱼，它的蘸水同时用了煮酸汤的熟青辣椒、擂成茸的擂椒、煳辣椒面，最后用豆腐乳增加其黏稠度，丰满酸汤蘸水的口感。另一个不得不提的是配花江狗肉的蘸水：把切碎的狗肉香叶（野薄荷）混入煳辣椒面、青花椒面、姜米、蒜米之中，把菜籽油、猪油和狗油混制而成的香油烧热，迅速浇到辣椒上，上桌时满屋飘香，让人垂涎欲滴。还有，号称“贵州第一蘸”的素辣椒蘸水，搭配金钩挂玉牌——清汤煮熟形似金钩的黄豆芽和切片如玉牌的白豆腐，原汤灌进不带丝毫油荤的素辣椒蘸水中，豆芽和豆腐既可分别呈现口味，又有融合后的别样清香，蘸水煳香不压味，可谓三味合一。

到贵州，不吃次火锅，那就枉来了。届时记得好好问问店家，吃的火锅该配什么辣椒蘸水，不然用错蘸碟，不仅食物风味全无，还被别人一眼瞧出您是外来游客！

赤水河，中国的“酒核”

物　撰文／李惑

1　赤水河发源于云南省镇雄县，是长江上游的支流，丰水期时因为含沙量大而变成赤红色，因此得名。中央红军四渡赤水的历史也让赤水河有“英雄河”之誉。贵州境内的赤水河流域布满了大小不一的酿酒厂，以茅台酒厂的工作间占地最广，铺占了整条赤水河微生物最丰富的河谷地区。　摄影_龚小勇

赤水河与长江交错，形成一个三角区域，西有宜宾、泸州、二郎，东有遵义、仁怀、习水。有接近一半的中国白酒名酒分布于此区域内，除了声名远扬的茅台、五粮液、泸州老窖、郎酒、董酒，还有地域性名酒赤水河酒、习水大曲、珍酒、鸭溪窖酒、尖庄大曲等，不一而足。如此成就和盛名，离不开赤水河的山谷、河水、地质和气候，这个天然造化而来的丰富微生物聚居地，作用于酿酒最核心的酒曲，让这些酒离了赤水河便不可复制。“曲为酒之骨”，酒曲决定了酒体的风味，而出产酒曲的赤水河，不夸张地说，也决定了中国白酒的风味。

贵州多山。从贵阳到遵义，沿高速公路一路北上，所见山脉也发育得越来越雄壮。黔地早已高速互通成网，然而多数路段单向仅双车道，以及陡急的转弯，还是让驾驶成为一件需要十分留心的事。

遵义完全是座山城，大娄山是它的骨架。山水总相依，遵义市辖区内的三大水系——乌江、赤水、綦江，条条都大名响亮。我们从遵义向西，奔往仁怀，要去见这其中最有“浓度”的一条、号称“美酒河”的赤水。

赤水河，公开的美酒之谜

赤水河，这条发源于云南，一直贴着贵州、四川和云南省界穿行的河流，在文化与风土上，形象饱满、声名煊赫。再没有一条河能与它媲美。东方式的风流倜傥、浓香扑鼻：一条赤水全长500余公里，不出百里必有好酒，是为“美酒河”。

中国白酒名酒中约有一半产自它的流域，一首民谣道出款曲：“上游是茅台，下游望泸州，船到二郎滩，又该喝郎酒。”水转舟行酒不尽，应和着中国文人诗酒年华的吟游醉作传统，这条河的神奇与浪漫，不能不令人啧啧称叹。

若非亲眼所见，难以想象酒与河的关系，在视觉上究竟呈现出一种怎样的形象。茅台镇整个镇区就可以被视为一座酒厂群，茅台独大，小者两三百家。赤水河穿镇而过，在冬天，呈现出平滑如镜的青碧色，而非洪水期时的土红色。远处山脉在薄雾中，座座峰头轮廓清晰而独立，左右相衔、前后叠错、色若水墨。茅台厂的车间铺占了河流东岸最近便的谷地，从清早，巨大的烟囱便排放着因蒸煮粮食而形成的乳白色水汽，益发渲染了这一带湿润的小气候，并使V形的谷地看起来像极了天地间一口大甑；在气味上也同样，人们沉醉在粮食不同阶段的成熟与变化里，而它所出产的，将是一种精华：由粮食转换而来，却携带上环境——赤水河谷地的全部灵秀信息。

我们沿赤水河边旅游公路，继续向北往习酒镇，这将是一段对河与酒的关系越发清晰的旅程。出茅台镇后连绵三四十里，公路边时常可见酿酒作坊的招牌，餐饮小店卖的也是自家粮食拿到村中酒坊“来料加工”后的酱香型白酒。山势与水色令人振奋，“美酒河”的摩崖石刻处，酒

赤水河流域名酒产地

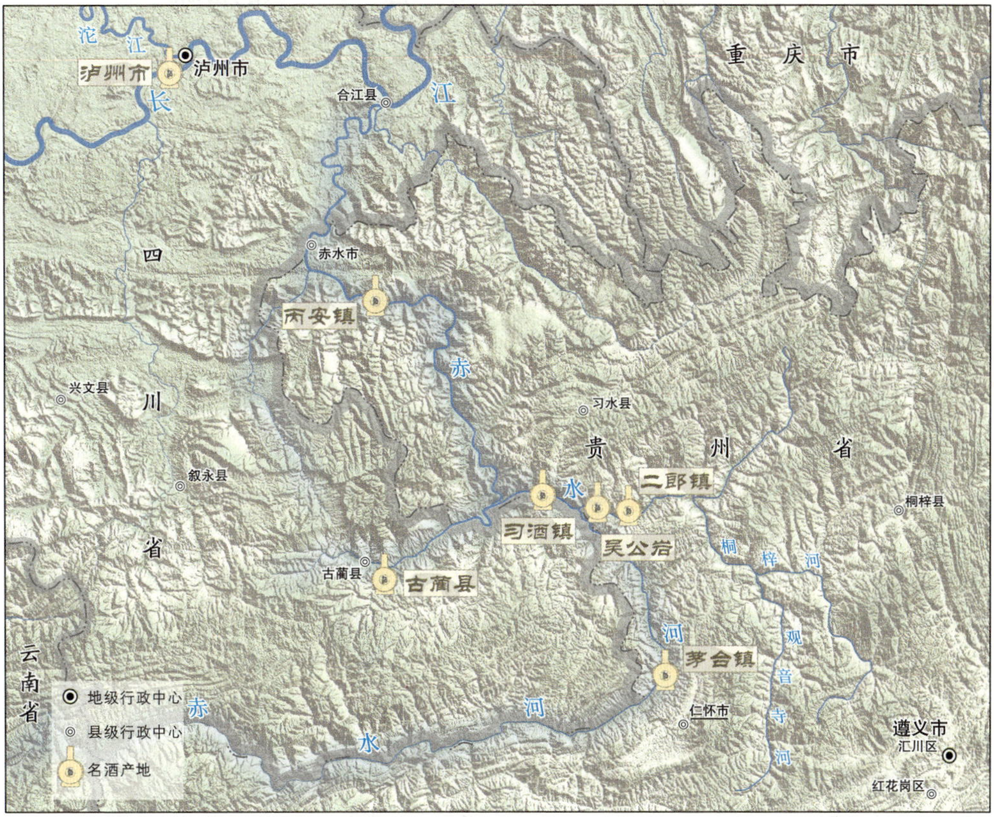

香尤为浓酽，我们正疑惑，一转弯，便是习酒铺山占谷的庞大厂区。“原来如此！”酒厂虽有工业的外貌，实则依循古老的工艺法则，不同的酒厂在不同的流段，忠实地进行着转换的工作：将粮食、河水、山谷、气候，赤水河的一切，融汇在一起，最终浓缩成一杯透明而香气复杂的液体。

“曲”为中国酒之骨

传说赤水河畔的“土著”居民濮人善于酿酒，但有文字可查，还要到汉代。根据《史记・西南夷列传》，汉武帝刘彻饮到夜郎（今黔北一带）产名酒“枸酱”。这酒是他的大将唐蒙在出使南越的途中喝到的，为取悦汉武帝，唐蒙绕道鳛部（即现在的仁怀一带），专为取枸酱而进献。

然而枸酱远不是我们今天所喝到的白酒，它是一种由构树果实聚花果酿造而成的“果酒”，工艺简单，甚至都无须过滤，酒体浓厚而浑浊，故以“酱”来形容。它是中国酿酒史上最原始的产品：以野果或动物的乳汁为原料，两者都富含糖分，很容易自然发酵成酒。这种酿造，更像是

2　赤水河两岸酒厂星罗棋布，除了“赤水河上的姐妹花”——中国两大酱香型白酒——茅台（产自茅台镇）和郎酒（产自二郎镇），还有习酒、董酒、怀酒、潭酒、金沙窖酒、赤水河酒等数十种享誉全国的白酒，都是用赤水河水酿造的。这些品牌名酒，奠定了赤水河在中国白酒业的至尊地位。

先民对自然规律的发现与顺应，而体现人之创造性巧思的，还要到“曲”的发明——酒曲是中国酒（黄酒与白酒）最鲜明的一个技术特征，也是决定酒的口味与香气的核心。

中国是世界上最早用曲酿酒的国家。《尚书》就有“若作酒醴，尔惟曲糵”的记载。曲与糵是两种物质，曲为发霉的谷物，糵为发芽的谷物，它们负责酿酒过程中两个重要的转化过程：糖化与酒精发酵。刘词《养生论》中说：“酒所以醉人者，曲糵气之故尔。”酒曲中含有多种微生物，霉菌将淀粉转化为糖，酵母菌接力，将糖再继续转化为酒精。而在这整个过程中，形成的种类复杂的代谢物，便构成了酒主要的风味成分。这也是为什么中国酒在口味上迥异于洋酒，因为葡萄酒的酿造不需要糖化，葡萄果汁中本身就含有很高的糖分，而烈酒如威士忌则通过令谷物发芽的方式，让淀粉自然转化为糖分，它们都不会用到酒曲。

酒曲种类众多，《北山酒经》中分门别类，有详细的记述。然而中国人今天喝到的白酒，却还要仰赖另一种技术的传入：蒸馏。白酒在古代叫“烧酒”，按照《本草纲目》中的记载，烧酒“自元时始创其法，用浓酒和糟入甑（指蒸锅），蒸令气上，用器承取滴露”。蒸馏使得酒的性质与性格大变：酵母菌在高浓度酒精下无法继续发酵，所以黄酒的度数总难以超过20度，而利用酒液中不同物质挥发性不同的原理为基础的蒸馏技术，将最容易挥发的酒精蒸馏出来，可以得到最高浓度约70度的烈酒。

人们对于酒精的追求总归是无法理性而节制的，白酒开始登上了历史舞台，并在近千年后，成为中国酒席上毫无疑问的王者。

寻“香”：复杂的香味地图

中国的白酒，以香型做大的分类，主要有浓香、酱香、清香三种，其余如米香、凤香、董香，林林总总，不下十几种。香型是了解白酒奥秘的线索，它既是一种评判与审美的标准，也是由生产酿造的工艺、流程、用料等烙印上的感官信息，它们协同构成了中国白酒文化非常生动、有趣的知识体系。原料、酒曲、发酵容器、酿造工艺和气候环境不同，都会带来不同的香韵特点，但其中最关键的特征，还是由酒曲所赋予。

酒曲如何作用于白酒的不同香型呢？一个最基本的解读框架是以温度分类。制作酒曲的发酵温度适中，在55℃左右（中温曲），生产出来的主要是浓香型白酒；有些地方把酒曲发酵温度提高到60℃以上（高温曲），酿造出来的就是酱香型白酒；而把酒曲发酵温度稍降到50℃出头（低温曲），酿造出来的就是清香型白酒了。

实际上，在发酵温度的背后，决定一切的还是微生物。曲是微生物的载体，酒曲的发酵温度实际上就是在筛选不同类型的菌种，它们将在一系列化学反应后代谢出不同的香气成分：醇类、酯类、酸类、醛酮类化合物等。

醇类醇甜，可助香，酒体是否丰满、浓厚主要看它；酸类作用于口感与后味；酯类是酒体香气浓郁的主要因素。浓香型白酒香味主要来自己酸乙酯，芬芳而后劲大；清香型白酒则靠乳酸乙酯和乙酸乙酯含量去平衡，口感清爽淡雅，入口绵柔；酱香型则要复杂一些，它的主体香味成分至今仍无定论，但初步认定是系列高沸点物质，如丁酸乙酯，此外还富含香草醛和酪醇等芳香族化合物。

中国人对于酒曲技术的掌握在很早便臻于成熟，尽管并无现代术语的表述。在写于北宋政和

3 茅台酒的酿造工艺被称为“中国白酒工艺活化石”，一年只有一个生产周期。整个酿酒过程需要两次投料、九次蒸煮、八次发酵、七次取酒，再经过长达五年以上的存放陈化，最后进行勾调。 摄影_何雄周

4　川盐入黔途经茅台镇，茅台酒也随盐一道被马帮运往外地，声名鹊起。据成书于清道光年间的《遵义府志》记载：“仁怀城西茅台村制酒，黔省称第一……茅台烧房不下二十家，所费山粮不下二万石。”　摄影_李贵云年间的酿酒专著《北山酒经》中，作者朱肱分类了13种不同的酒曲，并详细说明其制作方法、性质特点。酒曲回馈给了我们一套复杂的味觉体系，它像一张香气地图，至今仍有未知之处。

河谷馈赠的好酒

好酒确乎天成。秘密之一便是自然环境。

从科学的角度分析，赤水河之为“美酒河”，道理很平白。

酒的酿造，水至为关键。赤水河流经云贵川三省，四分之三流域在大山中，河水清澈透底，两岸陡峭、多险滩急流。水质良好，无色透明，入口微甜，酸碱适度，既无溶解杂质，钙镁离子含量、硬度也都符合优质饮用水标准。

此外，赤水河谷的地质地貌结构主要是侏罗、白垩系紫色砂页岩、砾岩，形成时间在7000万年以上。土壤受海拔高度和岩石风化后的影响，广泛发育成紫色土，土层较厚，酸碱适度，特别是土壤中沙石和砾石含量高，土质松软，孔隙大，具有良好的渗透性，十分有利于过滤水源和溶解红岩土层中对人体有益的成分。

气候则是辅佐。赤水河谷两山对峙，一水中流，湿润而冬暖夏热少雨水，有其十分特殊的小气候，利于酿酒过程中发挥重要作用的微生物群落生长、富集。

中国白酒的酿造工艺很久之前便已成熟、定型，但直至今日，我们走访赤水河畔知名酒厂，工程师们仍旧在向我们强调，尽管动用了所有先进的分析手段，白酒中的香味元素及其背后的成因，仍无法被完全获知；而酿酒的过程，尽管大酒厂们看起来一副标准的工业化车间的“外貌”，但其主要工艺仍旧遵循古法、仰赖人力。

自然可被分析，但“分析”在保证精确与理性的同时，也牺牲掉了微妙。该如何计算赤水河上游某一片原始森林对河水水质的贡献呢？自然没有算法，它只有“成全”，是集一切要素之大成，增一分嫌多、减一分则少的成全。

然而，自然亦需要历史与机遇的点化。赤水河作为一条美酒河，最大的荣耀无疑是茅台。茅台的“出场”，是天时、地利、人和，三者齐备。如今的茅台，市值新破万亿，而其发轫的“时机”，要从川盐入黔说起。

离了茅台镇，再无茅台酒

贵州素不产盐，自古以来食盐均靠从周边产盐省份输入，川盐、粤盐、滇盐皆有。然而川盐产地最近，又有水道交通之便，遂行销最广、销量最大。川盐通过赤水河口岸源源不断输入黔省内地，缓解了贵州各地盐荒的同时，推动和促进了这一地区经济、政治和文化的快速发展，酿酒业也从中得到重要助力。

茅台便是一个典型的例子。茅台镇地处仁怀，本属偏僻，却因盐务，于乾隆初年成为川盐入黔四大口岸之一的“仁岸”。川盐通过水运到达茅台镇以后，再通过陆路转运到贵州其他地区销售。盐业的兴盛首先刺激了仁怀的造船业，而造船业又反过来越发壮大了仁怀的水路运输，于是，各种物资无不在此交流中转，商旅、脚夫、马帮无不在此麇集，寻找机遇。

当时负责运销川盐的商人有相当大的部分来自山西和陕西，一时间“蜀盐走贵州，秦商聚茅台”。他们腰缠万贯又客居异地，饮酒寻欢便是常事。他们发觉本地酿造的酒味道底子很是不错后，难免心意与脑筋一并活络，想到从故乡引进更先进的酿造技术。杏花村的酿酒师便这样来到茅台镇。他们重新认山识水，根据此地的特点，改良技术，终于酿出了比汾酒味道更浓厚的酱香型白酒“茅台”。这样一个水陆码头，本身就是好酒的市场不说，好酒也终将通过它高效的信息与物资交换系统，远播口碑，广达销路。到清道光年间，在时人的诗句中，茅台镇已经是“家唯储酒卖，船只载盐多”了。“茅台烧房不下二十家”“酿酒全省称第一”，茅台烧、茅台春、茅台烧春、茅春等酒声名鹊起，“酒冠黔人国”。

而茅台一跃而起，成为享誉全国的白酒霸主，少不了近代那段与红色赤水有关的历史。1935年，红军“四渡赤水”战役的第三渡正是途经茅台镇，当时的红军处于最艰难的时刻，全体指战员半数以上都有各种伤病，茅台酒厂的前身“成义烧坊”为解红军之难，搬出窖藏美酒为红军擦洗伤口、消毒杀菌，帮助红军渡过难关。这段埋伏在历史时刻里草蛇灰线的恩义“故事”，无疑是茅台发展史中的重大助力，正是一次次的机缘成就着茅台，就像一种说不清道不明的运气，让茅台实现了从名酒到国酒的跃升。

茅台价比黄金，但贵有贵的道理，因为它无法被复制。

20世纪60年代末，时任国务院副总理的方毅亲自主持茅台酒的易地生产规划，茅台酒厂精选了一批工程师、品酒师和工人，带着大批设备、原料，包括一箱子灰尘（据说那里有丰富的微生物），搬往遵义近郊，那里没有工业污染，有充沛山泉，气候与茅台镇属同类。

实验进行了11年：9个周期、63轮制造。1985年，全国评酒委员会前来考察实验成果——“酒也是不错的酒，但绝不是茅台”。这便是后来的“珍酒”，而茅台酒易地生产的努力也宣告失败。

酒厂的工程师与镇上作坊中的小老板，都在向一脸迷惑的我们解释“微生物”这个概念。“你看不到这些微生物，但你肯定闻得到吧？”一入茅台镇，与巨大绵延的厂区一并震撼到我们的，便是空气中无所不在的“酱味”“糟味”，每一口呼吸都令人心意陶然，就是在这覆盖着河谷沉沉酽酽的湿热空气中，活跃着数不清、分不明、精灵一般的各种微生物。

赤水河谷本就适宜微生物生长繁衍，而此地历经千百年的酿酒历史，又是一种日日不断的拣选、强化特定种类微生物的漫长过程：白酒开放式的堆积发酵工艺，既是充分网罗空气中的微生物参与整个发酵过程，也在不断地向外释放与溢出，相辅相成中日渐稳定而强大。有人形象地描绘：“这就像在茅台镇上空有一张不易受外来自然力破坏、影响的微生物网。”

品白酒：百花绽放的味蕾风味

从仁怀离开赤水河，道路绕一个倒几字形弯，行近百公里，便到了遵义董公寺镇，新中国建立初期曾与茅台一起，位列“中国十大名酒”的董酒，就在这里。

这近百公里的距离，便是酱香与董香的距离。

董公寺镇真有寺，初建于明万历年间，本叫“龙山寺”。清康熙元年（1662），时任遵义兵备道的董显忠出资修葺该寺，为表感念，寺庙易名为“董公寺”。早在魏晋南北朝，此地便有酿酒业，到清末已具规模，小曲作坊遍布，又以连续几代以酿酒为生的程氏酒坊所出“董公寺窖酒”最出色。抗战期间，浙大西迁，在竺可桢的带领下来到遵义湄潭，教授们颇爱这当地佳酿，忍不住技痒，便把人家的名字提炼改动为品牌效果更妙，也便于传播的“董酒”。

董酒厂的总工程师李其书，在窖藏车间里阅兵一般带我们看家底儿——不同年份的基酒藏酒。窖藏间清凉、阴暗、潮湿，如尘封多年的防空洞，水泥天花板上层坠着“时间”的绒絮，这便是良好的储藏环境——微生物在我们肉眼难见之处暗暗活跃，使得几十年的基酒仍缓慢地发生变化，呼吸，转化，释放复杂的香气。我们随机挑选近人高的一缸，李其书稳稳推开粗瓷封盖，打一烧杯出来。缸上编码代表着年份、批次，我们要喝的这杯，来自20世纪80年代。

观色、闻味、细品，口腔啜吸，使酒液充分接触舌头不同部位的味蕾，舌尖敏感于甜，舌根敏感于苦和辣，舌尖两侧则善于捕捉酸——如此洞开门户的迎接，才能让酒复杂的香气全面地表演发挥。我对白酒的味型审美基础很弱，只觉得入口辣——直接的辣、纯粹的辣，清与冽，像准确而利落的一记出拳，十分漂亮。啜饮后再来稍多点的第二口，感觉完全变了，口腔被洗礼之后，这一次，更多的味感清晰起来，如同初入暗室，眼睛逐渐适应光线，开始看到细节：药香复杂而难以描述，微酸是恰到好处的刺激，而回甘明确又持久，从咽喉到食道，一条火线直通下去，凝而不散。李其书说，这正是好酒的一个体感特征，入喉后热辣感集中而贯注，不会马上蔓延分散开去。

年青一代多受到啤酒、洋酒的消费习惯影响，大部分人对如何感受和品评白酒的香气都无从把握。我品白酒是头一次，幼年总觉得白酒有种“酒臭味”，混杂着中国式饭局上推杯换盏后的残羹冷炙腥，令人皱眉。这次有高人点拨，又

5　粮食发酵成酒糟这个步骤，是在窖池里完成的。不同材料砌成的窖池，是决定不同白酒香型的要素之一。　摄影_凯文·弗雷尔

6	7
8	9

6、7、8、9　董酒的百草入曲酿酒工艺是国家保密配方和工艺。“百草入曲，两小两大，双醅串蒸”，独特的大小曲串香工艺让董酒既有大曲酒的浓郁芳香，又有小曲酒的柔绵醇和，微带宜人的药草香。　摄影_陆宇堃

如此郑重的几口下去，却突然间对这无色透明液体中百花绽放般的味道，产生了惊叹。李其书是国家白酒评委，同时也是世界烈酒协会的会员，他告诉我们，白酒的香味元素可比威士忌、白兰地的多太多，而我只觉得自己离一种口腹体感的传统偏好似乎近了不少，它曾经十分陌生，但现在，何为烈与劲、何为“干净”、何为悠长、何为绵软，我的大脑在我的口腔中活跃地寻找线索，匹配理解，生成一条影影绰绰的通往传统审美标准的道路，十分有趣。

在中国数以百计的白酒厂家中，唯有贵州董酒一家的“生产工艺”“酿酒配方”双双被列为国家机密级科学技术保密项目，对外开放程度仅限于可参观、不拍照、不介绍。保密的内容不可得知，但秘密究竟是关于什么的呢？还是董酒的制曲过程。一个是大曲小曲同时使用，大曲产香，小曲产酒，而其他白酒都只用大曲，大曲负责同时产出酒和香。董酒以大小曲酿成，有一个独特的串香工艺，流程复杂。二是引百草入酒。在古代，酒与药“交丛”甚密。尽管在北宋政和年间的《北山酒经》一书里，朱肱告诫世人：“酒味甘辛，大热，有毒。虽可忘忧，然能作疾，所谓腐肠烂胃，溃髓蒸筋。”但明代的李时珍还是直接在《本草纲目》里说“酒乃百药之长”，酒就是药，还是至关重要的药。而且，以本草、粮食、酒曲一同酿酒，这是从西汉初年就有的酿造方法，元代的《酒小史》中明确记录了“汉武百味旨酒”，百味旨即百味药材。

自然因素让位于市场环境？

今天还能喝到董酒，并不容易，它一度在市场上沉寂了十余年。董酒从1995年开始改制，十余年间，领导换了十多任，董酒厂一度停工。而这十年，恰恰是中国白酒消费迅速市场化、奢侈品化和品牌溢价的十年，董酒没落、茅台崛起，两相对比，令人感慨。

若仔细看看各白酒香型的地理分布，会发现，不同区域的白酒确实是某种香型集聚，但并不是精确的对应关系——贵州以茅台为贵，但也有董香型、浓香型的著名白酒品牌；四川即便是浓香型白酒的天下，也有知名的酱香型白酒；北方虽然清香型白酒受众最广，但也不少人青睐醇厚的浓香……显然，如今，市场常常超越地理界限，成为不同酒厂主推不同香型白酒的关键因素，也逐渐主宰了中国白酒品牌的建立和推广。

每个时代都有自己推崇的口味，伴随着这种偏好的流行，定会衍生出许多新酒种类。然而，不管怎么变化，地区的风土不变、历史沿袭不变，则酒与区域地理的关系，也不会轻易改变，就像赤水河作为中国的“酒核”地位不会轻易改变一样。

黔境寻茶：从“茶”的源头开始

物

撰文／公梓家

1　贵定县云雾镇茶场，当地茶农抢季节采摘明前茶。清朝，贵定云雾产区的茶曾是当地苗人进贡的贡品。清康熙《贵州通志》载：“黔省各属皆产茶，贵定云雾最有名。”　摄影_吴东俊

贵州作为全国唯一的"高海拔、低纬度、多云雾、寡日照"的标杆式产茶区，保留了一个茶叶发展史的完整序列。从茶籽化石的发现地晴隆和普安沿乌江顺流而下，到沿河古茶园，再往西转向湄潭、凤冈，最后南下经安顺，直达都匀毛尖的产地团山和螺丝壳，这一路穿山涉川的寻茶之旅，访遍贵州全境，描摹出了一幅时间和空间两个维度并存的黔茶地图。矗立千年的古茶树、标志着近现代茶产业发端的湄潭茶场、指代假茶叶和代加工茶的"茶叶货"，再到最高质量标准的欧盟出口茶，矛盾又和谐地共生，投射出的是贵州茶史的崎岖与曼妙。

晴隆茶籽化石描出"茶"的源头

"它就在那儿，一坨草堆里面，露出光滑的一角。"已经年近八十的卢启明难掩兴奋，用手指了指角落，仿佛那个多年前的发现依然就在眼前，"我当时心里大喊了一声：喜事来了！"

1980年7月，一次野生茶树调查活动中，晴隆县农业局基层茶叶技术员卢启明意外发现了一块距今100万年的新生代第三纪茶籽化石，是一颗四球茶的形态。这块目前世界上唯一的茶籽化石，明确支持了学界争议良久的茶的"三角地起源说"——滇、黔、桂三省交界台地向云贵高原过渡的大斜坡，是茶发源、演变和传播的路径。

四球茶目前被归为五室茶系中的大厂茶种，是茶在进化链条上最原始的种类之一。尽管学界对将四球茶独立定种尚有争议，但它无疑为贵州身处茶树起源地提供了坚实的证明。

历史上，贵州地区由于河谷下切和高原抬升，形成了独特的三叠纪地质风貌和多样的小气候区。此处的茶树原种，被逐渐分置在热带、亚热带、温带气候中，向西南发展成乔木型大叶种茶，向东南发展成高脚茶、毛萼茶，向东北发展成灌木型中、小叶种茶。适宜茶树生长的山区小环境，再加上省内工业发展缓慢，这些曾经制约贵州经济增长的因素，倒是为高品质茶青留存了一片无污染的净土。

茶籽化石发现地在晴隆和普安的交界处。普安是贵州省重点产茶县之一，素有贵州茶"第一春"之称。"茶园多生于煤矿"，因煤矿产地地层热能高，本地茶上市时间普遍早于江浙10~20天。去往马家坪村的路途地面高低起伏，车子行至山顶，忽又落于谷底，便到了。此地建筑风格鲜艳讨喜，粉红、柔黄、嫩绿，扇形床、圆拱门，都有一种热带和亚热带过渡地带的异域风情。

一进村，便遇见闻讯而来的马家坪村四球古茶树群落保护站站长江海涛。现存最古老、编号为001的四球古茶树坐落于一面坡地的顶端，顺坡而下是它的子子孙孙。当我向面前的年轻人询问这棵树的树龄时，他说："没有人说得清楚。"以现在的技术，检验树龄，除了锯树数年轮、钻树心取样进行同位素测定外，只能估算。而江海涛与古茶树的记忆联结却在爷爷递过来的那碗茶中。

清秋第一缕阳光照进马家坪村山谷中时，江海涛的爷爷起床了，打开堂屋里的天窗，顺手取下梁柱上挂着的茶包，抓出一小把。捅开煤炉，将土窑烧制的陶罐蹾到火上，茶罐渐烫，手里的茶投掷而下，“吱啦啦”——有丝缕热气蒸腾起来。爷爷拿起罐晃几下，茶叶在罐中蹦跶，碰及陶壁，发出金石之音。江海涛醒了，趿上鞋子，来至门前，正看见爷爷将刚烧的开水注入茶罐，一阵茶香清新扑面。爷爷分出一碗递了过去，江海涛呼噜噜几口喝完，抹抹嘴，说：“好甜。”

山人种茶饮茶，最早为治病。在普安民间一直有“山上有棵千年树，树下有口清水井，哪天如果不舒服，一片叶来一瓢水”的说法。黔地山高谷深，多有瘴气，茶的功效就是清热解毒。江海涛回忆，小时候肚痛腹胀，大人们总会让他含嚼两片茶叶。逢年过节，荤腥吃多了些，也会有意识地喝些茶。

山居无岁月，春天至此要稍晚些。三月中下旬，坡顶的四球茶树才抽出新枝，江爷爷便上山去，一芽二三叶地掰断。炒茶器皿不讲究，就是家用炒菜锅，用茶树枝杈翻炒。火候却要凭经验，烧至锅底起灰泛白、水滴下去就能呼啦啦蒸腾干，一次性翻炒茶叶三四十分钟，就是俗称的“一锅起”。此种炒茶法，正是贵州本地“青毛茶”的制作土法。条件所限，一季采摘的鲜叶要在短时间内做完。杀青程度不完全，给后续转化留下了余地。老人家炒青时，还会往里加些许水，类似于微发酵，所谓的“春茶放至秋露白”才好喝呢。

沿江而立的茶盐古道

位于乌江下游的沿河土家族自治县，有一大片成规模的古茶树聚落群。沿河作为茶叶聚散之地，自古从外省引种，今留存于榨子村人工栽培的连片千年古茶树达6000多棵，在全国都极罕见。从沿河县城出发，顺江而行，两岸青山相对出。沿着一壁山肩攀缘，一路上国道、省道，转乡间小路，极尽崎岖。冬季江面萧索，时见货船和孤舟点点，更显瑟瑟。

沿河位于大娄山脉和武陵山脉交错地带，临乌江而立，比邻茶种集大成者湄潭、凤冈、务川等地。据《华阳国志·巴志》记载，乌江流域的巴国（今贵州沿河、道真、务川一带），在西周初年被封国时，其茶叶已是敬献周天子的贡品，且已有人工种植的茶——香茗。去沿河古茶园，要途经洪渡码头，西南的货物特产在此顺江而下。春秋战国时，乌江沿岸就有茶叶等土特产交易，茶文化向西影响到蜀地，向北辐射到汉中。西汉前后，诸如洪渡等地的沿江台地都形成了集镇。

行至村口，有一棵株高7米、干径80余厘米、树龄1200年的古茶树，望出去，便是贵州的崇山峻岭。此处古茶园，原种从何而来众说纷纭，树龄800~1200年均有，大、中、小叶形，灌木、小乔木型交错可见。现今当地码头早已不见茶业交易的痕迹，饮茶、制茶的传统与工艺也已断代。唯有史可考：在宋代，沿河的姚溪茶被列为贡茶，一直持续到明清时期。

如是一处古茶园，仿若天生地长，本该如此一般。可是，哪有自然而然的事情？引种、驯化、生根、发芽，多少翻云覆雨、人事更迭。早年，村民们觉得古茶树无用碍事，便砍了改种玉米，拿茶树枝来熏腊肉。直到2015年，全省进行古茶树普查，此片古茶园才被立牌保护。引我们进园的罗建华，在沿河地区总共认领了两万多棵古树，春秋两季定向收购鲜叶。沿河古茶的咖啡因远高于其他绿茶，理论上应开发红茶；可茶多酚含量又较低，反而更适合加工绿茶。再者此地并非近代传统茶区，缺乏好的制茶师和技术，但还是得找本地师傅，因熟稔气候特征、温度状

2　目前世界各地茶园都广泛采用的“茶树组合密植免耕技术”，由贵州茶科所的冯绍隆发明和推广。这样的茶园里，植株密集，修剪的残枝落叶也直接落地、自然降解，实现了茶叶高速增产。　摄影/杨秀勇况，故一年年地试验。

“本地和南方确实没市场”，古树红茶因较重口、耐泡，在内蒙古反而供不应求，蒙牛等企业会拿来用作员工福利。罗建华用“以物易物”的古老交易方式开辟了从贵州到内蒙古的现代商品通道，似乎让人看到百年前，一箱箱茶叶在此处的乌江码头集散，商客云集、行船走马。

“安顺茶叶”：从好茶到假茶叶、代工茶

去看安顺古茶园亦是绕山而行。在群山环绕的盆地，碧绿的山间分落着一个个铺满金黄稻草的坝子。本地所产的茶叶俗称“地埂茶”，见名如形，这种茶常种于田间地头，一垄垄地错落散布。

明代的“调北填南”在安顺留下众多江淮移民，平坝一带的卫戍军逐渐转向屯田务农。他们把生产的茶叶、粮食、布匹从官道运往周边三省销售。平坝本是产好茶的地方，加上屯堡人从江南带来的小锅制茶技术，使茶叶品质大大提高，明清时一直是部族土司的进贡品之一，尤以“毛尖”“雀舌”为上。行走于安顺各屯堡，村口道路都可见茶棚，本地产的小黄姜与古树茶一同熬煮成大碗茶，以慰南来北往的士兵、客商。

安顺历史上地方性名茶被称为白沙茶和水江茶。白沙茶生长于泥质砂岩，以镇宁布依族苗族自治县的江龙镇为多；水江茶则长于煤山之上，主要集中在平坝的十字、齐伯等乡。位于大革利的白沙茶，茶树叶片肥厚、经久耐泡，而且每个村寨总有一两户人家精于制茶，早在20世纪七八十年代，就有安顺人极富商业意识地挑担而出，走乡串寨，一斤卖到七八元的市价，由此打出了一方茶叶的名号。

新中国成立后，安顺一向以生产大宗茶“高绿茶”为主。无论炒青还是烘青绿茶，品质都很突出，香气高长、滋味醇厚。改革开放初期，茶叶市场也随之开放，安顺绿茶一时成为供不应求的抢手货。因为市场管理混乱，不法茶商用树叶和喝过的茶叶造假冒充绿茶，导致“安顺茶叶”逐渐成了“假茶叶”的代名词。话是贬义，但反过来想，正因安顺是传统优质茶叶产区，出产的茶叶名声在外，才引来众多以次充好的假茶叶。至20世纪90年代，此地所产的好茶青，又吸引了江浙一带的茶商来此收购鲜叶炒制，“安顺茶叶”又成为其他地方名茶的代工地。

湄潭茶事，中国近现代茶产业的起点

贵州虽然饮茶习惯由来已久，但因为山峦阻隔，茶叶加工技术发展滞缓。抗日战争僵持阶段，整个中国工业岌岌可危，而一群有识之士竟在边远的西南小城湄潭县一隅发展茶业。事实上，鸦片战争前，中国一直是在国际茶业市场上制定标准和规则的角色，因此才有了百年后的一群人，想在一片焦土中播下种子，振兴实业。

1939年，中央农业实验所和中国茶叶公司联合派遣王涛、李联标、朱源林、张天福几位专家到西南三省选址。调查团进入贵州后，考虑到湄潭离当时的陪都重庆很近，又是贵州有名的产茶县，当时的县长很是开明，对在此建立茶场大力支持，而且浙江大学亦西迁至湄潭，如将茶场建在此处，有利于开展科研工作。民国中央（湄潭）实验茶场于当年正式挂牌成立，这是近代中国第一所官办茶叶科研机构和示范出口基地。

1941年秋，茶场和浙大联合创办“贵州省湄潭实用职业学校”，成为贵州省历史上第一所茶叶职业教育学校。每月三斗米的生活补贴，吸引了不少家境困难的学生前来报考。为了减轻学

生的生活负担，老师们还带领学生在校舍周边空地种菜。老师编写教案和学生自习全靠一盏桐油灯，就是这一只碗、一点油，陪伴着一代茶人和学子们，燃起了中国茶业的复兴之光。

当时的中国，战事胶着，东部沿海出口港全部被封锁，国家重要的外汇来源茶叶出口锐减。中央实验茶场响应号召，在第一任场长刘淦芝的主持下成功研制出“湄红”“湄绿”，经由“西南国际通道”史迪威公路出口换汇，以充军备，亦开创了贵州制作工夫红茶和炒青绿茶的历史。

1955年，贵州省湄潭试验茶场得益于机械化耕作和一代茶人连续四年奋战，建成“永兴茶海”，湄潭茶场遂成为当时贵州最大的国营茶场。及至1960年，实验茶场扩建为“贵州省湄潭茶科所”和“贵州省湄潭茶场”，并于1973年分别单独建制，此阶段的技术骨干大多是新中国成立后本土培养的。

如今我们在湄潭看见的连绵起伏的茶海、现代化的生产体系，均得力于这批人。现今90高龄的茶人牟应书求学于大师云集时代的湄潭实用职业学校，自那时起，他的一生都离不开茶了。被尊为“贵州茶界泰斗”的牟老亲历了湄潭茶场的起步和辉煌，也亲身经历了贵州茶业的沉浮，他牵头研制的凤冈富硒茶“绿宝石”就是最早达到欧盟农残检测标准而出口德国的贵州大宗茶，也由此重启了贵州茶大批量出口的历史。欧盟食品安全局的农产品农药残留检测指标有463项，与中国的28个检测项目相比，简直繁复和严苛得令人瞠目结舌。如今，很多省内茶园都坚守着“干净茶”的底线，这既是后土的恩赐，也得益

3 始建于1545年的大方县茶马古道千岁衢，地势陡峻，悬岩绝壁，如登悬梯。马帮驮着茶叶和山货，联结了云南和贵州，也联结了西南边陲和中央朝廷。 摄影_彭年

于牟应书等几代茶人的承前启后。

北纬27度出好茶

贵州省茶科所后来搬往省会贵阳，许多老专家却选择留在了湄潭。一江绕半城的湄潭县位于大娄山南麓、乌江北岸，地处北纬27度的产茶黄金带。北宋《太平寰宇记》说的“夷州土产茶”，指的正是此地。而此“山里江南”会与西湖龙井联系起来，诞生一处“湄潭龙井”，的确不无历史曼妙的巧合。湄潭虽是老茶区，但以前主要是茶农们用湄潭苔茶粗枝大叶土法炒制的青毛茶，自产自饮。1940年，湄潭实验茶场建立之初，试制“湄绿”成功，但尚有不足，才继续进行“湄潭龙井”的研制。其时茶场里有一名叫邬锡德的杭州籍师傅，将西湖龙井的工艺与湄潭苔茶的柔嫩芽叶相结合，于1942年研制出了能与西湖龙井媲美的湄潭龙井茶。1949年，湄潭龙井更名为“湄江茶”，取名自碧绿清澈的湄江河。湄江茶的制茶原料采自当地群体种湄潭苔茶，一芽一二叶初展，手工炒制。杀青搭条与三炒辉锅是做扁形茶、磨毫的关键，以“轻重轻”的炒制手法，轻磨、去茸，达到胚扁平直，色泽光滑黄绿的标准。及至1980年，陈源建议将“湄江茶”改名为“湄江翠片”，并编入中国名茶研究选集。进入21世纪，湄潭政府为打造区域性地方品牌，将全县扁形名优茶统称为“湄潭翠芽”。

贵州不算是传统红茶产区，民国中央（湄潭）实验茶场的建立，实际上主要是为生产红

4　每年3月，是春茶的采茶期，那个时候的茶叶最嫩，看起来也毛茸茸的，适合做成绿茶。　摄影_秦刚

茶。但建场初期并没有制作红茶的技术人员，为此专门从云南顺宁（今凤庆）实验茶场借调了技术员，仅通过一周的时间，用湄潭苔茶加滇红工艺成功研制出了“湄红”。湄红试制成功后，每年以一二万担的产量，通过史迪威公路辗转出口到苏联，再转运到英国、法国等欧洲国家。1952年，“湄红”更名为“黔红”，通过上海、广州等口岸销往国外。而此时湄潭茶场亦诞生了中国第一条红茶机械化生产线，及至1958年，湄潭茶场已经可以达到每天6万公斤的出口量。如今我们所喝到的品牌名茶“遵义红”，又是20世纪初再次更名而来，主要是在原先的基础上融合了福建工夫红茶的工艺。经过有机拼配后，制出的红茶外形紧细圆直，汤色橙红明亮，果香浓醇悠长，滋味强烈尚鲜。

想念耐泡的那一杯毛尖

湄潭、凤冈一带生产的湄潭翠芽、遵义红、绿宝石等茶，虽然品质一流，但声名却没有都匀毛尖般远播全国，它们占尽了天时和地利，却差在了人为的助力。当然，曾经在巴拿马万国博览会为贵州争光，与茅台一道获得金奖的都匀毛尖亦是几经传承。其前身是由明崇祯皇帝赐名的“鱼钩茶”，1956年，在全国“向领袖献礼”的风潮中，都匀团山哨脚村的共青团员制作了鱼钩茶寄往北京，毛主席品尝后亲笔回信：“茶很好，今后可在山坡上多种些，此茶可叫‘毛尖茶’。”遂由此更名为“都匀毛尖”。

都匀毛尖的核心产地分为两处：团山和螺丝壳。说是两处，其实一在山顶、一在山底，中间有挂于断崖的瀑布相连。一片雾气氤氲之下的白练，茶园就点缀其间。

去往团山槽子村的路上，穿梭于雾气间，几点村落零星散落，并不见大面积茶园。只有条条带状的绿，在山体上的菜地稻田里纵横交错。这便是“都匀毛尖群体种”，在当地又称“园隔茶”，是一种粮茶间作式茶园。因为是复合型种植，土壤有机质含量高，茶叶品质十分优异。园隔茶树龄不等、品种不一，都是当地村民从其他古茶树自行剪枝扦插，或鸟兽携带茶籽自然传播而成。在漫长的人工驯化和自然杂交过程中，逐渐形成了一种极具区域特点的茶树群体种。都匀毛尖，正是以此为茶青制作而成。

传统都匀毛尖的做法极尽烦琐，其华彩在“提香”——讲究“高火快提”，由此打造了最为独特的韵味——贵州老话说的“就像鸡汤一样鲜啊”！尽管经过了都匀茶场老场长徐全福等人的不断改良，都匀毛尖的制作依然过于“精细化”，价格居高不下，市场销路不畅。面对如此境况，都匀毛尖的另一个产区——螺丝壳，有自己的策略和做法。

回想小时候，常见老爷爷挑担、老奶奶背篓，拿茶到场坝卖。一层塑料布垫在竹筐里，里面溢满的茶叶，黑白绿的杂色，条索很细，弯曲像鱼钩，有着毛乎乎的质地。我爷爷说这就是“都匀毛尖”了。爷爷是都匀人，惯爱喝此茶，但喝到90年代中后期，却常疑惑：“都匀毛尖的味儿咋变了？不‘打水’（贵州土话，指耐泡）了！”

都匀毛尖的这些变化，正是由于其作为大宗商品的鲜叶采自福鼎大白茶、工艺几度改良所致。引种于海拔1400多米高寒地区的福鼎大白茶，氨基酸含量格外高，表现为一种更受大众接受的“直甜”口感。正是因此堪称“味精茶”的独特鲜爽口感，自90年代吸引了大拨江浙茶商来此收购都匀毛尖茶青，再与本地茶拼配后贴牌销售，转一地，倒一手，就能高价卖出。

5　炒茶，这个从鲜叶到干茶的过程，曾经全凭一双手的经验把控。随着机械化的普及，建立起的茶叶生产线，虽然能保证稳定的茶叶品质，但也少了来自不同掌心的个性。　摄影_何雄周

摆一个故事，绣一段历史

物 撰文/语鸿

台江施洞老屯村苗年的第一天，早晨下过一点雨，起了一层雾。刘绣发早早出了门，买了些香和纸，去清水江边的关公庙祭拜。

关公到了苗乡，依然是“忠义”的化身，也一样保佑着参加中考高考的学子们，先是小庙，后迁成了大庙，正对着弯弯曲曲的清水江。入了乡随了俗的关公，在此地的拜把子兄弟中多了两人，一个是张秀眉，一个是巫梦席。他们是当地人眼中的大英雄，刘绣发也把他们的故事绣在了她的绣片里。

在苗族人心里，苗绣是日常必需，也几乎是每个苗族姑娘一生的使命。刘绣发7岁时就开始跟着外婆和妈妈习绣，弟弟出生后，她背着弟弟接着绣。施洞地区的苗绣一般先在纸上剪出图案，再贴在底布上，把剪纸缝进线里。刘绣发白天绣花，晚上剪纸，日日夜夜绣花唱歌，过于魔怔的样子被妈妈骂成“二百五”。

她的剪纸都是随兴创作，连在电视上看到的《西游记》也成了她的素材，取经的师徒四人进了她的绣片里，也帮她拿了奖，卖了钱。“老鼠娶亲”的故事更是被剪成大大小小形态各异的纸样。她既卖绣品给慕名而来的外乡人，也卖纸样给本地只会绣花不会剪样的姑娘们。

施洞的破线绣是苗绣里的翘楚，如今在收藏界，一件完整的绣衣动辄十万元以上。

之所以被称为“破线”绣，是因为这种绣法首先要将一根普通绣线手工均分成8~16股更细的线，分好的彩线再分别穿上针，线随针穿过皂角叶子，皂角液可以使彩线变得平顺、挺括、亮泽，也不易再沾色。破线绣的工艺如此讲究，绣出来的成品效果华贵、雅致，也非常费时。完成一套精美的破线绣嫁衣，可能耗时四五年。

“不识字才是绣娘”

每一个绣娘的背后，都是上一代的悉心教授，和自己数年如一日枯坐耐得住寂寞的磨炼。当然，也少不了上古传说的给养与放飞的想象力。

苗绣没有绣谱，见山画山、见水绣水、绘龙画鸟，上古神话与天地万物都被有心人记下来，以图案的形式绣在衣服上。因此，苗绣被现代人视为“道法自然”的哲学，也被称为“写在衣服上的史书”。

每当有人拿着绣片询问这些图案的含意，刘绣发都讲得眉开眼笑。她给我们拿来一幅绣片，说要摆个故事给我们听。长条形小绣片的内容其实很简单，图案是对称的，中间一对鸡，两侧分列一对小儿、羊、鸡和鱼。她按着从外婆那儿听来的故事“摆”起来：“这说的是，公鸡打鸣，天就亮了，人起床后，家里来了亲戚，要杀羊宰鸡招待客人。羊和鸡虽然是给人吃的，但它们也不想死啊，就和人商量，捞江里的鱼来宰了吃。鱼觉得很冤，也很痛苦，死了也不肯闭上眼。”

1　这件水漩纹刺绣苗衣使用的技法是贴布绣——把先剪好的布料纹样贴在衣服上，再用丝线锁边，这样可以让衣服表面更丰盈，有肌理感。有的还会在贴布和衣物之间放入衬垫，尤其适合动物纹样，立体的造型让绣出来的动物活灵活现。　供图_曾丽、谷佳俊

2	3
4	5

2、3、4、5　传统百鸟衣的底板是蚕丝做的，但用的不是丝绸的工艺，而是让蚕直接在木板上沿经纬线爬行吐丝而结成的丝板。这是一个很费时间的工序，一拨春蚕只能工作一个春天，因此，要完成一件百鸟衣的蚕丝底板可能就要花上四五年了。　摄影_陈沛亮

故事讲完，刘绣发自己啧啧感叹："你听这故事，讲的意思可深了！"

苗族人没有本族文字，但是他们的思考始终上达天意：人从哪里来？宇宙万物与人是什么关系？祖先们有过思考和找寻，他们把答案绣在了绣片上，由母亲传给女儿，将创世神话和传说一代一代传了下来。苗族支系众多，每个支系的苗衣都有自己独特的制衣技艺和风格。

刘绣发有两个女儿，大女儿和她一起经营刺绣店。店很小，一楼是成品展示，二楼尽是她淘来的老绣衣。走南闯北见识广博的她，把二楼布置得非常规整系统，像个小型的苗绣博物馆。作为台江县苗绣非遗传承人和"百佳绣娘"，她应邀去过澳大利亚、匈牙利、捷克、法国、马来西亚等国家。她还在北京潘家园摆过摊，不识字却精明，入耳的故事都被她记住，账目也全在心中。

刘绣发是她这一系的第五代，外婆和妈妈绣了一辈子，天天摆故事给她听，却不支持她天天绣，她们觉得识字学习要紧，绣东西"没用"。她15岁那年，背着弟弟边绣花边唱歌，唱来了一个老外，跟到家上了楼，看了她满屋子的绣品，说"你有多少我都要"。那一次，她赚了五万块，她挺起胸脯对外婆、妈妈说，绣东西"有用"，也悟明白了一件事——"我不识字才是绣娘"。

歌没了，苗绣的魂就没了

榕江县摆贝苗寨的潘老拉也不识字，甚至不怎么会说普通话。她是寨子里数一数二的绣娘，而且人又有耐心，许多年轻姑娘都来找她学习刺绣，最后连她的丈夫也被收归门下。

摆贝苗寨依山而建，是月亮山麓最古老的苗寨之一，整个寨子吊脚楼错落绵延，被雾气笼罩时，有一种世外秘境的感觉。摆贝的杨姓和潘姓居多，寨子的杨姓祖先杨老老因骁勇善战反抗清朝朝廷被尊为"苗王"。百鸟衣和牯葬节，让这个大山深处的苗寨闻名于外。

在摆贝苗寨的信仰里，鸟是上古图腾，"百鸟衣"真正的名字应该叫"鼓藏服"，是鼓藏节时穿的盛装，目前主要流传于黔东南的丹寨县、雷山县、榕江县、三都县等20多个自然村寨。鼓藏节是苗寨最隆重的祭祀活动，每十三年一次，寨子里无论男女都要穿上百鸟衣，家家都要挂出或蜡染或织锦的长幡，以祭祀祖先。

到摆贝寨寻找百鸟衣的当晚，我们赶上了一个男孩出生11天的宴席。屋子里大大小小组了五桌，坐的都是女人、老人和小孩。年长的大多穿着当地苗服，头巾和绑腿都有自己做的刺绣，年轻人则大多一身现代装束。我吃了一肚子的辣椒蘸水白煮肉后，胃有点吃不消，以至于在潘老拉家见到一箱子的百鸟衣时被惊得直打嗝。几乎所有的饱满亮色都被用在衣服上，密密落满了各式的鸟，看起来有种原始的朴拙和神秘感，裙脚排列一束束的羽毛，像是附着了无数飘飘欲飞的魂灵。如此艳丽不羁，如此任性多姿！

百鸟衣工艺细密复杂，其中最耗时的是整件绣衣的蚕丝底板。要由蚕在木板上面沿着布好的线一层一层地吐丝，直到变成一张厚实绵密的丝板，再一针一脚开始绣。要养护蚕、要指挥布局，还要清理蚕粪……花费的精力可想而知。

潘老拉在电灯尚未普及的岁月里，同她的妈妈、妈妈的妈妈一样，在堂后厨房里，砍一根松木，削成一截一截，放进油灯里点燃，就着这样微弱的光照，在蚕丝板上日复一日地绣。少女和少妇的生活总归有些辛劳和枯燥，绣东西就成了她们的闺阁之趣。绣片里的神话故事，也是她们想象力的源泉。"公老路过山坡上，去砍

6 绣娘杨秀芝手里正绣着的蝴蝶，是苗族创世传说中的“蝴蝶妈妈”。《苗族古歌》里唱道，蝴蝶从枫树心孕育出来，生下十二个蛋，孵出了姜央和雷公、龙、虎、蛇、水牛、蜈蚣等12个兄弟，姜央就是苗族的祖先。因此，很多苗族服装和饰品中，蝴蝶是最常见的纹样之一。 供图_曾丽、谷佳俊了一根柴，柴里面有10个蛋：第1个蛋变成了白画眉，第2个蛋变成了凤凰鸡，第3个蛋变成了龙王，第4个蛋变成了蜈蚣，第5个蛋变成了龙蛇，第6个蛋变成了鹅龙，第7个蛋变成了青蛙，第8个蛋变成了蝴蝶王，第9个蛋变成了水牛龙，第10个蛋变成山羊王。一群动物团结在一起来跳歌舞。"

不识字的潘老拉边绣边唱，歌更像是被吟诵出来的，既可缓解绣东西的疲劳，也成了帮助绣娘们绘制图案的"绣谱"。歌没了，苗绣的魂就没了。没有文字，只有一代代的口传。可是没有多少年轻人肯坐下来学绣东西了，又能传给谁呢？潘老拉的丈夫上过学，婚后外出打工，给人盖房子，太辛苦，潘老拉便教他也一起绣东西，如今也是苗寨里的"男绣娘"。潘老拉绣的时候唱歌，他便一句一句地翻译了记下来，把这"无字天书"摘写在了纸上。他说："也不是为了传给别人，就是觉得应该要写下来。"

绣品里代代相传的爱

2018年跨年夜，正好是老屯村苗年的前一天。不同苗寨的苗年时间不一，外人能否碰上，也得看运气。运气颇好的我们赶上了姚祖英家的苗家年夜饭，她的表姐张文英在台江县有一家刺绣合作社，把不少周边地区的绣娘们组织起来一起做绣品，她们的很多作品都跟随着时尚设计品牌走向了世界。

姚祖英和她的姐妹们都是刺绣里手，获得过各种级别的奖项。一家人酒足饭饱歌尽之后，她把压箱底的绣衣一件件取出，看着这些保存完好的衣服和绣片，她上高中的小女儿比我们还兴奋。女儿把小时候穿过的衣服又套在身上，肥瘦还行，但是袖子短了很多，这情境让大家都哈哈大笑。小姑娘平时要上学，没跟妈妈好好学过刺绣。我问她："将来你的女儿没有妈妈作嫁衣，可怎么办？"她理所当然地回答："我妈给我绣了那么多，都可以传下去啊！"

每一个女孩，都希望得到来自母亲的祝福与爱。苗绣，不仅仅是一门手技，更是一种表达，一种抚慰。

苗绣之美，初觉得太过于直白热烈，只有近距离时，才会不自觉地被它的神秘和体贴吸引，仿佛那图案里藏着自己的身世与来处，而那种丝线的细密质感，又仿佛有着母亲们抚摸过的温度。在刘绣发和姚祖英的绣品店里，我们都听说了这么一个故事：拥有一件珍贵绣衣的老婆婆，膝下无后，百年之后，便以嫁衣陪葬，精美绝伦的绣衣也永远在人间消失了。

听起来孤绝又缠绵，让人潸然泪下。

苗绣的主要绣法

供图_曾丽、谷佳俊

说起中国刺绣，最为知名的是四大绣——苏绣、湘绣、蜀绣和粤绣，它们多绘绣写实图案，栩栩如生，代表中国刺绣最高的水准。刺绣工艺也多见于中国各民族地区，图案、纹饰、材料都各富民族特色。贵州刺绣亦是如此，其中尤以分布广泛的苗绣技艺精湛。苗绣的意义也超越了衣饰本身——因为多将神话传说的纹样绣下来而被称为“衣服上的史诗”，而且单从刺绣技法而言，也代表了极高的水准。

贵州苗女向来擅纺织和刺绣，在很多史料中都留有记载：唐代的“卉服鸟章”，明代的“绣花衣裙”，或是清代的“锦衣”“苗锦”。苗族

平中出奇——平绣

平绣是运用最广泛的绣法之一，单针单线，针脚排列平整。平绣也有很多技巧，如绣一张大画，为了避免大距离造成的绣线松散，可以增加断面、缩短走针，使绣线牢固贴在绣布上，边缘再以锁绣盖住针脚，让刺绣更耐磨，又增加立体感。

◇ 分布地点：黔东南各地区

画龙点睛——打籽绣

打籽就是打疙瘩，每次回针到布面，先将丝线在针上绕两三圈，再运针，形成打结的样子，完成后，图案上像镶着很多彩色的小珠。革一地区喜用缠丝白线为边，以朱红、石青等各色丝线打结成花，形成以花草、鸟纹为主的水云式风格图案。

◇ 分布地点：黔东南台江革一

经纬间的锦绣——挑花

挑花的特点是根据布的经纬线入针，图案多呈几何状。挑花分为十字挑和平挑两种：十字挑花以十字为基本单位，在布的经纬线上走出横竖两条呈十字交叉的线；平挑在每一个块面上单一地依经线或纬线走针。不同区域挑花用料各异，有的是毛线，有的是丝线。

◇ 分布地点：贵阳花溪、毕节黔西

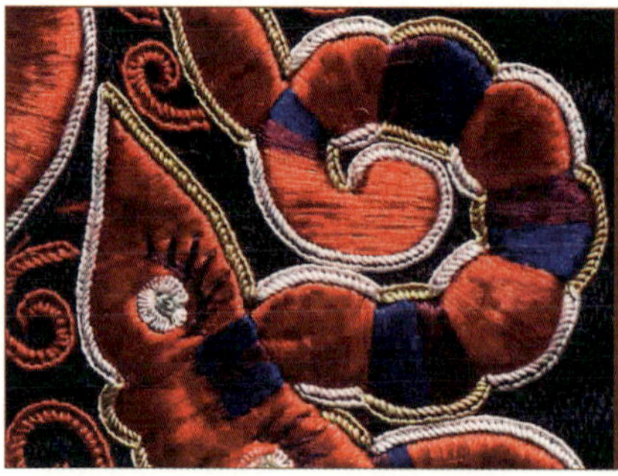

如锦似缎——破线绣

破线绣，是平绣中极为特殊的一种，精致华贵，具有绸缎般光泽。破线绣将普通丝线破成8~16股不等的细线再穿针引线。为防止丝线破开后起毛易断，还要将针线从皂角液中穿过，使丝线平顺挺括，后用平绣的针法，将纹样铺满。

◇ 分布地点：黔东南台江施洞、施秉双井、施秉马号

服饰有“一山不同天，一里不同服”的说法，服饰是各苗族支系的显性差异之一，而不同的刺绣技法、图案纹样和配色，是让服饰形制丰富多元最重要的元素。

从绣法上来说，苗族刺绣可分为平绣、破线绣、绉绣、辫绣、堆绣、梗边绣、打籽绣、贴布绣、挑花、锡绣、锁丝绣等。

苗绣通常先制作绣片，再将绣片缝到服饰上，复杂的纹样会先剪出纸样，贴在绣布上再走针线，以保证图案的精确。因为一般不用绣绷，所以刺绣的场景并不受限，门口屋后、田头灶旁都能绣起来。

铰绫镶罗——贴布绣

贴布绣将色布剪成花样，再钉在绣布上形成花纹。凯里舟溪一带，用彩色丝絮片剪成1~2厘米的角状小片贴好，再以缠丝线压边，形成牛角纹、水车纹、锯齿纹和卍字纹交织的图案。丹寨的古衣把织染的边带以条状或锯齿状钉在衣边，形成衣摆。

◇ 分布地点：黔东南凯里、丹寨、从江、台江施洞

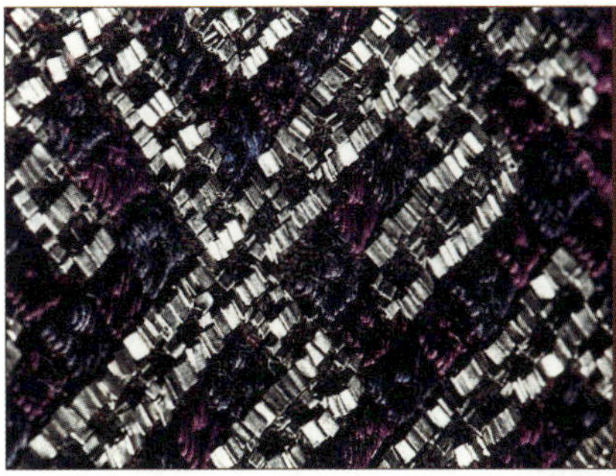

低调的华丽——锡绣

锡绣主要流传于剑河的满天星、高丘一带，人们将特制的锡箔剪成细条并卷边，再用线钉在布上，间有刺绣，形成黑底银花的绣片。主要纹样有卍字纹和寿字纹，一般用作衣背和围腰的装饰。

◇ 分布地点：黔东南剑河

立体浮雕——绉绣

绉绣粗犷古朴，主纹多为双龙抢宝。先把8~12根丝线编成匀称的小辫，依据图样将丝辫钉在图上，每钉一针折叠一次，使丝辫褶皱起花，完成后，图案凸起，犹如浮雕。如果把打好的丝带辫子平平地盘成图案缝在布上，就是辫绣，也就是绉绣的简易版。

◇ 分布地点：黔东南台江台拱、雷山丹江、雷山西江

绉绣『活化石』——马尾绣

马尾绣是绉绣的一种，用细线碾裹3~5根马尾毛（白色马尾最佳），将缠好的马尾盘在已绘好的轮廓上，接着在白线条的凹缝处绣、挑、补、梭各种彩色丝线，这时的图案还只是一个空心框架，需要用打籽绣来填充，最后缝上金线，总共要经过52道工序才算完成。　摄影_陆宇堃

◇ 分布地点：黔南三都

出品人：陈沂欢　马　蕾
主　　编：范亚昆
图片总监：何亮靓
策划编辑：黄绮媚　许君达　何清颖
马晓茹　刘淑娟
责任编辑：李　佳　张　刚
图片编辑：张律堂　彭凯剑
地图编辑：程　远　程晓曦　韩守青
平面设计：杨　恒
封面摄影：徐　俊
营销编辑：李雪洋
品牌合作：郭颖谦
项目顾问：柳　莺
出　　品：北京地道风物科技有限公司